Français

CM1 cycle 3 niveau 2

Nouvelle édition
Programmes 2008

À portée de mots

Janine Leclec'h-Lucas
Jean-Claude Lucas
Professeurs des écoles

Robert Meunier
Conseiller pédagogique

Responsable de projet : **V. Dumur**

Suivi éditorial : **É. Brossier**

Couverture, logos et cursive : **SG Création**

Création de la maquette intérieure : **Th. Poulet et M.-L. Poulet - Infograph**

Mise en page : **Exegraph**

Pour Hachette Éducation, le principe est d'utiliser des papiers composés de fibres naturelles, renouvelables, recyclables, fabriquées à partir de bois issus de forêts qui adoptent un système d'aménagement durable.
En outre, Hachette Éducation attend de ses fournisseurs de papier qu'ils s'inscrivent dans une démarche de certification environnementale reconnue.

ISBN : 978-2-01-117463-5

© Hachette Livre 2009
43, quai de Grenelle, F 75905 Paris cedex 15.
www.hachette-education.com

Tous droits de traduction, de reproduction et d'adaptation réservés pour tous pays.

Le Code de la propriété intellectuelle n'autorisant, aux termes des articles L. 122-4 et L. 122-5, d'une part que les « copies ou reproductions réservées à l'usage privé du copiste et non destinées à une utilisation collective », et, d'autre part, que « les analyses et les courtes citations » dans un but d'exemple et d'illustration. « Toute représentation ou reproduction intégrale, ou partielle, faite sans le consentement de l'auteur ou de ses ayants droit ou ayants cause, est illicite ».

Cette représentation ou reproduction, par quelque procédé que ce soit, sans autorisation de l'éditeur ou du Centre français de l'exploitation du droit de copie (20, rue des Grands-Augustins, 75006 PARIS) constituerait donc une contrefaçon sanctionnée par les articles 425 et suivants du Code Pénal.

Préface

La collection **À portée de mots** propose une vision du livre de français clairement articulée autour de l'autonomie pédagogique.

Notre choix a été dicté par une évidence :

L'enseignant est un professionnel qui choisit et assume sa pédagogie. Le rôle d'un manuel n'est donc pas de lui imposer une démarche formalisée, mais de le soutenir dans ses actions de formation.

L'enseignant trouvera donc ici les outils dont il a besoin, en l'occurrence un vaste choix d'exercices, tout en bénéficiant d'une grande latitude d'utilisation, en relation directe avec la vie de sa classe, car toutes les séquences sont classées par discipline et permettent un usage très souple en fonction des exigences de chacun.

Cette nouvelle édition du manuel destiné aux élèves de CM1 s'inscrit dans les nouveaux programmes. Elle propose des séquences toujours construites sur le même schéma :

- un texte de lecture (poésie, roman, texte documentaire…) qui aborde la notion au travers de la littérature ;
- une rubrique « Je découvre » comprenant des exercices de découverte centrés sur le texte de lecture et des exercices d'entraînement destinés à une approche orale ;
- un bandeau servant de référentiel à l'élève, qui récapitule les notions essentielles étudiées dans le chapitre ;
- une rubrique « Je m'entraîne » comprenant :
– de nombreux exercices d'appropriation de la notion abordée pour la mise en œuvre d'une pédagogie différenciée ;
– aussi souvent que possible, un exercice d'expression écrite afin que le travail systématique se finalise dans la pratique de la langue ;
– un exercice, repéré par le logo , corrigé en fin de manuel pour permettre un travail en autonomie ;
- dans de nombreuses séquences, un exercice « À toi de jouer… » offre une approche plus ludique au sein de la séquence.

Dans chaque partie, plusieurs synthèses permettent de prolonger le travail ou de proposer des exercices de remédiation.

L'objectif de cet ouvrage étant de favoriser l'appropriation des outils de la communication, nous avons consacré une partie spécifique à des activités d'expression et à la liaison lecture-écriture. La lecture de textes intégraux trouve également sa place en fin d'ouvrage.

Le **livre du maître** associé à cet ouvrage :
- donne la correction de tous les exercices (excepté, bien sûr, certains exercices d'expression) ;
- apporte des exercices spécifiques complémentaires (dictées par exemple) ;
- fournit des exercices d'évaluation ;
- propose un travail de compréhension de lecture au travers de fiches photocopiables.

Nous ne doutons pas qu'avec ces ouvrages l'enseignant trouvera des outils propres à asseoir une pédagogie de la réussite.

Sommaire

Grammaire

Communiquer	8-9
La phrase verbale et la phrase non verbale	10-11
La phrase simple et la phrase complexe – Les propositions	12-13
La ponctuation	14-15
Les types de phrases	16-17
La phrase interrogative	18-19
La phrase injonctive – L'impératif	20-21
La forme affirmative – La forme négative	22-23
SYNTHÈSE 1	24-25
Le verbe	26-27
Le sujet	28-29
L'accord sujet-verbe	30 à 33
SYNTHÈSE 2	34-35
Le complément d'objet direct (COD)	36-37
Le complément d'objet indirect	38-39
Les compléments circonstanciels	40-41
SYNTHÈSE 3	42-43
Les déterminants	44-45
L'adjectif qualificatif	46-47
Le participe passé	48-49
Les fonctions de l'adjectif qualificatif	50-51
Les pronoms personnels	52-53
Les adverbes	54-55
Le complément du nom	56-57
La proposition subordonnée relative	58-59
SYNTHÈSE GÉNÉRALE	60 à 62

Conjugaison

L'infinitif et les trois groupes de verbes	64-65
Le verbe se conjugue	66-67
Le présent de l'indicatif : verbes être, avoir et du 1er groupe (généralités)	68-69
Le présent de l'indicatif : verbes du 1er groupe (particularités)	70-71
Le présent de l'indicatif : verbes du 2e groupe	72-73
Le présent de l'indicatif : verbes du 3e groupe	74-75
Je pense à l'infinitif	76-77
SYNTHÈSE 1	78-79
L'imparfait de l'indicatif (1)	80-81
L'imparfait de l'indicatif (2)	82-83
Le passé simple	84-85
SYNTHÈSE 2	86-87
Le futur simple : verbes être et avoir	88-89
Le futur simple : verbes des 1er et 2e groupes	90-91
Le futur simple : verbes du 3e groupe	92-93
Le passé composé	94-95
Le présent de l'impératif	96-97
SYNTHÈSE GÉNÉRALE	98 à 100

Orthographe

Les noms terminés par **ail(le)**, **eil(le)**, **euil(le)**, **ouil(le)** **102**

Les noms terminés par le son [œʀ] **103**

Les noms féminins terminés par les sons [e], [te] ou [tje] **104-105**

La lettre finale d'un nom ou d'un adjectif **106-107**

a ou **à** – **et** ou **est** **108-109**

on ou **ont** – **son** ou **sont** **110-111**

ou ou **où** – **se** ou **ce** **112-113**

ces ou **ses** – **mais** ou **mes** **114-115**

L'accent circonflexe – Le tréma – La cédille **116-117**

tout – chaque – quelque **118-119**

Synthèse 1 .... **120-121**

Le nom : variation en genre **122-123**

Le nom : variation en nombre **124-125**

L'adjectif qualificatif : variation en genre **126-127**

L'adjectif qualificatif : variation en nombre **128-129**

L'accord dans le groupe nominal **130-131**

Synthèse 2 .... **132-133**

Participe passé en **é** ou infinitif en **er**? **134-135**

Les mots invariables .... **136** à **138**

Synthèse générale **139-140**

Vocabulaire

Chercher un mot dans le dictionnaire **142-143**

Lire un article dans le dictionnaire .. **144** à **147**

Les familles de mots **148-149**

Les préfixes – Les suffixes **150-151**

Les synonymes **152-153**

Les contraires **154-155**

Les homonymes **156-157**

Sens propre et sens figuré **158-159**

Sigles et abréviations **160-161**

Mots génériques et mots particuliers **162-163**

Les niveaux de langue **164-165**

Synthèse **166-167**

La ville et la campagne **168-169**

Les aliments et les repas **170-171**

Le sport .... **172** à **175**

Les spectacles **176-177**

Les voyages .... **178** à **181**

Les médias .... **182** à **184**

Expression écrite

Écrire une scène de théâtre .... **186** à **189**

La règle du jeu .... **190** à **193**

La description .... **194** à **197**

La bande dessinée .... **198** à **201**

Le compte rendu .... **202** à **205**

La lettre de demande **206-207**

Le résumé .... **208** à **210**

Jeux d'écriture **211-212**

Lecture

Quart de Plume .... **214** à **217**

Francis Drake, le dragon anglais ... **218** à **225**

King .... **226** à **228**

La gourde qui parle .... **229** à **233**

Corrigés des exercices « Je travaille seul(e) » **234** à **239**

Illustrations :
S. Devaux : pp. 12, 16, 36, 74, 112, 162, 229 à 233.
F. Dimberton : pp. 24, 120, 146, 159, 180, 183, 193, 195, 200, 201, 202, 208, 209.
Éphémère : pp. 8, 18, 30, 50, 76, 103, 134, 158, 188, 200, 214 à 217.
C. Gandini : pp. 44, 56, 64, 92, 102, 124, 178.
J.-L. Goussé : pp. 11, 38, 88, 111, 132, 147, 153, 160, 161, 168, 170, 173, 175, 199.
J.-P. Jauzenque : pp. 20, 28, 40, 48, 72, 82, 84, 104, 148, 156, 176, 218 à 225.
J. Passeron : pp. 14, 22, 66, 94, 96, 108, 122, 130, 164.
K. Pham-Dinh : pp. 10, 52, 70, 80, 118.
T. Poulet : pp. 9.
Sempé : pp. 226 à 228.
S. Serprix : pp. 90, 114, 116, 126, 152.
A. Veaux : pp. 46, 54, 68, 106, 136, 150.

Grammaire

Communiquer

 Un étrange visiteur

Je me suis retourné dans le lit et j'ai ouvert les yeux. Les chiffres rouges du réveil indiquaient 2 h 48. J'allais me rendormir en pensant avec délice aux quatre heures de sommeil à venir quand mon regard a perçu un faible éclat bleuté. Je me suis redressé pour apercevoir le bout de mon lit et là… la terreur m'a plaqué contre le mur : au pied de mon lit, une silhouette d'une cinquantaine de centimètres de hauteur, aussi fine qu'un jeune bouleau, fixait sur moi deux yeux d'un bleu phosphorescent. Je peinais à avaler ma salive quand il a tendu les bras vers moi, les paumes tournées vers le plafond. Signe de paix ?
Sans que je le voie ouvrir sa bouche minuscule, j'ai entendu à peu près :
– Zika zika arkos nioc pani.
– Je… je ne comprends pas, ai-je réussi à articuler.
Doucement, la petite silhouette s'est déplacée dans la pièce, en flottant plus qu'en marchant, et son regard s'est fixé sur mon dictionnaire, posé sur l'étagère au-dessus du bureau. Un faisceau bleu a fait vibrer les pages du gros livre avant de s'éteindre doucement. Mon « invité » s'est alors retourné vers moi.
– Ami galaxie venir autre moi planète.
Incroyable, je vivais un moment incroyable. Je me suis dit qu'avec les phénoménales facultés que je venais d'entrevoir chez mon visiteur, je pouvais encore améliorer notre communication.
J'ai désigné, sur le coin du bureau, ma « grammaire de la langue française ».
– Tu vois ce livre ? Je crois que lui aussi pourrait t'aider…
De son regard bleu, l'étrange créature a aussitôt « absorbé » le contenu du livre de grammaire et s'est retournée vers moi.
– N'ayez aucune crainte. C'est en ami que j'arrive de la planète Novalis.
Je n'en revenais pas. J'avais le cœur qui battait tellement vite que je me suis réveillé…

J.-C. Lucas

a. Comment s'est faite la première tentative de communication de la part de l'étrange visiteur ?
b. Pourquoi le narrateur ne comprend-il pas les premiers sons prononcés ?
c. Après avoir « absorbé » le dictionnaire, quels sont les progrès du visiteur ? Que lui manque-t-il encore ?
d. Que signifie la dernière phrase du texte ?

 Je découvre

1. Lis chaque énoncé en effectuant les transformations nécessaires pour former des phrases correctes.

- Il n'y a aucun Martien sur la cranète Mars.
- soucoupe a Alexis une affirme qu'il volante vu.
- Je me retourner, je me retourner encore et finalement je me réveiller.

2. Donne un sens à ces phrases en déplaçant certains mots.

- Le chat a tué de Julie une souris.
- Le train a du retard de 20 heures.
- La navette s'arrachait doucement du sol spatiale.
- Le bus est passé ; à pied nous devons rentrer.
- Tous les jours, du jardin nous mangerons une salade.

Pour communiquer, nous utilisons une **langue**.
La langue orale est formée de mots, parfois de gestes.
La langue écrite est constituée de mots, de dessins et de signes.
Les mots sont placés dans un certain ordre, afin que les phrases aient un **sens**.
La **grammaire** nous permet de comprendre le rôle que joue chaque mot et les relations qui existent entre eux, dans une phrase.

 Je m'entraîne

3. Explique ce que signifient les panneaux.

4. Lis le texte. Comment s'appelle-t-il ? Pourquoi est-il écrit ainsi ?

Cergy quartier gare famille ch. f. pour gard. 3 enf. dom. 4 j/sem de 16 h 30 à 19 h 30 à partir de janv.

5. Place les mots dans l'ordre pour obtenir des phrases. Mets les majuscules et les points.

- exposés / dessins / plus / les / beaux / sont
- prend / des / de / cours / guitare / Pauline
- château fort / construit / sommet / la / était / de / le / au / colline
- soldats / regroupent / les / capitaine / de / se / autour / leur
- vont / Atlantique / voiliers / traverser / grands / les / océan / l'

6. Dans ce bulletin météo, certains mots sont incomplets. Recopie-le en remplaçant les points bleus par les lettres qui manquent.

Lund•, le l••g des côt•• de l'Atlantique, les nua••• fer••• leur appar••••. Les temp•••••• baisse•••• progres••••••.

 **7. Lis le texte.
Sept mots sont fantaisistes. Réécris le texte en employant les bons mots.**

La princesse Dezécolle prit ses enfants sur ses jeunes houx :
– Écoutez-moi, votre père a été choisi pour être le premier homme à explorer le système scolaire [...].
Le prince de Motordu subissait un entraînement intensif. Il avait appris à piloter un avion à récréation grâce auquel il faisait mille et mille pirouettes à des milliers de mètres d'attitude.
On lui essayait différents modèles de combines-maisons spatiales pour vivre comme chez lui, si loin de son chapeau.
Astronomes et ingénieurs lui faisaient apprendre par cœur la tarte du ciel.

Pef, *Motordu et les petits hommes vers*,
coll. « Folio cadet », © Gallimard Jeunesse.

À TOI DE JOUER...

8. Peux-tu déchiffrer ce message secret en t'aidant de la grille proposée ?

a : +	d : #
e : §	i : /
l : Δ	m : *
n : <	s : =
t : >	v : @

Δ § # / + * + < > § = > # + < = Δ § @ + = §

Grammaire • Conjugaison • Orthographe • Vocabulaire • Expression écrite • Lecture

La phrase verbale et la phrase non verbale

 Comment soigner les hérissons ?

Je sors du cabinet de la vétérinaire. Il est déjà sept heures et quart ! Je fonce au supermarché. À l'entrée, je saisis un panier en plastique rouge et j'y dépose mon blouson contenant les hérissons. Je trouve sans peine le rayon « Aliments pour animaux ». Je choisis une boîte de pâtée pour chats au bœuf. La moins chère. Je n'ai pas les moyens de faire des folies pour mon hérisson. J'espère qu'il aimera. Puis, je vais au rayon « Aliments pour bébés ». Là, j'hésite, il y a un choix immense de laits maternisés. Plusieurs marques, plusieurs âges et aussi plusieurs prix.
Je saisis une boîte au hasard, je lis la composition, les recommandations du fabricant, le prix : 6,55 euros ! La ruine ! Avec les 1,49 euros de la boîte pour chats, je n'ai pas assez d'argent. Je finis par dénicher une boîte premier âge à 5,80 euros. Est-ce que ça conviendra à un hérisson ? Il y a un monde fou aux caisses. Et zut de zut, juste devant moi, la voisine, madame Cruvilier.
– Tiens, bonjour, Tanguy, tu fais les courses ?
– Euh, oui, bonjour madame...
Si elle voit ma boîte de lait maternisé et la pâtée pour chats, elle va m'inonder de questions. Je me retourne. Derrière moi, une dame âgée tient une plaquette de beurre à la main. Je lui propose immédiatement :
– Si... vous voulez passer, madame...
– Ah ! merci beaucoup, mon garçon, à mon âge, je n'aime guère rester debout.
Madame Cruvilier me sourit en remplissant son panier, puis elle quitte le magasin. Ouf !

A.-M. DESPLAT-DUC, *Vétérinaire c'est super !,* coll. « Cascade », Rageot.

a. De quoi le repas des hérissons sera-t-il composé ?
b. Explique ce qui complique le choix dans les laits maternisés.
c. Pourquoi Tanguy est-il contrarié de voir sa voisine ?

 Je découvre

1. Lis la deuxième phrase de la lecture. Comment l'as-tu identifiée ?
Lis maintenant la dernière phrase du premier paragraphe. Quelle particularité a-t-elle ?
Dans la lecture, peux-tu trouver d'autres phrases construites sur ce modèle ?

2. Parmi ces suites de mots, lesquelles correspondent à des phrases ?

a. Impossible de trouver le lait.
b. Mattéo lait hérissons dans le jardin.
c. Magnifique victoire de l'équipe de Tanguy !
d. Route interdite aux engins à moteur.
e. Les automobiles sont un danger pour les hérissons.
f. Quel curieux animal !
g. Cet animal surtout la nuit déplacement.

3. Indique, à chaque fois, s'il s'agit d'une phrase verbale ou d'une phrase non verbale.

a. Ne dérangez pas les hérissons.
b. Siège réservé aux femmes enceintes.
c. Le vétérinaire auscultera l'animal.
d. Comment ?
e. Maman est partie acheter du lait maternisé.
f. Faites la queue.

Une phrase est un énoncé qui a un sens. Elle commence par une **majuscule** et se termine par un **point**.
Exemple : Le hérisson se nourrit de petits animaux et de serpents.

Une phrase qui contient un verbe conjugué est une **phrase verbale**.
Exemple : Le vétérinaire soigne les animaux.

Une phrase qui ne contient pas de verbe conjugué est une **phrase non verbale**.
Exemple : Merci beaucoup.

 Je m'entraîne

4. Place les mots dans l'ordre pour obtenir des phrases. N'oublie pas les majuscules et les points.

- sont / Terre / vieilles / les / laves / la / roches / de / plus / les
- surface / volcan / de / ouverture / la / terrestre / l' / un / est / à / écorce / une
- hommes / ont / les / volcaniques / les / éruptions / toujours / inquiété
- volcanique / Pompéi / éruption / a / Vésuve / complètement / la / du / ravagé / l' / ville / de
- prisonnier / pelée / la / éruption / un / le / Montagne / survivant / seul / de / était / l' / de

5. Indique à chaque fois s'il s'agit d'une phrase verbale ou d'une phrase non verbale.

a. Attention, virage dangereux.
b. La brocante aura lieu sur le parking.
c. Dès demain, nous passerons à l'agence de voyages.
d. Que de gentillesse dans son regard !
e. Ce nouveau médicament est d'une grande efficacité.
f. Ce soir, intervention télévisée du Premier ministre.

6. Transforme les phrases verbales en phrases non verbales.

Exemple : L'équipe du Danemark a facilement gagné le match.
▶ *Facile victoire de l'équipe du Danemark.*

- On vérifie une dernière fois la fusée avant le décollage.
- Il est inutile d'essayer encore.
- Cette photographie est magnifique.
- Ne stationnez pas dans les escaliers.

7. Rédige quelques titres amusants pour le journal de l'école. Tu suivras le modèle suivant : une phrase non verbale écrite en lettres majuscules et une ou deux phrases verbales qui donnent des précisions.

Exemple : PANIQUE AU CM1 !
Un vent de folie a soufflé ce matin sur la classe de CM1. La maîtresse avait en effet prévu un contrôle de grammaire surprise...

8. Transforme les phrases non verbales en phrases verbales.

Exemple : Rencontre avec un homme remarquable.
▶ *Nous avons rencontré un homme remarquable.*

- Découverte d'un site préhistorique dans le nord du Maroc.
- Impossible de vérifier ces informations.
- Café ou thé ?

À **TOI** DE JOUER...

9. Déchiffre ce rébus et indique s'il s'agit d'une phrase verbale ou d'une phrase non verbale.

La phrase simple et la phrase complexe
Les propositions

 Les saisons en montagne

Les saisons de nos régions de montagne ne respectent pas le calendrier habituel ! Au-dessus de 1 500 m, leur rythme est bien différent.

L'automne
Il est très précoce, puisqu'il débute vers le 15 août. Déjà, le soleil se couche plus tôt et se montre plus tard. L'activité des végétaux se ralentit. Les animaux commencent à émigrer.
Ceux qui restent amassent des provisions en vue de l'hiver. Ils mangent autant qu'ils peuvent, pour s'enrober d'une couche de graisse qui les protégera du froid. Les éleveurs ramènent leurs troupeaux dans la vallée.

L'hiver
Il commence, lui, en octobre.
La neige, installée en permanence sur les plus hauts sommets, recouvre les alpages.
Beaucoup d'animaux se sont réfugiés dans la plaine, d'autres plus loin encore, dans les pays chauds. Certains hibernent au fond de leur terrier mais les mieux adaptés poursuivent leurs activités habituelles.

Le printemps
Il survient plus tardivement qu'en plaine.
La fonte des neiges ne se produit parfois qu'en mai ou juin ! Elle donne le signal du réveil général : les animaux qui ont hiberné sortent de leurs terriers, les oiseaux migrateurs reviennent.
En mai, les bergers conduisent leurs bêtes vers les prairies d'altitude.

L'été
Il sera bref. Les animaux et les plantes le savent et se hâtent de se reproduire. Aux plus hautes altitudes, la neige peut tomber même en plein été !

F. Rose, *J'aime la montagne*, Hachette Livre, 1995.

a. En montagne, quelle saison est la plus courte ?
b. Quels signes annoncent l'arrivée de l'automne en montagne ?
c. Quelles différentes attitudes les animaux adoptent-ils avec l'arrivée de l'hiver ?

 Je découvre

1. Relis le paragraphe « L'hiver ».
As-tu trouvé une phrase contenant plusieurs verbes conjugués ? Si oui, laquelle ?
Où pourrais-tu couper cette phrase ? Pourquoi ?

2. Dans le paragraphe « L'automne », indique le nombre de propositions dans chaque phrase.

Une phrase verbale qui ne comporte qu'un seul verbe conjugué s'appelle une **phrase simple**.
Exemple : Aux plus hautes altitudes, la neige peut tomber même en plein été.

Une phrase verbale qui comporte plusieurs verbes conjugués s'appelle une **phrase complexe**.
Exemple : Les animaux et les plantes le savent, et se hâtent de se reproduire.

Une phrase comporte **autant de propositions que de verbes conjugués**.
Exemple : Les animaux et les plantes le savent, / et se hâtent de se reproduire.
    1ʳᵉ proposition   2ᵉ proposition

  Je m'entraîne

3. Dans chaque phrase, relève les verbes conjugués. Indique à chaque fois s'il s'agit d'une phrase simple ou d'une phrase complexe.

• Dans la salle, le public chuchote.
• La salle s'assombrit et les musiciens montent sur la scène illuminée.
• Tous les murmures cessent, un tonnerre d'applaudissements retentit.
• Les musiciens s'installent.
• Le chef d'orchestre s'avance à son tour sur la scène et salue le public qui attendait cet instant.

4. Transforme les deux phrases simples en une phrase complexe.

Exemple : Julie s'assoit devant le miroir. Elle se peigne longuement.
  ▶ *Julie s'assoit devant le miroir et se peigne longuement.*

• La cigarette est dangereuse pour la santé. Elle peut provoquer de très graves maladies.
• Je tire sur les ficelles du cerf-volant. Il s'élance dans le ciel.
• Un coucou chante. Un écureuil saute de branche en branche.
• Mathis commence le puzzle. Il le terminera demain.

5. Recopie les phrases, puis souligne les verbes conjugués et sépare les propositions.

• La buse et l'épervier sont des rapaces, alors que la mésange et le chardonneret sont des passereaux.
• Le coureur leva les bras et franchit la ligne d'arrivée.
• Justine et Yanis adorent se promener dans la montagne et aiment photographier les plantes et les animaux.

6. Écris des phrases complexes en utilisant les verbes proposés. Tu peux également utiliser, dans chaque phrase, des verbes supplémentaires.

Exemple : sortir – découvrir
  ▶ *Maxime **sortit** de sa cachette et **découvrit** que les deux garçons avaient disparu.*

a. attraper – ligoter   **b.** reculer – glisser – tomber
c. étudier – oublier   **d.** encourager – réussir

 7. Recopie les phrases, puis souligne les verbes conjugués et sépare les propositions.

• Champollion est l'archéologue français qui réussit à déchiffrer les hiéroglyphes.
• Il a longuement étudié la pierre de Rosette où le même texte est écrit en trois écritures différentes, dont les hiéroglyphes.
• Il a découvert que les signes peuvent représenter aussi bien des sons que des idées.
• Le mot « hiéroglyphes » signifie : écriture sacrée.
• Champollion était natif de Figeac où un musée retrace maintenant son œuvre.

À TOI DE JOUER...

8. Écris le début d'une phrase contenant un verbe conjugué et se terminant par et, ou, dès que, quand, car, puisque ou qui. Demande à un camarade d'écrire la suite... en cachant ce que tu as écrit avant ce mot !

Vous obtiendrez certainement des phrases amusantes. Vérifiez ensuite s'il s'agit bien de phrases complexes et comptez les différentes propositions.

La ponctuation

Rendez-vous à Paris

Samedi 7 juillet.
Paris, gare Montparnasse.
« Arthur, Léa ! Dépêchez-vous de descendre du train ! Nous avons rendez-vous avec monsieur Hilery dans une demi-heure et nous sommes déjà en retard ! »
Je soupire un grand coup et je réponds :
« Ne t'en fais pas, maman ! Un copain m'a dit qu'à Paris, les gens ont tellement de choses à faire qu'ils n'arrivent jamais à l'heure aux rendez-vous !
– Arthur… Arrête de raconter des bêtises et avance !
– Quelle ambiance ! me souffle Léa en me donnant un léger coup de coude. Je me demande si j'ai bien fait de venir… »
Chaque fois que ma mère se lance dans un projet important, il faut qu'elle passe ses nerfs sur les autres. Nous sommes à Paris parce qu'elle doit réaliser un reportage sur un exilé politique qui s'appelle Norsang Hilery.
« Un exilé politique est quelqu'un qui a quitté son pays à cause de ses idées, m'a-t-elle expliqué. Le pays de monsieur Hilery, le Tibet, a été envahi par les Chinois. Dans des tracts qu'il a distribués à Lhassa, l'ancienne capitale du Tibet, Norsang Hilery réclamait la liberté pour son peuple. Il a dû s'enfuir pour éviter la prison. Il a traversé les chaînes de l'Himalaya au péril de sa vie, a rejoint le Népal et l'Inde avant de venir en Occident. Aujourd'hui, il continue de militer dans notre pays. »
Il a fallu que j'insiste pour que ma copine Léa puisse nous accompagner dans ce voyage. J'ai supplié maman mille fois en répétant :
« S'il te plaît… Avec Léa, je ne m'ennuierai pas.
– C'est non ! répondait-elle.
– Pourquoi ?
– C'est comme ça ! Et n'insiste pas… c'est moi qui décide ! »
Une semaine avant de partir, je l'ai regardée droit dans les yeux et je lui ai dit :
« Maman. Il n'y a pas que les Chinois qui empêchent les autres de faire ce qu'ils veulent… »
Elle a rouspété, puis elle a reconnu que, ces derniers temps, elle s'emportait facilement.
Léa est finalement venue avec nous, sans se douter de ce qui allait nous arriver…

É. Simard, T. Christmann, *Mystère et boule de gomme*, chapitre 1, coll. « Les p'tits policiers », Magnard Jeunesse, 2002.

a. Pourquoi Arthur pense-t-il qu'ils ne seront pas en retard au rendez-vous ?
b. Qu'est-ce qui justifie ce voyage à Paris ?
c. Comment s'appelle l'ancienne capitale du Tibet ?

Je découvre

1. Dans un texte, à quoi servent les signes de ponctuation ?

2. Quels sont les différents signes que tu peux trouver dans la lecture ?
Quel est le rôle de chacun ?

Les signes de ponctuation en fin de phrase sont :
– le **point** [.] : il marque la fin d'une phrase déclarative.
– le **point d'exclamation** [!] : il marque la fin d'une phrase où est exprimé un sentiment.
– le **point d'interrogation** [?] : il marque la fin d'une phrase qui pose une question.
– les **points de suspension** [...] : ils indiquent qu'une suite est possible.

Les signes de ponctuation dans la phrase sont :
– la **virgule** [,] : elle sert à séparer des mots ou des groupes de mots et à marquer une petite pause.
– le **point-virgule** [;] : il marque une pause plus importante que la virgule.
– les **deux-points** [:] : ils introduisent une explication ou une énumération.

On trouve également :
– les **parenthèses** [( )] : elles servent à donner une précision.
– les **tirets** [–] : ils indiquent un changement de personnage dans un dialogue.
– les **guillemets** [« »] : ils indiquent que quelqu'un parle.

Je m'entraîne

3. Recopie ce texte en ajoutant les virgules.

Après son bain forcé il était parvenu aux abords d'une ferme. Fatigué découragé amaigri écorché il s'était avancé en miaulant très fort pour attirer l'attention. La fermière attendrie par ce chat perdu lui avait versé une pleine assiettée de lait qu'il avait bue goulûment en s'étranglant à force de ronronner puis il avait suivi la femme dans tous ses déplacements en se frottant contre ses jambes.

J. Cassabois, *La longue marche de Filou*, © Jacques Cassabois.

4. Recopie ces phrases en ajoutant en rouge les signes de ponctuation qui manquent.

• C'est toi? a demandé ma mère en entendant la porte grincer
• Au zoo nous avons vu beaucoup d'animaux des lions des tigres blancs un ours polaire deux lamantins et un gorille
• Préférez-vous les films d'aventures les films policiers ou les films romantiques
• Ce matin dans le jardin nous avons découvert des traces de sanglier
• Antoine s'exclama «Quel étrange animal»
• Quentin se tourna vers Sarah tu crois qu'il veut venir je ne pense pas. Et toi
• J'ai oublié mon sac à main dans le train Quelle catastrophe

5. Recopie ce texte en allant à la ligne et en ajoutant les tirets à chaque changement de personnage dans le dialogue.

Gros Lion rentra chez lui se préparer. Il revint bientôt. Je suis prêt, dit-il. On y va? demanda Petit Agneau. Attends! Tu as oublié quelque chose? Oui. J'ai oublié de te prévenir que je dois marcher devant.

B. Brenner et W. H. Hooks, *Les meilleurs amis du monde*, trad. M. Tenaille, Pocket Jeunesse.

6. Recopie ce texte en mettant les signes de ponctuation à la place des points bleus. (3 points, 4 virgules, 1 point d'exclamation, 1 paire de guillemets.) Mets les majuscules.

désiré monta jusqu'au tiers de l'arbre et retomba • • tu es complètement fou • je ne suis qu'un petit rat • moi • je ne sais pas grimper et jamais je ne parviendrai jusqu'à toi • • dit-il en pleurant • il courut jusqu'à son lit et s'endormit •

L. Devos, *Les deux maisons de Désiré Raton*, Grasset Jeunesse.

7. Recopie le texte en mettant les signes de ponctuation à la place des points bleus. N'oublie pas les majuscules.

quand Aymeri-le-jongleur • son grand sac en bandoulière • passa devant la ferme • il entendit des cris • surpris • il s'approcha à pas de loup et aperçut un homme grand et maigre • vêtu d'une cape noire • qui fouettait un paysan •
Le paysan pleurait •
• arrêtez • messire l'intendant • arrêtez • •

É. Brisou-Pellen, *Le jongleur le plus maladroit*, Nathan.

Les types de phrases

 ### Le vilain petit canard

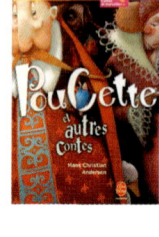

Enfin les œufs commencèrent à craquer les uns après les autres ; on entendait « Pip-pip ! » : c'étaient les petits canards qui vivaient et tendaient le cou au-dehors.
« Coin-coin », dit la cane, et ses petits remuaient tant qu'ils pouvaient.
Ils regardaient de tous côtés sous les feuilles vertes, et la mère les laissait faire ; car le vert réjouit les yeux.
« Que le monde est grand ! dirent les petits nouveau-nés qui venaient tout juste de sortir de leur œuf.
– Vous croyez donc que le monde finit là ? dit la mère. Oh ! non, il s'étend bien plus loin, de l'autre côté du jardin, jusque dans le champ du curé ; mais je n'y suis jamais allée. Êtes-vous tous là ? continua-t-elle en se levant. Non, le plus gros œuf n'a pas bougé. Dieu ! que cela dure longtemps ! J'en ai assez. »
Et elle se remit à couver, mais d'un air contrarié.
« Eh bien ! comment cela va-t-il ? dit une vieille cane qui était venue lui rendre visite.
– Il n'y a plus que celui-là que j'ai toutes les peines du monde à faire éclore. Regardez un peu les autres : ne trouvez-vous pas que ce sont les plus gentils petits canards qu'on ait jamais vus ? Ils ressemblent tous à leur père ; mais le coquin ne vient même pas me voir.
– Montrez-moi un peu cet œuf qui ne veut pas éclore, dit la vieille. Ah ! vous pouvez me croire, c'est un œuf de dinde. Moi aussi j'ai été trompée une fois comme vous, et j'ai eu toute la peine possible avec le petit ; car ces êtres-là ont affreusement peur de l'eau. Je ne pouvais parvenir à l'y faire entrer. J'avais beau le tirer et barboter devant lui, rien n'y faisait. Que je le regarde encore : oui, c'est bien certainement un œuf de dinde. Laissez-le là, et apprenez plutôt aux autres enfants à nager. »

H. C. Andersen, *Poucette et autres contes*, trad. D. Soldi, E. Grégoire, L. Moland, coll. « Le Livre de Poche Jeunesse », Hachette Jeunesse.

a. Jusqu'où le monde de la mère cane s'étend-il ?
b. Pourquoi est-elle ennuyée ?
c. Quel conseil la vieille cane donne-t-elle ?

 ### Je découvre

1. Relève, dans la lecture :
- une phrase où une question est posée ;
- une phrase où l'on sent l'admiration et l'étonnement des petits canards ;
- une phrase où la vieille cane donne un ordre, un conseil.

2. Relève, dans la lecture, deux phrases où l'on déclare quelque chose.

3. Recopie le tableau et transforme les phrases selon l'exemple.

Phrase déclarative	Phrase injonctive
Exemple : Il faut que tu viennes tout de suite.	Viens tout de suite.
	Sors de la cuisine.
Nous devons faire des efforts.	
	Regarde à droite et à gauche.
Vous devez revenir avant la nuit.	

Il existe quatre types de phrases.

La **phrase déclarative** permet de dire quelque chose : raconter un événement, donner une opinion…
Exemple : Les œufs vont bientôt éclore.

La **phrase interrogative** sert à poser une question. À l'écrit, elle se termine par un **point d'interrogation**.
Exemple : Les œufs vont-ils bientôt éclore ?

La **phrase injonctive** permet de donner un ordre, un conseil.
Exemple : Sois patiente.

La **phrase exclamative** permet d'exprimer un sentiment (l'admiration, la colère, la joie…). À l'écrit, elle se termine par un point d'exclamation.
Exemple : Comme vous êtes patiente !

Je m'entraîne

4. Recopie le tableau. Place le numéro de chaque phrase sur la bonne ligne.

types de phrases	numéros
phrases déclaratives	
phrases interrogatives	
phrases exclamatives	
phrases injonctives	

1. Ne sors pas tout de suite.
2. L'orage va bientôt éclater.
3. L'orage éclatera-t-il bientôt ?
4. Viendrez-vous aux prochaines vacances ?
5. Quel exploit extraordinaire !
6. Regarde bien à droite et à gauche avant de traverser la rue.
7. Comme tu es aimable de bien vouloir m'accompagner !
8. Voudrais-tu me rendre un service, s'il te plaît ?
9. Les bruits du chantier me dérangent.
10. Que faut-il faire pour arriver le premier ?

5. Écris la question qui correspond à chaque réponse.

- J'arriverai vers 21 heures.
- Je viens de Madagascar.
- Clara est venue à notre rencontre.
- Je me prénomme Louis.

6. Recopie les phrases en mettant la ponctuation qui convient.

- Il ne faut pas fumer dans un endroit public
- Ne sortez pas sans avoir mis votre manteau
- Que ceci me semble appétissant
- Pourquoi n'allez-vous pas vous promener au parc le dimanche après-midi
- Quel magnifique temps nous avons eu au bord de la mer

7. Transforme les phrases déclaratives en phrases exclamatives.

Exemple : Ce jeu vidéo est passionnant.
▸ *Comme ce jeu vidéo est passionnant !*

- Il fait très beau aujourd'hui.
- Je suis très fatigué.
- Vous habitez une charmante maison.
- Ce château est imposant par ses remparts.
- Tu es un gentil garçon.
- J'ai passé une journée fabuleuse.
- L'eau de la mer Méditerranée est chaude.

 8. Retrouve le sentiment exprimé par chacune de ces phrases exclamatives.

- Que ce tableau de Claude Monet est beau !
- Comme cet enfant court vite !
- Quelle affreuse bête j'ai vue derrière le rideau !
- Que c'est triste de ne pas pouvoir aller à la fête !
- Oh ! Je ne m'attendais pas à te trouver derrière la porte !

La phrase interrogative

 Un lion très exigeant

Le lion était couché et se prélassait.
« Tu as des problèmes ? demanda-t-il.
– Non, pas vraiment, répondit Max.
C'étaient seulement mes parents.
Ils estiment qu'on doit manger pendant les repas.
– Oui, c'est toujours problématique,
les repas », soupira le lion.
Max lui tendit les cinq steaks.
« Tiens », dit-il.
Il regarda le lion qui se soulevait un peu et raclait
le steak du dessus de l'une de ses longues griffes.
« Qu'est-ce que c'est que ça ? demanda le lion.
– Ça, quoi ?
– Ce qu'il y a là-dessus.
– C'est sûrement des oignons, répondit Max.
– Bon, alors laisse tomber, bougonna le lion. Je ne mange pas d'oignons.
– Mais c'est pourtant bon, les oignons, dit Max. Et c'est drôlement sain.
– Écoute, Max. Regarde-moi ! Ai-je l'air d'un herbivore ? Non, hein ? Regarde un peu mes dents ! »
Le lion ouvrit sa gueule. Max contempla avec terreur ses quatre grosses canines.
« Ont-elles l'air d'être faites pour mâcher des oignons, Max ?
– On ne peut pas prétendre ça », bégaya Max.
Le lion approcha sa tête tout contre lui.
« Elles sont faites pour déchiqueter, broyer, taillader et arracher la viande, le cartilage, les nerfs et les os. Tu me suis, Max ? »
Max répondit qu'il suivait très bien. Pendant ce temps-là, le lion poussa l'assiette de côté.
« Il faut que tu essaies de comprendre, Max, que là-bas, chez moi, on ne s'amuse pas non plus, nous les lions, à saler et poivrer les gazelles, hein ? »
Max ravala deux fois sa salive et dit qu'il comprenait parfaitement. Ce serait d'ailleurs beaucoup trop compliqué. Mais il allait tout de suite ôter les oignons si Oscar le souhaitait.

B. REUTER, *Contes et merveilles*, Hachette Jeunesse.

a. Quel est le problème du lion ?
b. Quel est le régime alimentaire d'un lion ?
c. Quelle impression la gueule ouverte du lion fait-elle sur Max ?

 Je découvre

1. Relève les phrases verbales interrogatives dans la lecture.

2. Quel mot le lion utilise-t-il deux fois pour insister sur sa question ?

3. Pose trois questions sur l'histoire.

Une phrase interrogative sert à poser une **question**.
À l'écrit, elle se termine toujours par un **point d'interrogation**.

Exemples : Tu me suis, Max ?
Est-ce que tu me suis, Max ?
Me suis-tu, Max ? (Le verbe et le sujet sont **inversés**.)

 Je m'entraîne

4. Transforme les phrases interrogatives selon l'exemple.

Exemple : Est-ce que tu connais ce film ?
▶ Connais-tu ce film ?

- Est-ce que tu préfères le cinéma ou le théâtre ?
- Est-ce que nous sommes bientôt arrivés ?
- Est-ce qu'elles ramasseront les feuilles ?
- Est-ce qu'il aime les animaux ?
- Est-ce que tu sais monter à cheval ?
- Est-ce que vous êtes sportifs ?

5. Transforme les phrases déclaratives en phrases interrogatives.

- Tu connais le prénom de ma mère.
- Les marmottes montrent le bout de leur nez.
- La bûche était fendue sur toute sa longueur.
- Le cheval franchit la barrière.

6. Transforme les phrases déclaratives en phrases interrogatives selon l'exemple.

Exemple : Tom finit son travail.
▶ Est-ce que Tom finit son travail ?
▶ Tom finit-il son travail ?

- Les enfants découvrent la mer.
- Ils inventeront la fin de l'histoire.
- Nous allons pique-niquer en forêt.
- La rivière grossit vite en raison des pluies incessantes.

7. Recopie et complète chaque phrase avec l'un des mots interrogatifs suivants :
Pourquoi – Combien – Où – Qui – Que – Quelle.

- … coûte ce croissant ?
- … fait-on avec cet outil ?
- … le soleil se couche-t-il à l'ouest ?
- … couleur préférez-vous ?
- … se situe la Namibie ?
- … a gagné le tournoi de tennis ?

8. Trouve une question correspondant à chacune des réponses.

- Il est neuf heures et quart.
- Non, nous n'avons pas de crayons de couleur.
- Au mois d'août, peut-être.
- C'est Amandine qui a remporté la finale.
- Ce DVD vaut vingt euros.

 9. Retrouve la question correspondant à chacune des réponses.

- Les dossiers sont rangés dans l'armoire.
- L'auteur de ce poème est Jean Tardieu.
- La piscine est située à côté du gymnase.
- Oui, Arthur est mon cousin.
- Je prends mon parapluie parce qu'il pleut !

À TOI DE JOUER…

10. Trouve une phrase interrogative correspondant à chaque réponse.

Attention ! Afin de donner à ton texte la forme d'un petit poème, les questions devront rimer avec les réponses.

Exemple :
- *Qui a mangé ma confiture ?*
  Ça j'en suis sûr, c'est Mac Arthur.
- … ?
  C'est le vendeur de poésies.
- … ?
  C'est le mouton de Mathurin.
- … ?
  Il venait voir la tante Léa.
- … ?
  Il voulait juste manger du raisin.
- … ?
  Ils nageront jusqu'en Asie.
- … ?
  Parce qu'ils s'amusent de tout et rien.

La phrase injonctive – L'impératif

 Le prince des voleurs

Robin est devenu un héros pour ses compagnons.
« Sois notre chef, brave Robin, lui demande Will Scarlett.
– J'accepte, mais à la condition que nous cessions de nous cacher. Levons-nous ! Que tous ceux qui savent travailler le bois coupent des flèches et fabriquent des arcs. Désormais, la forêt de Sherwood nous appartient. Quiconque la traversera, s'il est riche, devra nous verser son or. Nous en reverserons une partie aux pauvres.
– Mais nous ne savons pas tirer à l'arc. » Alors une voix grave s'élève, celle du père de Robin.
« Bien qu'aveugle, je puis faire de vous les meilleurs archers du royaume d'Angleterre.
– Comment t'y prendras-tu ?
– Placez une cible à quelque distance et laissez-moi faire. »
On cloue alors sur un arbre une planchette de bois. L'aveugle semble se concentrer, puis avec son arc tire une flèche… qui va se planter au cœur de la cible.
« Comment est-ce possible ?
– Je vous apprendrai. Bientôt, vous saurez même tirer les yeux fermés. »
Six mois plus tard, la bande est déjà célèbre. Nombreux sont les voyageurs qui racontent comment ils ont été dévalisés sur la route de Londres à Nottingham par des voleurs de grand chemin vêtus de vert. Leur argent a été dérobé mais aucun mal ne leur a été fait. Au contraire, le chef, que l'on appelle maintenant Robin des Bois, le prince des voleurs, a été très aimable avec eux. Il leur a même offert à boire et à manger.

A. Dag'Naud, *Le Moyen Âge*, coll. « Le Bibliobus historique », Hachette Éducation.

a. À quelle condition les gens riches pourront-ils traverser la forêt de Sherwood ?
b. Pourquoi Robin des Bois est-il surnommé « Le prince des voleurs » ?
c. Quelle est la particularité du père de Robin des Bois ?

 Je découvre

1. Relève les phrases injonctives de la lecture. Qu'indiquent-elles ?

2. Relis la dernière phrase de la lecture et fais parler Robin comme s'il s'adressait à des voyageurs qu'il a dévalisés.

3. Transforme les phrases selon l'exemple.
Exemple : Tu dois écrire une lettre à ta grand-mère.
▶ *Écris une lettre à ta grand-mère.*
• Tu dois surveiller ton petit frère.
• Vous devez inventer la suite de l'histoire.
• Tu dois ranger ta chambre.
• Vous devez couper le bois.
• Nous devons reverser l'or aux pauvres.
• Vous devez fabriquer des arcs.

Une phrase injonctive permet de donner un **ordre** ou un **conseil**.
Exemple : Sois notre chef.

Dans une phrase injonctive, le verbe est le plus souvent conjugué au **présent de l'impératif**.

Au **présent de l'impératif**, le verbe ne se conjugue qu'à **trois personnes**, **sans sujet exprimé**.

lever	choisir	prendre
lève	choisis	prends
levons	choisissons	prenons
levez	choisissez	prenez

 Je m'entraîne

4. Conjugue au présent de l'impératif.
- Placer une cible.
- Viser juste.
- Saisir la corde.
- Apprendre à tirer.

5. Écris les verbes entre parenthèses à la personne du singulier du présent de l'impératif.
- (Monter) les marches doucement.
- Ne (négliger) pas ton travail.
- (Protéger) ta peau du soleil.
- Ne (rougir) pas : c'est un compliment mérité.
- (Suivre) le chemin en face de toi.

6. Recopie la recette en ne t'adressant qu'à une seule personne.

Travaillez ensemble le sucre, les œufs entiers et le rhum, puis incorporez la farine et la levure. Mélangez ensuite la crème de marron avec le beurre ramolli et ajoutez-les à la pâte. Prenez un moule à manqué et versez la préparation. Faites cuire 45 minutes. Démoulez chaud sur une grille et servez la galette froide.

7. Complète ce panneau en écrivant quelques phrases injonctives.
Pense à la propreté des lieux, au calme, aux fleurs et aux animaux.

> Vous entrez dans un parc naturel.
> C'est un espace sauvage, mais fragile !
> Afin de préserver la beauté de la nature
> qui vous entoure, merci de respecter
> ces quelques recommandations : ...

8. Ton père va prendre le volant de sa voiture pour effectuer un long trajet.
Donne-lui quelques conseils de prudence en utilisant des phrases injonctives.

 9. Relève les verbes au présent de l'impératif, puis conjugue-les aux deux autres personnes.

Crêpes fourrées

Travaille la matière grasse et le sucre pour obtenir une pommade. Ajoute le jus des oranges et un zeste râpé. Bats longuement l'ensemble. Fourre les crêpes tièdes avec le mélange et roule-les. Tu peux les servir aussitôt.

À TOI DE JOUER...

10. Écris les verbes suivants dans le tableau à la personne du singulier du présent de l'impératif.

Avec les lettres des cases numérotées de 1 à 6, tu pourras écrire un autre verbe à l'impératif.

écouter – emplir – bondir – oublier

					1
					2
					3
4				5	6

La forme affirmative – La forme négative

 ### La parade

Les gardes ont fait plein de petits mouvements avec leur fusil, on sentait que c'était pas n'importe quoi, qu'ils avaient dû les répéter plusieurs fois.
– Reposez… armes !
Ceux qui venaient d'arriver ont pris la place des autres, puis ils sont repartis, le sabre d'abord et les fusils derrière, au pas cadencé, une deux, une deux, une deux… Pendant ce temps, les gens n'arrêtaient pas de les photographier. Quand la relève a été finie, une fille s'est placée tout à côté du nouveau garde, elle a balancé ses cheveux en arrière pour qu'on voie son visage sur la photographie, et le garde les a reçus en pleine figure ! Il n'a même pas cligné des yeux !
– T'as vu ? Comment il fait pour ne pas bouger ?
Pour Oualid, ça tenait du miracle.
Peu de temps après, mon père est revenu. Il est arrivé par-derrière et il nous a touché l'épaule, Oualid a poussé un cri :
– Ah !
Il n'avait pas reconnu mon père. Il faut dire qu'il ressemblait au garde comme deux gouttes d'eau, sauf qu'il n'avait ni sabre ni fusil, mais une trompette, et un plumet rouge et blanc sur son shako. Oualid a peut-être cru que c'était le garde qui avait fait demi-tour, qui voulait l'emmener. J'ai pouffé de rire.
– Venez ! a dit mon père.
À l'intérieur, il a dit à quelqu'un assis dans un petit bureau :
– Mon fils et son camarade vont assister à la parade.
Le type du bureau a hoché la tête.
Après on est passés dans une sorte de petite porte avec caméra et télévision, comme à l'aéroport :
– C'est pour voir si on n'a pas d'armes, a expliqué mon père.
J'ai chuchoté à Oualid :
– Tu comprends ? Y en a qui pourraient tuer le président…
Puis on a pénétré dans la cour de l'Élysée.
– Restez dans ce coin et surtout ne faites pas de bruit !

C. Clément, *Oualid président !*, © Casterman S.A.

a. Quelle est la cadence du pas des gardes ?
b. Si le père de l'auteur n'a pas d'armes, que fait-il dans la garde républicaine ?
c. À quoi sert la caméra ?

 ### Je découvre

1. Relève, dans la lecture :
• une phrase déclarative affirmative et une phrase déclarative négative ;
• une phrase injonctive affirmative et une proposition injonctive négative.

2. Retrouve, dans la lecture, une phrase négative incorrecte. Explique ton choix.

Les quatre types de phrases peuvent être :

– soit à la **forme affirmative** ;
Exemple : Vous assisterez au défilé.
– soit à la **forme négative**.
Exemple : Vous n'assisterez pas au défilé.

Dans une phrase négative, la négation est composée de deux mots :
ne… pas, **ne… plus**, **ne… jamais**, **ne… rien**, etc.
Ils sont placés de chaque côté du verbe.

Je m'entraîne

3. Classe en deux colonnes les phrases affirmatives et les phrases négatives.

Un épouvantail, ça ne bouge pas, ça ne pense pas. Pourtant, je bouge, je pense et je suis un épouvantail !
Ne me demandez pas comment je suis devenu vivant, je ne le sais pas moi-même. Simplement, un jour, j'ai eu envie de marcher, j'ai senti que je pouvais le faire, et je l'ai fait.
C'était amusant et curieux à la fois.
  N. de Hirsching, *Le monstre de Mardi gras*, Rageot.

4. Transforme les phrases affirmatives en phrases négatives.

• Ce coureur du 200 mètres a été déclassé ; il avait mis le pied dans le couloir voisin.
• Le sauteur à la perche fait toujours plusieurs essais avant le début de la compétition.
• Le 400 mètres est une distance très difficile : il faut courir vite tout le temps.
• Le lancer du poids nécessite une excellente technique et des bras musclés.

5. Indique le type et la forme de chaque phrase.

Exemple : Quand partirez-vous en voyage ?
  ▶ *Type interrogatif, forme affirmative.*

• Comme le temps est agréable !
• Ne sortez pas sans avoir mis vos manteaux.
• Les élèves du CM1 jouent au football dans la cour de l'école.
• Ne faut-il pas se laver les mains avant de passer à table ?
• Les filles de l'école ne veulent plus jouer à l'élastique.

6. Réponds aux questions avec des phrases négatives.

• Vas-tu à l'école aujourd'hui ?
• Les jongleurs ont-ils fait tomber des balles ?
• L'alpiniste escalade-t-il le mont Blanc ?
• Faisons-nous un gâteau aux pommes pour ton anniversaire ?
• Ton petit frère boit-il bien son biberon ?

7. Recopie et complète les phrases avec les négations ne … pas, ne … plus, ne … rien, ne … jamais, n'… aucune, ne … que.

• Je … ai eu … bonne note.
• Thomas … mange … des fruits.
• Il … reste … dans le coffre de la voiture ; papa a tout déchargé.
• … mets … la tête en dehors de la voiture : c'est trop dangereux.
• Il … faut … me déranger pendant le repas, sinon je … mange … rien.

8. Dans chaque phrase complexe, ne recopie que la proposition à la forme négative.

Et voilà, c'est évident ! Pour eux tous, je ne suis pas quelqu'un de normal mais une sorte de princesse, déguisée à longueur d'année.
Je voudrais hurler : « Non ! Je ne suis pas une princesse ! Je suis une fille normale et je ne veux pas de votre rôle ridicule ! Pas question ! Je resterai plutôt assise sur ma chaise sans bouger, jusqu'à la fin de l'année ! »
Mais je n'ai pas le temps de dire quoi que ce soit. Vincent s'esclaffe :
– Madame ! C'est Myrtille qui doit jouer la princesse ! Elle porte déjà les bons vêtements, elle n'aura même pas besoin de se déguiser…
  C. Cahour, *Myrtille n'en fait qu'à sa tête*, Rageot.

23

Synthèse 1

1. Avec de simples gestes, on peut très bien se faire comprendre ! Pourrais-tu traduire chaque geste ci-dessous par une phrase correspondante ?

2. Transforme les phrases non verbales en phrases verbales.

- Construction d'un nouveau pont.
- Arrivée prévue vers 17 h.
- Élimination de l'équipe des Poussins.
- Joie des vainqueurs.
- Grande solidarité de la part des pays voisins.

3. Lis le texte, puis recopie deux phrases non verbales.

Suave fronce ses vilains sourcils poivre et sel :
– La petite table du fond vous est réservée jusqu'à nouvel ordre, dit-elle d'un ton sans réplique.
Crotte, alors ! Mickette avait envie de lier connaissance. C'est pas en restant dans son coin qu'on s'intègre !
Sa place est si éloignée qu'elle voit à peine ce qu'il y a dans les assiettes. À peine, mais un peu tout de même. Et ça ne lui ouvre pas l'appétit.
Beuh ! De la soupe !
Mickette a horreur de la soupe, surtout quand elle ne contient pas de vermicelles.
Gudule, L'école qui n'existait pas, Nathan.

4. Recopie et complète chacune de ces phrases afin d'obtenir une phrase complexe.

Exemple : Je serais bien allé avec toi à la piscine, mais je suis enrhumé.

- Dès que l'émission sera terminée, je …
- Mon frère a réussi son examen, mais …
- Peux-tu me passer le livre qui …
- Dimanche, nous irons faire du VTT en forêt, ensuite …

5. Dans chaque phrase, relève les verbes conjugués. Indique à chaque fois s'il s'agit d'une phrase simple ou d'une phrase complexe.

- Le ciel s'assombrit.
- De gros nuages s'amoncellent sur les hauts sommets.
- Un éclair zèbre le ciel, puis un énorme coup de tonnerre retentit.
- On entend le grondement qui roule jusque dans la vallée.
- Quelques instants plus tard, de grosses gouttes s'écrasent sur les prairies.
- Puis, d'un coup, la lumière semble s'éteindre, un rideau de pluie recouvre la montagne.
- Un groupe de marcheurs se hâte vers une cabane de bois.

6. Recopie le texte en ajoutant les points. N'oublie pas les majuscules.

madame Lucien et sa petite Annette se promenaient le long des quais l'air vif des fronts de mer leur fouettait le visage un nuage de mouettes et de goélands tournoyaient au-dessus de leur tête leurs cris discordants déchiraient l'air
C. Guiberger, Enlèvement à Port-Marie, D.R.

7. Recopie les phrases en plaçant les deux-points qui annoncent une explication ou une énumération.

- À la boulangerie, on trouve des croissants, des pains au chocolat et des brioches.
- Thomas répondit à Juliette « À la piscine, il y avait beaucoup de copains Pierre, Théo et Samir. »
- J'arrive chez mes cousins plus tôt que prévu « Quelle surprise », me disent Nicolas et Simon.
- Les villes françaises les plus importantes sont Paris, Marseille, Lyon.
- Elle me dit « Avez-vous eu beau temps ? »

8. Imagine une réponse pour chaque question.

- Pourquoi ne manges-tu pas ?
- Qui est sorti en premier ?
- Comment allez-vous ?
- À quelle heure devons-nous passer ?
- Où allez-vous installer votre ordinateur ?
- Quand partez-vous au cinéma ?
- À qui as-tu prêté ton livre ?
- Quels jeux as-tu installés sur ton ordinateur ?

9. Dans le texte, identifie trois phrases déclaratives, une phrase interrogative, une phrase injonctive et deux phrases exclamatives.

Excité par la faim, Nanok rattrapa Natserk à la course en deux temps trois mouvements. Il le tua d'un bon coup de patte derrière la tête, le prit dans ses mâchoires et le ramena auprès de Pissortut.
– Tu vois que je tiens parole ! fit-il très fier de lui. Allez, prends ton couteau, et découpe ce qui te revient.
– Toi, au moins, on peut te faire confiance ! s'exclama Pissortut.
Mais au lieu de sortir son poignard, Pissortut épaula le fusil en direction de Nanok.
– Que fais-tu donc ? s'inquiéta Nanok.
– Une cible pareille, je m'en voudrais de la rater !
Nanok fit un bond de côté.
– Jamais je n'aurais dû te faire confiance, chasseur ! Tu es bien plus cruel que moi !

Y.-M. Clément, *Un phoque loufoque*, Rageot.

10. Transforme les phrases suivantes en phrases interrogatives.

- Les animaux de l'Arctique sont en danger.
- Les forêts vierges tropicales sont détruites.
- Le climat se réchauffe.
- Les hommes sont souvent responsables des changements de température.
- Une montée des océans risque de se produire.
- Il ne faut pas être irrespectueux envers notre environnement.

11. Transforme les phrases déclaratives en phrases injonctives.

Exemple : Il faut que tu réussisses ton examen.
▶ *Réussis ton examen.*

- Nous vous demandons de sortir de cette salle.
- Il faut que tu termines rapidement ton travail.
- Je veux que vous rouliez bien à droite.
- Je vous conseille d'ouvrir les fenêtres.
- Il faut que nous montrions l'exemple.
- Je souhaite que nous partions à la campagne.
- Il faut que tu sortes de la cuisine.
- Vous devez partir tout de suite.
- Nous devons faire des efforts.

12. Écris les verbes entre parenthèses au présent de l'impératif.

- (Masser) ton muscle.
- (Introduire) votre clé dans la serrure.
- (Finir) ton assiette et (plier) ta serviette.
- (Éloigner)-nous du bord de la falaise.
- Ne (courir) pas sur le trottoir, vous pourriez bousculer les passants.
- (Regarder) bien avant de traverser la rue. Quand tu es sûr qu'il n'y a pas de voitures, (traverser) calmement.

13. Recopie les phrases qui sont à la forme affirmative.

Les médicaments sont des produits dangereux si on les utilise sans l'avis d'un médecin. Il ne faut pas les laisser traîner n'importe où. La meilleure solution est de les ranger dans une armoire à pharmacie fermant à clé. Les produits d'entretien sont également dangereux. Les jeunes enfants ne devraient pas y avoir accès.

14. Transforme les phrases négatives en phrases affirmatives.

- Il ne fait pas très beau aujourd'hui.
- Mattéo ne joue plus avec ses rollers.
- Ma sœur et moi ne regardons jamais la télévision le soir.
- Tristan ne possède aucun chien.
- Yanis n'a ni poisson rouge ni oiseau.

15. Lis ce poème de Luc Bérimont. Recopie-le ensuite en ajoutant, sur le modèle de l'auteur, des vers de ton invention.

Bientôt, je n'aurai plus de voix
Disait le voiturier
Bientôt, je n'aurai plus de chats
Disait le châtaignier
Bientôt, je n'aurai plus de rats
Disait le râtelier
Bientôt, je n'aurai plus de poux
Disait le poulailler
Regardez ! Je n'ai plus de rampe
Disait le rempailleur
Mais tous ceux qui ne disaient rien
Tous ceux-là n'en pensaient pas moins.

L. Bérimont, *L'esprit d'enfance*, Éditions de l'Atelier/Ouvrières

Le verbe

 Les maladies

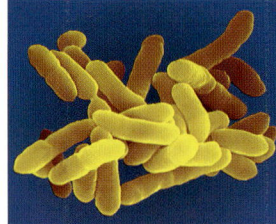

Bactérie grossie 3 400 fois.

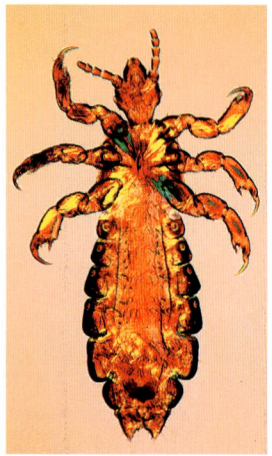

Parasite : pou grossi 14 fois.

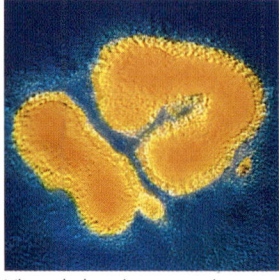

Virus de la grippe grossi 120 000 fois.

Les maladies ont des origines diverses. Certaines sont héréditaires et se transmettent par les gènes : c'est le cas des maladies génétiques, comme la myopathie. D'autres sont dues à un dérèglement des cellules, comme le cancer. D'autres sont provoquées par des allergies…

Mais les maladies les plus courantes ont pour cause les microbes. Il existe trois types de microbes : les bactéries, les parasites et les virus. Les bactéries sont formées d'une seule cellule et se développent très rapidement. Certaines sont très utiles : les bactéries de la flore intestinale t'aident ainsi à bien digérer. Mais d'autres provoquent des maladies, comme la tuberculose, la lèpre, la scarlatine…

Les parasites sont des êtres vivants. Parmi eux, tu trouves les poux, le ténia – ce ver immense qui s'installe dans l'intestin – et les champignons ou mycoses qui peuvent se développer sur la peau.

Les virus sont plus petits que les bactéries. Ils pénètrent dans les cellules qu'ils détruisent pour pouvoir se reproduire. Ils sont à l'origine de nombreuses maladies infantiles comme la varicelle.

Mais la grippe, les hépatites ou le sida sont aussi des maladies à virus.

Quand un micro-organisme pathogène pénètre dans ton organisme, ton corps sonne l'alerte. Tes globules blancs se multiplient pour dévorer les envahisseurs… et ta température monte. Mais parfois les microbes sont les plus forts et la maladie s'installe. Tu dois aller chez le médecin. Si tu souffres d'une maladie d'origine bactérienne, il te prescrira des antibiotiques et te conseillera de te reposer. Mais si c'est un virus, ces médicaments n'ont aucun effet. C'est pourquoi il vaut mieux se faire vacciner en prévention.

Encyclopédie *BRIO*, pp. 128-129, Magnard.

a. Quelles sont les trois familles de microbes ?
b. Vrai ou faux ? Les antibiotiques ne peuvent pas guérir une maladie causée par un virus.
c. Vrai ou faux ? Toutes les bactéries ne sont pas mauvaises pour la santé.

 Je découvre

1. Dans le dernier paragraphe de la lecture, relève tous les verbes et indique, pour chacun, s'il est conjugué ou s'il est à l'infinitif.

2. Pour chaque verbe conjugué, donne son infinitif.

Le verbe est le mot de la phrase qui se conjugue. Quand il n'est pas conjugué, il est à l'infinitif.
Le verbe :
– exprime ce que fait le sujet (verbe d'action) ;
Exemple : Le médecin ausculte le malade.
– donne une idée du sujet (verbe d'état).
Exemple : Les bactéries sont des microbes.

Les principaux verbes d'état sont : être, paraître, sembler, devenir, demeurer, rester, avoir l'air.

Je m'entraîne

 3. Relève chaque verbe et, s'il est conjugué, donne son infinitif.

Le vétérinaire prit un air très sérieux :
– Je me demande si Adolphe ne ferait pas une allergie aux grosses voix, soupira-t-il.
– Qu'est-ce que ça veut dire ? interrogea M. Grisouri de très mauvaise humeur.
– Laissez-moi essayer, dit le vétérinaire, et il se mit à imiter la voix chantante de Mlle Clinibelle…
« Adolphino, descends de la table, voyons ! »

M.-L. BATAILLE, *Adolphe, aux pieds !*, Milan.

 4. Recopie le texte, puis souligne les verbes conjugués et indique, pour chacun, s'il s'agit d'un verbe d'état ou d'un verbe d'action.

Un jeune escargot […] rencontra en chemin une vieille tortue qui admirait le paysage. C'était la première fois que l'escargot voyait une tortue et il fut très surpris en découvrant que les escargots n'étaient pas les seuls animaux à transporter leur habitation sur leur dos. Seulement cette vieille tortue lui parut très grosse et très laide. Il ne se gêna pas pour le lui dire. La tortue, furieuse, grimpa sur un rocher, sauta sur l'escargot et l'écrasa.

B. FRIOT, *Escargot et tortue, tortue et escargot*, Milan.

5. Donne l'infinitif de chacun de ces verbes.

Je peins – nous attendons – elles s'amusent – nous guérirons – ils sont venus – tu avais vu – je voudrais – vous devez – je ferai – nous serons – je croyais – vous aurez – vous dîtes – elles craignent – je sais.

 6. Relève tous les verbes du texte et classe-les en deux colonnes : verbes conjugués et verbes à l'infinitif. Souligne ensuite les verbes d'état.

Tous les soirs, avant le dîner, Jessie et ses parents passent un moment ensemble au salon, à discuter tranquillement de choses et d'autres. Cette petite réunion, la mère de Jessie y tient. À son avis, c'est l'occasion de faire le point en famille et de ne pas se perdre de vue. Au cours de la conversation, il est même permis d'évoquer ses problèmes, mais seulement pour en discuter, jamais pour se plaindre ou récriminer. Jessie n'est pas certaine de saisir très bien la nuance, pourtant sa mère fait la distinction.
Certains jours, cette conférence à trois est un moment fabuleux. Chacun raconte des histoires drôles et tout le monde se tord de rire. D'autres fois, le temps paraît long. L'ennui, c'est qu'on ne sait jamais d'avance si la séance sera réussie ou non.

A. BALIS, R. REISER, *Jessie la parfaite*, trad. R.-M. VASSALO, Castor poche-Flammarion.

À TOI DE JOUER…

7. Écris deux verbes à l'infinitif, puis sépare leurs syllabes et mélange-les afin d'inventer deux verbes fantaisistes. Utilise ensuite chacun d'eux dans une phrase, en les conjuguant.

Exemple : demander – réfléchir
▶ de – man – der – ré – flé – chir ;
rémanchir – réfléder.

• Chaque matin, Enzo réflède son ours en peluche.
• Mon grand-père rémanchit le rosier avec un gros sécateur.

Le sujet

 L'enrichissement de l'Europe de l'Ouest

Entre 1450 et 1550, dans l'Europe de l'Ouest où l'or et l'argent coulent à flots, où les seigneurs se font la guerre, les paysans partent à la conquête des terres. Ils **travaillent** mieux les sols, **produisent** davantage et les prix montent sur les marchés des villes dont la population augmente.

Des terres nouvelles sont gagnées aux cultures : le roi Henri IV fait assécher les marais insalubres du Poitou, d'Aunis, de Gascogne ; des Italiens repeuplent les villages abandonnés ; des Allemands s'installent dans la région d'Avignon ; Bretons et Vendéens **viennent** louer leurs bras dans les plaines de Beauce ou de Brie. Les gens du Limousin et d'Auvergne, trop nombreux sur leurs terres, **partent** à la conquête du Bordelais.

Autour des villes **se développent** les cultures maraîchères. Les cultures riches sont les plus favorisées : la vigne gagne à Cadix, Porto, dans le Bordelais, en Bourgogne et en Champagne. Les bourgeois, qui ont acheté le vignoble, **spéculent** sur les vins comme sur les blés. Ceux de Suède vendent leur bière, améliorant les rendements en seigle et en orge. Les « routes aux bœufs » du Danemark voient cheminer dix mille bêtes d'un coup vers les marchés du Rhin. Les Anglais entourent déjà leurs champs de clôtures pour élever des moutons gras et laineux.

S'enrichir **devient** possible pour les paysans de l'Ouest. En Angleterre, en France, en Allemagne de l'Ouest se constitue une aristocratie de paysans aisés : ces riches agriculteurs **achètent** les terres et parfois les châteaux.

Il n'en est pas de même dans l'Europe du Centre ou de l'Est où les villages croupissent dans la misère. Le servage devient plus dur, car le seigneur veut tirer un profit maximum de ses terres. Il ne ménage pas ses manants et, quand ils se révoltent, comme en Allemagne, il lance contre eux de sanglantes expéditions punitives.

P. MIQUEL, *Au temps des grandes découvertes*, Hachette Livre.

a. Cite des exemples de mouvements de population aux XVe et XVIe siècles.
b. Où les vignobles se développent-ils ?
c. Cherche ce que sont des cultures maraîchères.

 Je découvre

1. Identifie le sujet de chacun des verbes en gras de la lecture. Comment l'as-tu trouvé ? Indique la nature de chaque sujet.

2. Identifie le sujet de chacune de ces phrases.

- En Angleterre, en France se constitue une aristocratie de paysans aisés.
- En Europe de l'Ouest, l'or coule à flots.
- Sur les routes du Danemark cheminent des bœufs.
- Les marais, asséchés par Henri IV, sont cultivés.

Dans une phrase, c'est le sujet qui fait **varier le verbe** en nombre et en personne.
Généralement, le sujet est placé **juste avant** le verbe. Mais il peut aussi se situer **bien avant** ou **après** le verbe (sujet inversé).
Exemples : La population augmente.
            sujet   verbe

     Les paysans, fatigués par leur longue journée, s'endormirent rapidement.
       sujet   verbe

     Dans ces champs pousse du blé.
                      verbe sujet

Le sujet peut être :
– un **nom** ou un **groupe nominal** : La population augmente.
– un **pronom** : Ils travaillent.
– un **verbe à l'infinitif** : Partir était la seule solution.

Pour trouver le sujet d'un verbe, on pose la question « **qui est-ce qui ?** » (ou « **qu'est-ce qui ?** ») avant le verbe.

 Je m'entraîne

3. Recopie les phrases, puis encadre les verbes et souligne les sujets.

- À flanc de colline dévalait un cavalier.
- Un signal lumineux, au bord de la route, avertira du danger.
- Autour de la maison, les arbres perdaient leurs couleurs.
- De nos jours, Internet est un moyen de communication universel.
- La semaine dernière, les feux tricolores et les panneaux lumineux étaient en panne.
- À la fin de la seconde mi-temps, les joueurs, fatigués par la forte chaleur, ne couraient presque plus.

4. Observe ces sujets (a à d) et ces groupes de mots (1 à 4). Écris toutes les phrases possibles.

a. L'animateur
b. Ils
c. Les journalistes
d. Axel

1. interroge le capitaine des pompiers.
2. posent de nombreuses questions.
3. s'approche de la foule.
4. lèvent la tête vers le ciel.

5. Remplace chaque sujet par un pronom personnel.
Exemple : Maman et moi préparons le dîner.
▸ *Nous préparons le dîner.*
- Corentin et sa sœur nettoient le jardin.
- La principale intéressée a disparu !
- Est-ce qu'Élise et Salma sont prévenues ?
- Ta sœur et toi êtes jumelles.
- Toute la population regarde passer la course.

6. Écris cinq phrases en utilisant ces éléments comme sujets.

- Mon crocodile tout vert.
- La saison froide.
- Francis Cabrel.
- La bicyclette de mon père.
- Courir dans les couloirs.

7. Indique la nature des sujets en gras (groupe nominal, pronom…).

- **Fumer** est mauvais pour la santé.
- **Les géraniums** fleurissent sur le balcon.
- **Clément** est passionné par le football.
- **Qui** est là ?
- **La petite poule rousse** s'est bien moquée du renard.
- **Elle** connaissait la chanson par cœur.

L'accord sujet-verbe

Un curieux message

Dans le ciel couraient de gros nuages noirs. Au volant d'une voiture de location, François Morel, le célèbre auteur de romans policiers, roulait depuis près d'une heure à travers la campagne dijonnaise. Il coupa la radio.
– Je n'arriverai jamais à Montfort avant la pluie, murmura-t-il pour lui-même…
Montfort… Il n'y avait pas mis les pieds depuis au moins dix ans ! Sans cette lettre du notaire…
Un éclair zébra le ciel alors qu'il traversait le gros bourg endormi sous la chaleur moite de cette fin d'après-midi d'été. Il n'eut aucun mal à retrouver la petite route qui, à la sortie du village, conduisait à la propriété de l'oncle Clément. La haute grille de fer était ouverte et il s'engagea sur l'allée de gravier. Une Citroën grise était garée devant le manoir et deux hommes bavardaient au pied de l'escalier qui conduisait à l'immense demeure.
François Morel descendit de voiture et s'avança vers eux.
– Bonjour, monsieur Morel. Je suis maître Girardin et voici monsieur Castel, huissier de justice. Je pense vous avoir tout expliqué dans mon courrier puis par téléphone. Votre oncle – un bien curieux personnage – avait cessé toute relation avec sa famille mais il admirait beaucoup votre travail : c'était un « fan » de l'inspecteur Lanne, votre héros ! Il a donc décidé de vous léguer cette propriété si vous êtes capable de retrouver, à l'aide d'un message codé, une clé de la porte d'entrée qu'il a lui-même cachée. Mais, précise son testament, vous n'aurez que cinq minutes pour y parvenir ! Si vous échouez, cette propriété reviendra à la mairie de Montfort. Êtes-vous prêt, monsieur Morel ?
François Morel acquiesça d'un signe de tête. L'huissier sortit un chronomètre de sa poche et le notaire tendit à l'écrivain ce curieux message :

LION	ÉMEU	LAMA	DROMADAIRE
ANTILOPE	SOURIS	ARAIGNÉE	ÉLÉPHANT
CANARD	TATOU	MOUCHE	ZÈBRE
LÉZARD	DINDON	ALPAGA	ÉLAN
ÉPERVIER	ARA	IBIS	URUBU
	NANDOU	NAJA	SERIN
	SINGE		

L'écrivain, au bout d'une dizaine de secondes, leva la tête et promena son regard sur la partie du parc qu'il apercevait. Alors que de grosses gouttes commençaient à tomber, ses yeux s'arrêtèrent sur une statue d'inspiration grecque.
– Messieurs, et si nous allions bien vite serrer la main que ce dieu grec tend vers le ciel… ?

J.-C. Lucas.

a. Quelle est la profession de François Morel ?
b. Que doit-il faire pour hériter de la propriété de son oncle ?
c. François Morel a trouvé la cachette de la clé en décodant le message. Et toi, saurais-tu déchiffrer le message ?

Je découvre

1. Relève les verbes conjugués du premier paragraphe de la lecture.
Identifie leurs sujets.
Quelles remarques peux-tu faire ?

2. Relève, dans le reste de la lecture :
• deux sujets inversés ;
• un sujet éloigné du verbe ;
• deux verbes ayant le même sujet.

Le verbe s'accorde **en nombre et en personne** avec son sujet.
Exemples : François Morel lève la tête. Tu lèves la tête. Les deux hommes lèvent la tête.
Quand un sujet contient plusieurs groupes nominaux au singulier, le verbe est au pluriel.
Exemple : L'éclair et le tonnerre annoncent l'orage.
     sujet   verbe
Plusieurs verbes peuvent avoir le **même sujet**.
Exemple : De grosses gouttes commencent à tomber et s'écrasent sur les marches.
     sujet   verbe   verbe
Attention aux sujets inversés et aux sujets éloignés du verbe !

 Je m'entraîne

3. Trouve un sujet pour chaque phrase.

- … montent un mur de pierre.
- … a arrêté un malfaiteur.
- Ce soir, … allumerai un feu de cheminée.
- … découvrirent Blanche-Neige chez eux.
- … et … préparaient des jeux.
- … n'ont pas pu sortir à cause du mauvais temps.
- En haut de la falaise, … empêche les touristes de se pencher.

4. Recopie et complète le texte à l'aide des sujets suivants :

Les musiciens – Mme Soler – Quelques enfants – Les invités – Un buffet froid – La fête.

… se déroulait dans le jardin. … attendait sur les tables nappées de blanc. … arrivaient les uns après les autres. … jouaient en sourdine. … avaient organisé un jeu de ballon. … saluait d'un sourire chaque arrivant.

5. Écris les phrases en conjuguant les verbes au présent de l'indicatif.

- Les scientifiques **(penser)** que l'année 3400 sera très froide.
- La « Méridienne verte » **(aller)** du nord au sud de la France.
- À partir du vent, l'éolienne **(produire)** de l'électricité.
- L'acidité du citron **(faire)** fuir les araignées.
- Le crocodile, en avalant de grosses proies, **(suffoquer)** parfois.
- Tous les téléphones portables ne **(être)** pas internationaux.

6. Recopie les phrases. Encadre chaque verbe et souligne le sujet. Indique, à la fin de chaque phrase, quelle personne de la conjugaison représente le sujet.

- Appréciez-vous le calme ?
- Demain, en soirée, Sarah et son petit frère embarqueront pour la Corse.
- Le laurier et l'hibiscus poussent plutôt dans les pays chauds.
- Depuis toujours les garçons parlent fort, pensent avoir raison, mais pleurent aussi parfois.
- En orbite autour de la Terre, Américains, Russes et Européens collaborent à l'installation d'une station spatiale.
- Hans, Oliver, Armelda, Perig, ainsi que leur ami italien Sergio, passent chaque Noël dans une grande maison à la campagne.
- Le diamant, pierre précieuse transparente, nous éblouit de ses éclats.

 ### 7. Recopie le texte. Encadre chaque verbe et souligne le sujet. Fais une croix sous le mot principal.

Au Moyen Âge, la population s'accroît et les logements deviennent insuffisants. Les rues des villes sont très étroites et les maisons en vis-à-vis se touchent presque…
Des encorbellements apparaissent. Les fenêtres en étage doublent de surface et captent le maximum de lumière.

T. KALOPISSIS, *Le Livre des maisons du monde*, © Gallimard.

Grammaire

8. Écris les phrases avec le sujet qui convient.

- (Le joueur – Les joueurs) marque un essai.
- (Le spectateur – Les spectateurs) se lèvent en criant.
- (Le point – Les points) s'ajoutent sur le panneau d'affichage.
- (Le haut-parleur – Les haut-parleurs) hurle le score.
- (La tribune – Les tribunes) est noire de monde.
- (Le projecteur – Les projecteurs), tout à coup, s'allument.
- (Un coup de sifflet – Des coups de sifflet) retentissent.
- (L'équipe vaincue – Les vaincus) baissent la tête.
- (L'équipe gagnante – Les gagnants) lève les bras, salue le public et fait un tour d'honneur.

9. Écris chaque phrase en mettant le sujet au pluriel.

- Le pilote prend contact avec la tour de contrôle.
- Le passager, pendant le voyage, regarde un film.
- L'hôtesse de l'air informe les voyageurs et leur offre des rafraîchissements.
- Un nuage obscurcit le ciel.
- Vers 18 heures, l'avion descendra lentement et atterrira avec un peu de retard.

10. Écris les phrases en conjuguant les verbes au présent de l'indicatif.

- Depuis une semaine, la Bretagne (gronder), (ramasser) le pétrole échoué sur le sable, (nettoyer) les rochers et (chercher) les responsables de la pollution.
- Dans les vestiaires, les joueurs (se réunir), (échanger) des conseils, (se concentrer) sur le match et enfin (sortir) sur le terrain.
- Le casque, les lunettes, les gants, la combinaison, l'altimètre et deux ailes (constituer) le matériel du parachutiste.
- Internet (ouvrir) sur le monde, (donner) accès à l'information, (relier) les hommes, (permettre) d'acheter et de vendre…

11. Écris chaque phrase en mettant le sujet au singulier.

- Les poivrons parfument la cuisine du Sud.
- Les tulipes, dans le vase, baissaient la tête.
- Les concours de l'été peuvent apporter la fortune.
- De plus en plus, les consommateurs recherchent les produits bio.

12. Remplace chaque sujet par un autre sujet plus précis.

Exemple : Les arbres caducs perdent leurs feuilles en hiver.
  ▸ *Le chêne, le charme, le châtaignier perdent leurs feuilles en hiver.*

- Sur l'étal, les poissons étaient appétissants.
- Les fleurs du printemps font oublier le triste hiver.
- Les boissons de l'été nous désaltèrent.
- Les instruments à cordes constituaient un très bel ensemble.

13. Recopie le texte. Encadre les verbes et souligne les sujets.

À 15 heures commença la fête du quartier. La population se massait de chaque côté des rues. Devant nous défilèrent des enfants déguisés, des chars décorés, de drôles de machines, des musiciens. Tout le monde criait, riait, chantait. Puis, plus tard, sur la place principale, monta une énorme acclamation. Les artistes tant attendus arrivaient sur la scène.

14. Écris chaque phrase à l'imparfait de l'indicatif en accordant le verbe avec son sujet.

- De partout (se presser) des centaines de personnes.
- Au loin (retentir) les tambours et les trompettes.
- Quelques journalistes attardés (tenter) de se frayer un passage dans la foule.
- Sur la route (arriver) et (klaxonner) la première voiture de collection.
- Le chauffeur et sa passagère (porter) de grosses lunettes et un chapeau de cuir.

15. Écris les phrases en conjuguant les verbes au présent.

- Le bruit nous (empêcher) de dormir.
- Venise (attirer) les touristes et les (enchanter).
- Tous les étés, le grand-père les (réunir) dans sa maison.
- Le professeur (écrire) sur les tableaux et les (noircir) de chiffres.
- En arrivant, les jeunes gens (embrasser) leur camarade et lui (souhaiter) un heureux anniversaire.
- « Je (chasser) les poules, dit le renard, et les hommes me (chasser)… » (Saint-Exupéry).
- Les mauvaises notes le (punir) de son peu de travail.

16. Observe ce tableau.

Écris quatre phrases pour décrire ce que tu vois. Utilise pour cela quatre sujets différents.

17. Dans ces phrases interrogatives, encadre les verbes et souligne les sujets.

- Où se trouvent les Baléares ?
- Quel pays visitez-vous cette année ?
- Combien d'heures dure le trajet ?
- Pourquoi ne pars-tu pas en vacances ?
- Qu'est-ce que ces touristes photographient ?
- Que rapporterons-nous, cette fois, comme souvenir ?

18. Écris chaque phrase au présent de l'indicatif en accordant le verbe avec son sujet.

- Depuis ce matin (**souffler**) un vent d'enfer.
- Les belles éclaircies (**laisser**) place à un temps maussade.
- Peu à peu (**s'amonceler**) des nuages menaçants.
- Ils (**s'épaissir**) et (**obscurcir**) le ciel.
- Sur l'île (**sévir**) déjà le mauvais temps.

À TOI DE JOUER...

19. Voici deux sacs de mots. L'un contient des sujets, l'autre des verbes.

Certains n'ont pas de sens (sauf pour toi). Utilise-les pour former des phrases à ton goût. **Mais attention aux accords.**

La solmania
Un télérophon
Des socratouilleurs
Le boursignol
Les pérégrilles
Des protozoaires
Tu
Plusieurs verdibules

déambulaient.
loucoumisent.
tourneboyottes.
s'esbaudissent.
crachote.
marmonne.
loupirent.
rigoldingue.

Synthèse 2

1. Recopie les phrases. Encadre chaque verbe et donne son infinitif.

- Le hibou a un regard perçant.
- Romane lit un bon roman.
- Le léopard s'élance.
- Papy Pierre a préparé une excellente tarte.
- Tu as attrapé froid.
- Le cerf-volant disparaît.
- Bertrand porte une casquette blanche.
- Deux élèves vendent le journal de l'école.
- Arthur appuie sur toutes les sonnettes.

2. Recopie les phrases. Encadre les verbes et souligne les sujets.

- Le jardinier nettoie les allées.
- Ma grand-mère aime le jardinage.
- Ce mensuel fait un gros tirage.
- La Grande Ourse brille dans la nuit.
- Dans le pré s'élève une montgolfière.
- De la mousse couvre le toit.
- Une douce chanson berce le bébé.
- Nous les appellerons.
- Dans la savane, le lion guette sa proie.
- Le grand froid arrive demain.

3. Trouve le sujet de chaque verbe en gras.

Petit à petit, les discussions **s'arrêtent**. La directrice **sort**. Ronan **lève** la main et Guillaume en **profite** pour le chatouiller sous le bras. Tout **redevient** normal. […]
Et puis la maîtresse **propose** de finir la journée en racontant une histoire. […]
– Dans un pays plein de verdure **vivait** un serpent énorme. Il **était** si grand et si gros qu'il **terrorisait** tous les habitants.
E. Brisou-Pellen, *Le monstre du CM1*, © Casterman S.A.

4. Recopie les phrases. Encadre les verbes et souligne les sujets.

- En bas du champ s'écoule une jolie rivière.
- Près de moi, Martin et Lina, sous le grand chêne, s'endorment.
- Sur le toit verglacé, avec prudence s'avançait un chat frigorifié.
- Se pencher est interdit.
- Au loin s'éleva un gigantesque nuage de poussière.

5. En lisant toutes les phrases, tu vas t'apercevoir que les sujets ont été mélangés. Peux-tu remettre un peu d'ordre ?

- Le tube de dentifrice est délicieux avec de la mayonnaise.
- Un pot de fleurs est arrêté au milieu du chemin.
- Demain, le crabe réparera la chasse d'eau des toilettes.
- Un troupeau de vaches est posé près de la brosse à dents.
- À travers le ciel, un plombier a laissé une traînée blanche.
- Sur le rebord du balcon est accroché un avion.

6. Recopie et complète chaque phrase en écrivant un sujet correspondant à l'indication donnée.

- (nom commun) entre en piste sous les applaudissements du public.
- (nom propre) est un pays d'Amérique.
- Quand (groupe du nom) arrivera, (nom propre) lui fera visiter la ville.
- (pronom) envoie un e-mail.
- (nom commun) distribue le courrier ; (pronom) a presque fini sa tournée.

7. Lis le texte. Recopie chaque verbe conjugué en rouge et son sujet en bleu.

Arrivés à la maison, Loupiote et Lucio se précipitèrent dans la cuisine où Mamaricha avait pour habitude de se tenir.
Assise à la table, la vieille femme marmonnait une chanson devant une photographie de Loupiote et Lucio, alors âgés de quelques années.
De ses yeux brouillés par son grand âge, presque aveugles, filtraient des lambeaux de larmes.
Loupiote tout doucement s'approcha et chantonna avec elle la berceuse qu'elle connaissait par cœur. […]
A. Clair, *Cendre, la jument rebelle*, Nathan.

8. À partir de chaque verbe, construis une phrase en ajoutant un sujet et en complétant avec un complément.

- … interviewe … .
- … regarde … .
- … distribuent … .
- … acceptera … .
- … a tourné … .
- … mangeront … .

9. Remplace le sujet par un autre sujet plus précis.

Exemple : Nos dents sont en ivoire.
▶ *Nos canines, nos incisives et nos molaires sont en ivoire.*

- Les véhicules à moteur sont très polluants.
- Les travaux de jardinage sont plaisants mais fatigants.
- Les instruments à vent sont souvent en cuivre.
- Les couleurs primaires peuvent se mélanger.
- Quatre fillettes jouent à la marelle.

10. Recopie ce tableau et complète-le avec les phrases suivantes.

sujet	verbe	complément

- Nous aimons prendre le train.
- Les panneaux interdisent de se pencher.
- Les tunnels traversent la montagne.
- Ce moyen de transport berce les voyageurs.
- Les voyageurs admirent les paysages variés.

11. Recopie chaque phrase. Souligne le verbe en rouge et le sujet en bleu.

- Dans le désert, la caravane avance lentement.
- Les chameaux portent matériel et provisions.
- Les femmes fredonnent de beaux chants traditionnels.
- À l'approche du soir, les Touaregs dressent la tente.
- Le ciel étoilé éclaire la nuit.

12. Recopie le texte. Encadre chaque verbe et souligne le sujet.

Renard s'associa un jour à l'Ours. Tous deux décidèrent de quitter la forêt où ils habitaient pour aller chercher fortune ailleurs. Chemin faisant, Renard se souvint d'un vignoble où il décida d'emmener l'Ours. […] Ils marchèrent longtemps avant d'arriver en vue du vignoble. Le raisin commençait à mûrir et les grappes étaient chargées de jus sucré. L'Ours se pourlécha les babines.

J. Muzi, *19 fables de renard*, Castor poche / Flammarion.

13. Écris chaque phrase en mettant le sujet au pluriel.

- Le poète rédige son premier ouvrage.
- Un photographe essaie de saisir la lumière du matin.
- La danseuse s'assouplit par de multiples exercices.
- Un athlète se concentre avant la prochaine épreuve.
- Le chef d'orchestre réclame le silence.

14. Écris une seule phrase en évitant les répétitions et en accordant correctement les verbes.

Exemple : Paul descend l'escalier.
Bastien descend l'escalier.
▶ *Paul et Bastien descendent l'escalier.*

- Émilien s'entraîne au beach-volley. Farid s'entraîne au beach-volley.
- Le crocodile est un reptile. La tortue est un reptile.
- Le chef du gouvernement écoute le discours du député. Les ministres écoutent le discours du député.
- Le rhododendron a besoin de terre de bruyère. Le camélia a besoin de terre de bruyère.

15. Recopie et complète chaque phrase en ajoutant au moins deux verbes.

- À la fin du jour, le jeune berger … et … .
- Sur le marché, la poissonnière … et … .
- Dans la forêt, les pompiers … et … .
- Le metteur en scène … et … .
- La reine des sorcières … et … .

16. Écris les phrases en conjuguant les verbes au présent.

- Tu **(regarder)** le conteur et l'**(écouter)** attentivement.
- Les histoires nous **(faire)** rêver.
- Les spectateurs **(regarder)** l'avion s'élever dans le ciel et le **(suivre)** longtemps des yeux.
- Ma sœur **(écrire)** des cartes postales pendant ses vacances et les **(poster)** toujours au dernier moment.
- Candice et Alicia **(gagner)** un superbe vélo bleu.

Le complément d'objet direct (COD)

📖 Le magicien

La porte se referma dans son dos dès qu'elle fut entrée.
« Bonsoir, Reine.
– Tu m'attendais, magicien ?
– Oh oui ! Je savais que vous alliez me rendre visite avant que vous l'ayez décidé vous-même. Asseyez-vous… »
Personne n'aurait osé parler en ces termes à la reine Élisabeth. Pour commencer, l'homme aurait dû dire « Votre Altesse Royale », ou bien « Votre Majesté ». En outre, personne ne lui avait jamais signifié ce qu'elle devait faire – pas même pour la prier de s'asseoir. Mais l'homme installé dans le fauteuil à haut dossier de bois n'était pas une personne ordinaire.
Le Dr John Dee avait soixante ans mais en paraissait beaucoup plus, avec sa moustache et sa barbe blanche qui lui tombait au milieu de la poitrine. Il portait une longue robe noire et une calotte noire que l'on aurait pu croire peinte sur son crâne. Ses yeux étaient bruns, d'un brun étrange, liquide, couleur de chocolat fondu. Sur ses genoux, se pelotonnait un chat gris, à demi endormi, qu'il caressait de temps à autre d'un doigt long et délicat. Le Dr Dee parlait avec un accent gallois. Le chat aussi, ce qui était plus surprenant.
« Alors tu sais pourquoi je suis ici, reprit la reine.
– Bien entendu.
– Es-tu donc au courant de tout, magicien ? »
Le Dr Dee secoua la tête.
« Je connais beaucoup de choses, reine. Et ma pierre de vision m'en apprend bien d'autres. Mais seul Dieu connaît tout, et je ne suis qu'un homme.
– Peux-tu me dire quand je vais mourir ? »
Le magicien hésita. Il plissa les yeux, ne sachant quoi répondre. Alors le chat arrondit le dos, étira ses pattes, et ouvrit ses yeux qui brillaient d'un bel éclat émeraude.
« Tu mourras, susurra le chat, quand tu cesseras de respirer. »
Un silence s'installa dans la pièce. Pendant toute une minute, la reine contempla fixement le chat. Puis elle sourit et dit :
« C'est une bonne réponse. »

A. Horowitz, Le Diable et son valet, trad. A. Le Goyat,
coll. « Le livre de poche jeunesse. Aventure », Hachette Jeunesse.

a. Qu'est-ce que le magicien se permet de faire avec la reine ?
b. Pourquoi la réponse du chat est-elle une bonne réponse ?
c. Quel est le pays d'origine du magicien ?

🔍 Je découvre

1. À l'aide du texte, complète les phrases.

- Le magicien plissa (quoi ?)
- Le magicien portait (quoi ?) et (quoi ?)
- Dieu connaît (quoi ?)
- La reine contempla (qui ?)

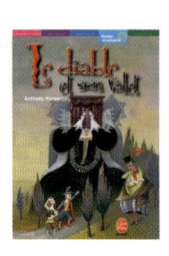

Le complément d'objet direct **(COD) complète le verbe**. C'est un **complément essentiel**. Il précise **sur qui** ou **sur quoi** porte l'action exprimée par le verbe.

Le COD répond aux questions : **qui ?** ou **quoi ?**

Exemples : Le chat arrondit <u>le dos</u>. La reine contemplait <u>le chat</u>.
     quoi ?   qui ?

Attention ! Il n'y a pas de COD après un verbe d'état, comme **être**, **sembler**, **paraître**.

Je m'entraîne

2. Recopie et complète chaque phrase avec un COD.

- La caissière me rend … .
- Les mauvaises herbes envahissent … .
- Le boulanger prépare … .
- Grand-mère embrasse … .
- Nicolas démonte … .
- Le maçon construit … .

3. Le COD peut être remplacé par un pronom personnel (le, la, les…). Écris chaque phrase en utilisant un pronom personnel afin d'éviter la répétition du COD.

Exemple : Pierre cueille une pomme, puis il croque la pomme.
▶ Pierre cueille une pomme, puis il la croque.

- Le médecin examine la plaie, puis il nettoie la plaie.
- Le jardinier coupe les branches, puis il entasse les branches.
- Mamie épice la sauce, puis goûte la sauce.
- Louna fredonne une chanson et nous reprenons la chanson tous en chœur.
- Papa décape le portail et vernit le portail.

4. Écris les phrases en remplaçant le pronom personnel COD (en gras) par un groupe nominal.

Exemple : Adeline **les** observe.
▶ Adeline observe les dauphins.

- Les ouvriers **le** déracinent.
- On te demande de **la** déplacer.
- Lucas **le** décalque.
- Ma mère **les** collectionne.
- En partant à cette heure, je suis certain que tu **le** manqueras !
- Dans le train, le contrôleur **le** vérifie.

5. Écris les phrases en remplaçant quelqu'un ou quelque chose par un groupe nominal COD.

- L'électricien branche quelque chose.
- Noé classe quelque chose dans sa bibliothèque.
- Léa rencontre quelqu'un devant le cinéma.
- Nous déposons quelque chose sur la table.
- La maîtresse désignera quelqu'un pour relever les copies.

6. Recopie les phrases et souligne les COD. Une phrase ne contient pas de COD.

- Les Égyptiens ont élevé des pyramides gigantesques.
- Sur ton cahier, tu hachureras la case de gauche.
- Les deux cavaliers entrèrent en piste en même temps.
- Cette photographie illustrera très bien la leçon de géographie.
- Cette centrale fournit de l'électricité à toute la région.

À TOI DE JOUER…

7. Dans la grille, retrouve un nom de fleur, un nom d'animal et un nom de moyen de transport. Utilise ces noms dans des phrases où ils seront COD.

Les noms peuvent se lire de gauche à droite ou de haut en bas. (Pour chaque catégorie, tu as deux possibilités.)

T	R	A	I	N
U	L	O	U	P
L	Y	N	X	V
I	R	I	S	E
P	E	T	A	L
E	C	A	R	O

Le complément d'objet indirect

📖 Des grottes dans la falaise

Je pourrais te parler **de mes malheurs d'aujourd'hui** mais revenons plutôt **à ma mésaventure d'hier**. Je te l'ai dit, je crois : je suis persuadé que dans la falaise, il y a des grottes inhabitées. Hier, donc, je me promenais assez loin du campement, le nez en l'air pour essayer de distinguer un indice dans le feuillage, le nez au sol au cas où je remarquerais une trace.

J'ai remarqué une trace. Un passage sous les branches, des brindilles cassées, des herbes écrasées. J'aurais dû me méfier. Eh bien, non, j'ai suivi ce chemin. Il contournait la falaise à la recherche d'une pente moins escarpée, il faisait une large courbe pour mieux grimper. Je suivais ! Parfois, il devenait difficile à cause des rochers éboulés. On aurait dit que ces rochers avaient dégringolé de la falaise sous le poids d'un corps énorme. Les rameaux des buissons étaient cassés à une bonne hauteur aussi, ce qui voulait dire à peu près la même chose.

Un autre jour, j'aurais pensé :
« Petit Cro-Magnon, tu dois faire attention ! »
Mais il y a des jours où l'on n'est pas en forme et où l'on ne voit rien de ce qui crève les yeux. Il faut croire que j'étais dans un de ces jours-là. J'ai suivi !

J.-C. Noguès, *Le Mammouth et la châtaigne*, Lire c'est partir.

a. À quelle époque se déroule cette histoire ?
b. Que cherche le garçon ?
c. Pourquoi le chemin contourne-t-il la falaise ?

🔍 Je découvre

1. Observe les deux compléments en gras dans la lecture. Quel verbe complète chacun d'eux ? À quelle question répond chacun de ces compléments ?

2. Par quel mot est introduit chacun des deux compléments ? Est-il possible de remplacer ce mot par un autre ?

3. Complète chaque phrase à l'aide d'un complément répondant à la question posée.
- Louann pense (à quoi ?)
- Léa raconte une histoire (à qui ?)
- Clémentine nous parle (de quoi ?)
- Romain nous parle (de qui ?)

Le complément d'objet indirect **(COI) complète le verbe**. C'est un **complément essentiel**. Il est **introduit par** les prépositions **à** ou **de**. Comme le COD, il précise **sur qui** ou **sur quoi** porte l'action exprimée par le verbe.
Le COI répond aux questions : **à qui ?**, **à quoi ?**, **de qui ?**, **de quoi ?**
Exemple : Petit Cro-Magnon réfléchit <u>à son aventure</u>.
à quoi ?

Je m'entraîne

4. Recopie ces phrases, puis souligne les COI.

- Dans sa chambre, Elsa rêve de la mer.
- Caroline sourit malicieusement à sa mère.
- Cette année, nous avons participé à notre première régate.
- Avec la pluie, les promeneurs commençaient à frissonner.
- En raison du vent annoncé, nous avons renoncé à notre sortie à vélo.

5. Recopie ces phrases, puis souligne les COI. Attention, il n'y en a pas dans toutes les phrases !

- Martin a toujours adoré les voitures à pédales.
- Demain, je t'aiderai à peindre tes volets.
- Ne parle pas sans cesse de cet incident !
- Pour mon anniversaire, j'inviterai mes trois cousins.
- Nous avons profité de la nuit pour nous rapprocher du troupeau.

6. Recopie et complète chaque phrase avec un COI.

- Pendant les vacances, je pense beaucoup … .
- Lisa parle souvent … .
- À la fin du match, Antoine se plaignit … .
- Encore une fois, je m'étonne … .

7. Recopie chaque phrase et souligne d'un trait le COD, de deux traits le COI. Attention, il n'y a pas toujours de COD ou de COI dans la phrase.

- Nous participons à un tournoi de pétanque.
- Le prince Magudas s'adressa à son chambellan.
- Les passagers s'installèrent dans le compartiment.
- Edwin décolla soigneusement l'étiquette.
- Avant chaque mission, le commandant s'adressait à tous les pilotes.

8. Dans le texte ci-dessous, indique si les groupes de mots en bleu sont des COD ou des COI. Attention, il peuvent n'être ni l'un ni l'autre !

Le roi repensa à la visite de l'architecte. Il le fit appeler et lui commanda une multitude de travaux. Le royaume se transforma très vite. On construisit des villes, des ports, des routes et des ponts. Partout, le peuple de Cartomancie s'activait et se dépensait sans compter. Pendant ce temps, le roi réfléchissait aux paroles du devin : « Ton pays tu devras couvrir d'or ». Avait-il fait assez ? Il aurait la réponse, il en était certain, avant le début de l'hiver.

9. Recopie ces phrases et souligne d'un trait les COD et de deux traits les COI.

- Cette lampe ressemble à une fleur.
- Charline invite sa voisine à dîner.
- On entendait une voix derrière le mur.
- Nous écrivons à nos amis.
- Avant de s'arrêter, l'autobus fera le tour de la place.

À TOI DE JOUER…

10. Trouve le nom qui se cache derrière cette charade, puis utilise-le dans une phrase où il sera COI.

- Mon premier est un article indéfini masculin singulier.
- Mon deuxième s'affiche sur les étiquettes des objets en vente.
- Mon troisième parfume au choix les boissons, les glaces, les plats cuisinés.
- Mon tout complète l'ordinateur.

Les compléments circonstanciels

📖 Histoire de bains

Au Moyen Âge, on s'approvisionne aux puits, aux sources, à la rivière.

Du XVIe au XVIIIe siècle, c'est «l'horreur de l'eau». Les gens préfèrent se parfumer. L'eau est utilisée avec parcimonie. Les gens, habitués aux odeurs fortes, pensent qu'elles sont signe de prospérité.

Au début du XIXe siècle, l'eau est redécouverte. Les fontaines se multiplient. L'eau courante est chère; on la stocke dans des brocs, des cuvettes. Rares sont les personnes qui prennent des bains.

Le mot latin *lavabo* signifie «je laverai» et est donné à l'appareil sanitaire dans lequel on fait soigneusement sa toilette. L'hygiène moderne, très utile à la santé, date du XIXe siècle.

La salle de bains vient de Grande-Bretagne; elle se répand vers 1900.

Jusqu'à la fin du XIXe siècle, la «grande lessive» se fait au printemps, parfois à l'automne, soit une ou deux fois par an. Le linge sèche sur les prés et les haies.

La machine à laver apparaît vers 1930; la lessive se fait alors chez soi.

L'eau, de la source à l'océan, collectif, coll. «Les racines du savoir», © Gallimard Jeunesse.

a. Que signifie le mot parcimonie ?
b. Au Moyen Âge, où s'approvisionne-t-on en eau ?
c. Comment les gens se servent-ils de l'eau au XVIIIe siècle ?
d. Quand l'eau est-elle redécouverte ?
e. Pourquoi parle-t-on de grande lessive ?

🔍 Je découvre

1. À l'aide de la lecture, complète les phrases.

- Au XIXe siècle, on conservait l'eau … . (Où ?)
- Dans le lavabo, la toilette doit être faite … . (Comment ?)
- Les premières salles de bains sont apparues … . (Où ?)
- La «grande lessive» se faisait … . (Quand ?)
- Depuis l'invention de la machine à laver, on lave le linge … . (Où ?)

2. Dans les phrases suivantes, relève les compléments circonstanciels.

- Avant chaque repas, je me lave les mains.
- Nous nous lavons avec application.
- Vous observez votre visage dans la glace.
- Dans la baignoire, l'eau se couvrait de mousse.
- Au petit matin, il prit une douche chaude.

Les compléments circonstanciels sont souvent **facultatifs** ; ils peuvent alors être déplacés ou supprimés.

Les compléments circonstanciels précisent les **circonstances de l'action** exprimée par le verbe.

Exemple : Après 1930, On lave facilement le linge chez soi.
  Quand ?   Comment ?   Où ?

Après 1930 : complément circonstanciel de **temps**.
facilement : complément circonstanciel de **manière**.
chez soi : complément circonstanciel de **lieu**.

Je m'entraîne

3. Recopie les phrases, puis souligne les compléments circonstanciels.

- Dans l'espace, la navette avance vite.
- J'écrirai ma carte postale demain matin.
- Le médecin écoutait le malade avec attention.
- Nous posons les fleurs sur la table du salon.
- Au-dessus de la Normandie, l'éclipse de Lune était totale.

4. Recopie et complète les phrases avec les trois compléments circonstanciels proposés. Attention aux majuscules !

avec soin – après le match – dans les vestiaires
- … , j'ai brossé mes chaussures … .

avec des glaçons – sur la table du jardin – cet après-midi.
- …, Quentin rafraîchit le jus d'orange … .

partout dans le monde – chaque jour – en toute inconscience.
- … , nous polluons la planète … .

dans la cour – à huit heures trente – rapidement
- … , les élèves se rangent … .

5. Recopie et complète avec un complément circonstanciel qui répondra à la question posée.

- Les enfants skieront … (quand ?)
- Le conducteur change une roue de sa voiture … (où ?)
- À cause de son torticolis, Marine tourne la tête … (comment ?)
- Je vais me coucher … (quand ?)
- La météo annonce des orages … (où ?)

6. Indique, pour chaque complément en gras, s'il s'agit d'un COD ou d'un complément circonstanciel.

- La Croix-Rouge a envoyé **une ambulance** / **sur le stade**.
- **Sur le marché**, Mathilde achète **de beaux fruits**.
- **Chaque lundi**, Idriss se rend **à son cours de guitare**.
- Ce magazine a publié **un très beau reportage** / **pendant l'été**.
- **Dimanche matin**, la brocante aura lieu **sur le parking du collège**.

7. Recopie le texte, puis souligne les compléments circonstanciels.

Depuis ce matin, le soleil brille. Pauline et ses deux cousins grimpent vers les alpages. Chacun porte un petit sac à dos. Les marmottes les observent avec curiosité. Dans moins de deux heures, ils atteindront la Croix du Sauget, tout près du sommet du Pic d'Ardane.

À TOI DE JOUER...

8. Les syllabes de trois mots ont été découpées et mélangées. Retrouve ces trois mots en t'aidant de ces indices.

a. ville de l'ouest de la France
b. dans la semaine
c. avec calme et douceur

Écris ensuite trois phrases où ces mots seront compléments de temps, de lieu et de manière.

ment   cre   ce   dou
di   deaux   mer   bor

Synthèse 3

1. Recopie les phrases, puis souligne les COD.

- Amandine dévore son goûter.
- Auriane se lave les mains.
- Nous visitons le musée du cheval.
- Un journaliste questionne les témoins.
- Le torrent dévale la montagne.

2. Relève les COD. Attention ! Les phrases ne contiennent pas toutes un COD.

- Il accueille une personne importante.
- Certaines personnes lisent l'avenir dans une pierre de vision.
- Éteins la lampe.
- Le magicien fait disparaître le ballon.
- Une fumée s'élève soudainement.

3. Recopie les phrases, puis souligne les COD. Attention ! Les phrases ne contiennent pas toutes un COD.

- Agathe regarde attentivement ton dessin.
- Après chaque repas, on se lave les dents.
- Un technicien installe les nouveaux ordinateurs.
- La grille du château est peinte en blanc.
- En raison de la pluie, l'arbitre interrompt la partie.

4. Recopie et complète chaque phrase avec un COD.

- Mistigri guette… .
- Les éléphants poussent… .
- Les pies cherchent… .
- L'éditeur publie… .
- Théo construit… .

5. Écris chaque phrase en utilisant un pronom personnel afin d'éviter la répétition.

- Les voyageurs descendent sur le quai et longent le quai.
- La cuisinière prépare le gâteau et enfourne le gâteau.
- Le vent soulève les feuilles et redépose les feuilles sur le sol glacé.
- Des milliers d'étoiles brillent dans le ciel et éclairent le ciel.

6. Lis le texte, puis relève quatre COD.

Deux chasseurs arrivèrent en courant. Ils étaient très en colère.
– Zut ! Nous l'avons manqué !
– Tonnerre de tonnerre !
– Vous êtes devenus fous ? leur demandèrent les autres chameaux. Vous tirez sur le seul chameau volant du monde !
– Exactement ! Nous sommes là précisément pour ça, dirent les chasseurs. Nous poursuivons le chameau volant depuis dix heures. Le directeur du musée nous donnera une vraie fortune si nous lui apportons un chameau volant !
– Mais…
– Mais quoi ? La place d'un chameau volant est dans un musée, pas ailleurs !
Ils chargèrent leur fusil sur leur épaule et reprirent leur course.

Le chameau volant, « Cascade contes », Rageot.

7. Écris trois phrases dans lesquelles chaque groupe nominal proposé sera COD.

a. les feuilles   b. un croissant   c. une lettre

8. Recopie les phrases et souligne les compléments circonstanciels. Attention, il n'y en a pas obligatoirement dans toutes les phrases !

- La mouette pond un œuf.
- La Grande Ourse brille dans la nuit.
- Dans le pré s'élève une montgolfière.
- De la mousse couvre le toit.
- Le grand froid arrivera demain.
- Derrière les hautes herbes, le lion guette sa proie.

9. Recopie et complète chaque phrase avec un complément circonstanciel qui répondra à la question posée.

- Les plateaux sont rangés … (Où ?).
- (Comment) …, les loups sortent de la forêt.
- Il a eu 8 ans … (Quand ?).
- Les musiciens s'installent … (Où ?).
- (Quand ?) … j'arrose mes plantes … (Comment ?).

10. Recopie chaque phrase en déplaçant le complément circonstanciel. Si la phrase en comporte deux, recopie-la deux fois de façons différentes.

- Depuis trois heures, il pleut sans interruption.
- Hier matin, oncle Pierre a eu un accident de voiture.
- Florent a franchi l'obstacle d'un saut impressionnant.
- Chaque jeudi, mon voisin enseigne les échecs au collège.
- Nous découvrons avec stupeur une souris sur la table.

11. Invente une suite à chaque phrase en ajoutant un complément circonstanciel de temps et un complément circonstanciel de lieu.

- J'ai acheté un livre … .
- J'ai préparé le petit déjeuner … .
- J'ai recopié un poème … .
- J'ai rencontré Thomas … .

12. Indique, pour chaque groupe en gras, s'il s'agit du sujet, d'un COD ou d'un complément circonstanciel.

- **Beaucoup de camions** étaient bloqués à l'entrée de l'autoroute.
- **Au cours de la tempête de la nuit,** / **ce très vieux tilleul** a été foudroyé.
- **Ce soir,** / **Sandra et Marie** recopieront **le texte** / **sur une feuille de classeur.**
- **Pendant notre absence,** vous arroserez **les plantes du salon** / **avec soin.**

13. Recopie les phrases, puis souligne les sujets en bleu, les COD en rouge et les compléments circonstanciels en vert.

- La semaine prochaine, les touristes feront une randonnée dans le désert.
- À toute allure, les motos s'élancent sur le circuit.
- Dans son bureau, il range tous les dictionnaires sur une étagère.
- Mon livre était caché tout au fond du tiroir.

14. Écris quatre phrases en utilisant, dans chacune d'elles, l'un des compléments circonstanciels suivants :

sur la plage – le 3ᵉ jeudi de chaque mois – avec beaucoup de gentillesse – tout au bout de l'avenue.

15. Dans ce texte, relève deux COI.

L'inspecteur se méfiait de Valmont car celui-ci avait déjà démontré qu'il ne reculait devant aucun mensonge. Il repensa alors à la soirée de la veille. En sortant du restaurant, Valmont avait téléphoné avant de monter dans sa voiture. À qui ?

16. Recopie le texte ; souligne les COD en rouge et les compléments circonstanciels en vert.

Le tam-tam

Décore un pot de yaourt et vernis-le.
Découpe un large trou dans sa base.
Applique ensuite un peu de colle autour de l'ouverture supérieure.
Prends un ballon gonflable, découpe son bec et jette-le.
Tends le reste du ballon sur le haut du yaourt.
Tu obtiens un petit tam-tam !

B. Van de Wauwer, *Les instruments des tout-petits*,
© Casterman S.A.

17. Lis ce texte, puis recopie chaque groupe de mots souligné et indique s'il est sujet, COD, COI ou complément circonstanciel.

Nook n'avait que cinq ans. Il vivait <u>seul avec son père</u> <u>sur la banquise</u> car il avait perdu <u>sa mère</u>. <u>Chaque jour</u>, <u>son père</u> partait pêcher et ne revenait que le soir. Nook demandait souvent <u>à son père</u> de l'emmener <u>à la pêche</u> : il voulait tellement voir la mer ! <u>Mais chaque matin</u>, son père refusait :
– La banquise est dangereuse. Il y a les ours qui mangent les enfants. Il y a les phoques qui se transforment en fantômes <u>la nuit venue</u>. Si tu te perds <u>sur la banquise</u>, le vent te recouvrira de neige et tu mourras de froid. Reste bien sagement <u>dans l'igloo</u>.
<u>Un matin</u>, Nook insista pour suivre <u>son père</u>. Celui-ci refusa encore, mais il lui fit un cadeau : un petit couteau taillé dans un os. <u>Nook</u> était si content qu'il oublia un moment son envie d'accompagner son père à la pêche.
Nook remplit <u>la lampe à huile</u> de graisse de phoque et rangea les peaux qui servaient de couvertures. Puis il eut envie de jouer avec son nouveau couteau. Alors, malgré l'interdiction, il décida de sortir seul sur la banquise.

C. Gabrielli d'après un conte inuit,
Nook sur la banquise, Nathan.

Grammaire

Les déterminants

📖 Le réveil

Un automne enfoncé dans la feuille pourrie ;
Le craquement, hiver, de tes gaufres de gel ;
Et voici qu'un rayon traverse enfin le ciel
Et culbute en jouant les jambes de la pluie.

Oh ! déjà la forêt qu'on croyait endormie
Se soulève : entends-tu ce cri surnaturel
Qui promet à ton cœur la liqueur et le sel ?
Entends-tu cette fée accoudée à ta vie ?

– Mais non ; c'est l'écureuil qui grignote une faîne[1] ;
C'est la biche inquiète : accotée[2] à ce chêne,
Elle épie en tous sens et brame sourdement.

Et pourtant, je le sais, sous cette écorce morte
Un doigt, timide encor, déjà frappe à la porte :
Ainsi la mère écoute en elle son enfant.

P. Menenteau, *Pour un enfant poète : bestiaire, herbier, légendaire*, coll. « Le livre de poche Jeunesse », Hachette Jeunesse.

(1) faîne : fruit du hêtre. (2) accotée : appuyée.

a. De quel réveil est-il question dans le poème ?
b. Quel est le premier signe de ce réveil ?
c. Quels autres signes de ce réveil l'auteur évoque-t-il ?

🔍 Je découvre

1. Relève, dans la deuxième strophe, les différents déterminants et les noms qu'ils déterminent.
Justifie l'emploi de chacun de ces déterminants.

2. Relève les déterminants dans les trois autres strophes du poème.
Certains ont-ils des points communs avec ceux que tu as déjà trouvés ?

3. Mets les groupes nominaux au singulier.

Exemple : mes chaussures ▶ ma chaussure

- des vélos
- ces pays
- les chansons
- vos vêtements
- les livres
- ces fleurs
- nos ballons
- tes valises
- les étoiles
- leurs jouets
- tes jeux
- des assiettes

Les déterminants sont des mots placés, en général, **devant un nom** ; ils font partie du groupe nominal.

Les noms s'accordent **en genre et en nombre** avec leur déterminant.
Exemples : mon cœur (masculin – singulier)   une saison (féminin – singulier)
  ces arbres (masculin – pluriel)   nos jambes (féminin – pluriel)

Les déterminants se répartissent en plusieurs catégories. Par exemple :

	Les déterminants					
	ARTICLES			**DÉTERMINANTS**		
	définis	indéfinis	partitifs	possessifs	démonstratifs	interrogatifs
singuliers	le, la, l'	un, une	du, de la	mon, ton, son, ma, ta, sa, notre, votre, leur	ce, cet, cette	quel, quelle
pluriels	les	des	des	mes, tes, ses, nos, vos, leurs	ces	quels, quelles

Je m'entraîne

4. Classe dans un tableau les déterminants que tu as trouvés dans les exercices 1 et 2. Inspire-toi du tableau de l'encadré ci-dessus.

5. Recopie le texte, puis souligne les articles définis en rouge et les articles indéfinis en bleu.

Un volcan est en éruption sur l'île de la Réunion. De la lave coule rapidement d'un côté de la montagne. Christine, une vulcanologue, étudie depuis des années le phénomène des volcans sur la terre, et plus particulièrement celui de cette île.

6. Recopie et complète le texte avec des articles qui conviennent.

Ce soir, … pluie tombe, il y a de … orage. … éclairs illuminent … ciel et … instant suivant … tonnerre gronde. J'ai très peur. Dans … maison, … courant est coupé et … lumière est éteinte, nous sommes dans … noir.

7. Recopie les phrases, puis souligne les déterminants possessifs en rouge et les déterminants démonstratifs en bleu.

• Aujourd'hui, Chloé a mis ses chaussures noires et son pantalon bleu.
• Sa sœur a mis sa robe rouge.
• Cette voiture roule beaucoup trop vite.
• Ce voyageur a égaré ses bagages ; il a perdu tous ses papiers.

8. Recopie et complète les phrases avec des déterminants démonstratifs.

• … été, j'ai visité l'Australie ; … pays lointain est magnifique.
• … année, je pense que je vais rester en France.
• … fleurs sont très belles, surtout de … couleur ; … soir, je les cueillerai pour les mettre dans … vase bleu.
• Nos amis habitent la campagne ; … gens sont charmants.
• Dans … village, … maisons sont très belles.
• … îles que j'ai visitées … été sont loin, il faut prendre … bateau rouge pour y aller.

9. Recopie tous les déterminants de ce texte et classe-les dans un tableau.

Ce matin-là, le Père Noël décida de prendre des vacances. Ses rennes broutaient parmi les étoiles. Chavert, son chat vert rayé d'orange, ronronnait dans son fauteuil.
Le Père Noël dit :
– C'est décidé : je prends un congé !
Il enfila son ciré jaune, ses bottes vertes et il vissa sur sa tête une casquette en toile rose. Il jeta dans sa hotte du pain d'épice, un camembert, un saucisson, puis il s'admira dans la glace.

J.-L. Craipeau, *La hotte magique de Pépère Nono*, coll. « J'aime lire », n° 179, 1991, Bayard.

L'adjectif qualificatif

📖 L'autruche

Des œufs énormes. Parce qu'il est trop lourd, le plus grand oiseau du monde ne peut s'envoler ! Tout est démesuré chez l'autruche, comme le montrent bien ses mensurations maximales : hauteur deux mètres quarante et poids voisin de cent cinquante kilos. La partie visible de ses yeux est deux fois plus grande que celle de l'homme. Le poids d'un seul œuf de ce gigantesque oiseau équivaut à celui de vingt œufs de poule ou de quatre mille cinq cents œufs des plus petits colibris ! Sa coquille atteint deux millimètres d'épaisseur. Son nid, trou creusé dans la terre, est profond de trente centimètres. Il mesure de un à trois mètres de large. Habitante des savanes africaines, l'autruche est devenue rare en mainte région, sauf au Sahel, dans le Nord du Cameroun et dans l'Est et le Sud-Est du continent noir. Elle a complètement disparu de Syrie et d'Arabie depuis trente-cinq ans, ainsi que du Nord de l'Afrique, après avoir été massacrée par des chasseurs peu scrupuleux.

On l'a surnommée « autruche chameau » sans doute à cause de sa taille, de son habitat et de sa silhouette. Depuis la fin du siècle dernier, l'autruche est élevée en semi-liberté dans de vastes enclos et, périodiquement, on lui prélève des plumes destinées à la fabrication d'objets variés.

Un régime varié. Avoir un estomac d'autruche, cela signifie avaler tout et n'importe quoi. Si ce dicton se vérifie pour les autruches captives qui absorbent ce qu'elles trouvent (boutons, vis, charnières, anneaux, etc.), il ne s'applique pas aux oiseaux sauvages dont le régime est varié, certes, mais non pas extravagant. L'autruche cueille des feuilles sur les buissons et les arbres, capture des insectes, des petits rongeurs et ramasse des graines. Elle avale beaucoup de graviers qui facilitent l'émiettement de la nourriture.

M. Cuisin, *La vie secrète des bêtes : dans la savane*, Hachette Livre.

a. L'autruche est un oiseau mais elle ne vole pas. Pourquoi ?
b. Décris le nid de l'autruche.
c. Quel est le régime alimentaire de l'autruche sauvage ?

🔍 Je découvre

1. Relève les adjectifs qualificatifs dans les trois premières phrases de la lecture.
Indique, pour chacun, quel nom il qualifie. Cherche ensuite quel adjectif qualifie le nid de l'autruche.

2. Retrouve, dans la lecture, les adjectifs qualificatifs correspondant à ces définitions.

a. Énorme, très grand.
b. Qui ne sont pas libres.
c. Très bizarre, à peine croyable.

3. Relève les adjectifs qualificatifs qui précisent le nom verre.

Le verre est transparent car il laisse passer la lumière ; le verre est isolant car il protège du froid et du bruit ; propre, il ne garde pas les odeurs. Aujourd'hui, on sait le rendre très résistant. [...]
Le cristal n'est que du verre, mais un verre très pur [...]

O. Limousin, *D'où vient le verre ?*, coll. « Découverte Benjamin », © Gallimard Jeunesse.

L'adjectif qualificatif est un mot qui **accompagne le nom** (ou **le pronom**). Il le **précise** ou le **décrit**.
Exemples : L'autruche est un grand oiseau. Elle est très lourde.
　　　　　　　　　　　　adjectif　nom　pronom　　　　adjectif

L'adjectif qualificatif peut être placé :
– **avant** le nom. *Exemple :* Elle capture des petits rongeurs.
– **après** le nom. *Exemple :* Elle pond un œuf énorme.
– **loin** du nom. *Exemple :* Son nid, un trou creusé dans la terre, est profond de trente centimètres.

L'adjectif qualificatif s'accorde **en genre et en nombre** avec le nom (ou le pronom) qu'il qualifie.
Exemples : un œuf lour**d**, une autruche lour**de**,
　　　　　　　des œufs lour**ds**, des autruches lour**des**.

Je m'entraîne

4. Recopie le texte. Souligne les adjectifs qualificatifs. Mets une croix sous les noms (ou les pronoms) qualifiés.

C'était un film terrifiant et nous étions passionnés. Les personnages, jeunes et vieux, étaient très étranges. Cette histoire fantastique se déroulait dans une contrée imaginaire où poussaient des arbres monstrueux et où vivaient des animaux bizarres.

5. Complète chaque nom avec un adjectif qualificatif de ton choix.

- un tigre
- une pince
- un caractère
- un fossé
- une fin
- une rivière
- un ordinateur
- une photographie
- une faim
- une silhouette

6. Recopie les deux listes et relie chaque nom avec un adjectif qualificatif afin de former des expressions. Attention à l'orthographe.

un escalier •　　• élevés
des rues •　　• verdoyants
une cour •　　• tortueux
un ascenseur •　　• ombragée
des bâtiments •　　• encombrées
des jardins •　　• accueillante
une salle •　　• rapide

7. Recopie le texte en plaçant les adjectifs qualificatifs suivants au bon endroit :
industrielle – rousse – roux – grande – grands – belle – puissante – postérieurs

Dans la famille Kangourou, les kangourous ... sont les plus représentés, les plus ... (le mâle fait 1,5 m et 85 kg) et les plus connus. Ils vivent en bande et les mâles arborent une ... couleur ... d'où leur vient leur nom.
Ils sont caractérisés par une ... taille des membres ... , qui sont très adaptés au saut. La queue est grande et ... , elle sert de balancier pendant les sauts et l'animal s'y appuie (comme sur un « siège ») au repos. Comme leur population a fortement augmenté depuis l'arrivée des Européens, la chasse ... est bien organisée.

8. Dans chaque expression, remplace l'adjectif qualificatif par son contraire.

un chanteur célèbre – une musique classique – un concert original – une ambiance surchauffée – un programme complet – une salle comble.

À TOI DE JOUER...

9. Ce texte est plutôt bizarre ! Réécris-le en remplaçant les mots inventés par des mots qui conviennent.

Le baculier est un animal très prigoux. Ses pattes sont burbinées et son pelage est de couleur sluve. Il vit dans les fritaux caragineux et se nourrit essentiellement de stosis camitaires.

Le participe passé

Sur les sentiers de l'Himalaya

Nous avions installé notre campement de manière à barrer aux yaks la route du village : les premiers jours, ils ont toujours envie d'y retourner, et personne plus que moi ne pouvait ce soir-là les comprendre.

Après que les sacs de sel et les bâts furent déchargés et disposés en une solide muraille circulaire, que les tapis de feutre protégeant le dos des yaks furent étalés sur le sol pour nous isoler du froid, j'eus enfin le droit de m'asseoir dans notre abri de fortune et d'enlever mes bottes. Là, m'attendait un spectacle haut en couleur : pieds rouge et noir, gonflés, décorés d'ampoules écorchées.

– Tu as mal ? interrogea mon grand-père d'un ton taquin en s'accroupissant à mes côtés.

Je n'avais pas vraiment le cœur à plaisanter.

– Très mal, bougonnai-je. Demain, on marche pareil ?

– Pareil, et après-demain aussi. Mais tu verras, tes pieds vont s'endurcir, et tu n'auras plus mal du tout. Alors, tu seras devenu un vrai Dolpo-pa.

Ma mère me sourit avec affection, comme pour m'encourager, et massa délicatement mes pieds. Puis elle se mit en quête d'herbe douce dont on pourrait bourrer mes bottes pour me protéger et me tenir chaud. Autour de nous, on se soignait. On souffrait du dos, des jambes, des chevilles.

Tinlé ne se soigna nulle part. Il s'occupait à ramasser des brindilles pour allumer le feu. Il était fort, Tinlé. Il n'avait pas mal au dos ni aux pieds, lui. Il n'était pas fatigué, lui, ses jambes ne tremblaient pas. Ou alors il n'en disait rien.

E. BRISOU-PELLEN, *Himalaya : l'enfance d'un chef*, © 1999, Éditions Pocket Jeunesse, département de Univers Poche.

a. Pourquoi le narrateur, un jeune garçon, dit-il qu'il peut comprendre les yaks ?
b. Comment s'appelle le grand-père du garçon ?
c. Que fait sa mère pour soulager et protéger les pieds du garçon ?

Je découvre

1. Dans les deux premiers paragraphes de la lecture, relève tous les mots terminés par é, ée, és, ées.
À partir de quoi ces mots sont-ils formés ? Remplace le premier mot et le dernier mot que tu as trouvés par des synonymes.
Quelles remarques peux-tu faire ?

2. Je me suis fatigué. Remplace le participe passé du verbe **fatiguer** par celui du verbe **endormir**, puis par celui du verbe **perdre**. Quelle remarque peux-tu faire ?

3. Cherche, dans la lecture, d'autres participes passés. Indique comment ils sont utilisés et justifie leurs terminaisons.

Chaque verbe possède un participe passé.
Le **participe passé** se termine :
– en **é** pour les verbes du **1er groupe** : protégé, ramassé, mangé ;
– en **i** pour les verbes du **2e groupe** : accroupi, endurci, rougi ;
– en **i**, **u**, **s** ou **t** pour les verbes du **3e groupe** : souri, devenu, mis, écrit.

Pour trouver le participe passé d'un verbe, on place devant celui-ci **il a …** ou **elle a été …** .
Exemples : faire ▶ Il a fait. (Elle a été faite.)   prendre ▶ Il a pris. (Elle a été prise.)

Le participe passé d'un verbe peut s'utiliser **comme un adjectif qualificatif**. Il s'accorde alors avec le nom qu'il qualifie.
Exemples : des pieds abîmés ; une plaie ouverte.

Le participe passé d'un verbe s'utilise également dans la **conjugaison, aux temps composés**.
Exemples : ils sont partis ; elle a préparé.

Je m'entraîne

4. Donne le participe passé de ces verbes.
- copier – guetter – remuer – glisser – effrayer.
- noircir – bâtir – obéir – vieillir – guérir.
- perdre – dormir – défendre – tordre – sortir.

5. Donne le participe passé de ces verbes du 3e groupe (pense à utiliser il a … et elle a été …).

cuire – découvrir – entendre – mettre – lire – suivre – ouvrir – boire – dire – construire.

6. Retrouve l'infinitif de ces participes passés.

apparu – croisé – dégarni – risqué – revu – offert – quitté – puni – cru – rejoint.

7. Recopie et complète les expressions avec le participe passé du verbe proposé.
Attention aux accords !

Exemple : boucher ▶ un tuyau bouché.
- laver ▶ la salade …
- épicer ▶ un plat …
- blanchir ▶ des murs …
- étendre ▶ le linge …
- tondre ▶ l'herbe …
- salir ▶ la nappe …
- lire ▶ des histoires …
- expliquer ▶ des leçons …

8. Relève les participes passés, puis écris à côté le verbe à l'infinitif.

Du plus loin qu'il s'en souvienne, le paysan avait récolté à l'automne ce qu'il avait semé au printemps. Mais depuis que les brigands habitaient dans le voisinage, tout avait changé. Car ceux-ci s'amusaient, l'automne venu, à traverser ses champs avec leurs grands chevaux et saccageaient tout sur leur passage. Et le paysan s'était donné tout ce mal pour rien.
Malgré tout, cette année-là comme les autres années, il avait planté du blé et quelques pommes de terre. Il avait mis des fraisiers sur son meilleur lopin de terre, car il aimait beaucoup les fraises. Chaque jour, il montait sur son âne pour aller inspecter ses fraises et voir si elles avaient grossi depuis la veille. Enfin, par une chaude et belle journée d'été, arriva le moment tant attendu de les récolter.

W. KREYE, J.-P. CORDEROC'H, *Le paysan et les brigands*, trad. V. VITTOZ, D.R.

9. Recopie et complète les phrases en utilisant le participe passé des verbes entre parenthèses.

- (déchirer) Tu ne vas pas mettre ce pantalon … !
- (geler) Nous ne partirons pas sur ces routes … .
- (perdre) Dylan a ramené à la maison un chien … .
- (pourrir) Il est inutile de ramasser ces fruits … .
- (programmer) Le film … n'a pas été diffusé.

Les fonctions de l'adjectif qualificatif

Le bois des partisans

Des hommes affamés et affaiblis vivaient tapis au cœur de la forêt. On les appelait « partisans » dans les villes ; les « verts » dans les campagnes. Depuis longtemps, ces hommes ne se battaient plus que contre la faim, le froid et le désespoir. Leur seul souci était de survivre. Ils vivotaient par petits groupes de six ou sept, dans les cachettes creusées dans la terre, dissimulées sous des broussailles, pareils à des bêtes traquées. Les « verts » qui avaient des parents ou des amis dans la région arrivaient seuls à se nourrir : les autres mouraient de faim ou bien sortaient de la forêt pour se faire tuer… La nuit, ils étaient souvent réveillés par des hurlements sans fin : les loups affamés rôdaient dans la forêt, et, le matin, Janek trouvait leur trace tout autour de la cachette. La forêt devint nue, nue et blanche. Les corbeaux erraient dans la neige, croassaient longuement. La neige avait pris possession de la forêt et, sur son fond blanc, les hommes ressemblaient de plus en plus à des fourmis noires, traînant vers leurs trous des brindilles ridicules, obstinées et chancelantes, abruties par le froid, et leur vie désormais était tendue vers un seul but : construire un feu. Dans les villes, les conquérants attendaient l'été pour repartir vers de nouvelles conquêtes, et, dans les forêts, l'espoir humain, plus faible que le soleil d'hiver, refusait cependant de mourir. Les hommes ne s'intéressaient plus aux rumeurs des villes, ne se parlaient plus, et leurs visages grimaçaient sous la morsure du froid, plus ridés que l'écorce des vieux arbres.

R. Gary, *Éducation européenne*[1], © Éditions Gallimard.

(1) L'auteur évoque, dans *Éducation européenne*, la résistance polonaise au régime nazi, tapie dans les bois.

a. Quelle est la principale préoccupation de ces hommes ?
b. À quelles difficultés doivent-ils faire face ?
c. À quel animal ces hommes sont-ils comparés ? Pourquoi ?

Je découvre

1. Quels adjectifs qualifient des hommes, les groupes, les loups, les fourmis, les brindilles, les conquêtes, l'espoir, les arbres ?
Où sont-ils placés par rapport au nom ?

2. Quels adjectifs qualifient la forêt ? Où sont-ils placés par rapport au nom ?

3. Relève les adjectifs qualificatifs et précise leur place par rapport aux noms qu'ils qualifient.

- La rivière tumultueuse était presque infranchissable.
- Au fil des heures, le froid devenait glacial.
- Le reflet bleuté de la neige éclairait la campagne silencieuse.
- Les loups semblaient affamés.
- La vie animale paraissait endormie.

Si l'adjectif qualificatif est **dans un groupe nominal**, il est placé **avant ou après le nom** qu'il qualifie : il est **épithète du nom**.

Exemple : Les <u>frêles</u> arbres tendaient leurs branches <u>nues</u> vers le ciel <u>gris</u>.
　　　　　　adjectif　nom　　　　　　　　　nom　adjectif　　　　　nom adjectif

Si l'adjectif qualificatif est séparé du nom ou du pronom sujet qu'il qualifie par un **verbe d'état** (être, paraître, sembler, devenir, demeurer, rester, avoir l'air…) : il est **attribut du sujet**.

Exemple : Les hommes semblent <u>abrutis</u> par le froid. Ils sont <u>chancelants</u>.

Je m'entraîne

4. Recopie les phrases, puis souligne les adjectifs qualificatifs. Indique leur fonction.

- Ces nouveaux verres de lunettes sont incassables.
- Une douce lumière bleutée éclairait la salle.
- Cette émission mensuelle de télévision deviendra hebdomadaire à la rentrée.
- L'année prochaine, une nouvelle ligne aérienne sera mise en service entre les deux villes.
- À cause des pluies, la rivière tumultueuse était presque infranchissable.
- Un chemin empierré serpentait à travers la campagne verdoyante.

5. Observe cette photographie. Décris-la en écrivant quelques phrases contenant des adjectifs qualificatifs. Indique s'ils sont épithètes ou attributs.

6. Transforme l'adjectif épithète en adjectif attribut en faisant deux phrases au lieu d'une.

Exemple : Une étrange odeur envahissait la cuisine.
▶ L'odeur était étrange. Elle envahissait la cuisine.

- Ta robe rouge te va bien.
- L'arbre couché interdisait le passage des pompiers.
- Les élèves écoutaient en silence le conte passionnant.
- Ce matin, une fausse nouvelle a circulé dans la classe.
- La chaîne Arte a programmé hier après-midi un film inédit.
- Le colis encombrant est devant la porte.
- Son vieil oncle Lucien habitait une maison misérable.

7. Recopie les phrases, puis souligne les adjectifs qualificatifs. Indique leur fonction.

- Tu as vraiment l'air stupide avec cette casquette ridicule !
- L'inauguration officielle de l'exposition aura lieu lundi.
- En raison d'une météo défavorable, le défilé folklorique est annulé.
- Ton projet semble réalisable, mais il est très audacieux.
- De magnifiques fleurs blanches ornent la table de notre salle à manger.
- Ton dessin est superbe : tu es vraiment très adroit.
- Une fine pluie tombait sur la mer et le vent devint plus fort.

Les pronoms personnels

Le tournoi

«Je n'oublierai jamais ce que tu viens de faire pour mon père!» lance Guillaume d'un ton emphatique avant de prendre la main d'Émilie et d'entraîner la petite fille vers les tentes.

Ce n'est guère le moment de céder à l'attendrissement, pense Émilie. Mais elle est contente que Guillaume soit son ami. Chemin faisant, le garçon lui pose question sur question. Il veut tout savoir : qui elle est, d'où elle vient, si dans son pays tout le monde est aussi grand (il a onze ans et la petite fille le dépasse d'une tête…). Émilie le laisse parler. Elle n'a aucune envie de s'embarquer à nouveau dans un récit périlleux et reste muette.

«Pour une fille, tu es vraiment étonnante!» s'exclame soudain Guillaume d'un ton convaincu. Piquée au vif, Émilie prend la mouche.

«Non, mais dis donc! Qu'est-ce que ça veut dire, *pour une fille*?»

Elle se calme aussitôt. Elle vient de penser qu'au temps de Guillaume ce n'est pas encore une idée très répandue.

«Excuse-moi, dit-elle, j'oubliais que tu vis au Moyen Âge. Chez nous, les filles font les mêmes choses que les garçons.

– Je ne vis pas au Moyen Âge, je vis en Franche-Comté!

– Bien sûr, mais dans la Franche-Comté du Moyen Âge!

– Pas du tout! C'est la Franche-Comté de mon père!»

Guillaume ressemble à un coq en colère. La discussion risque de tourner au vinaigre et Émilie se hâte de faire la paix : le tournoi avant tout!

«Je t'expliquerai plus tard, dit-elle. Il faut qu'on se dépêche.»

Ils pénètrent sous la tente réservée au champion de messire Robert. Guillaume choisit une armure pour Émilie et veut l'aider à la revêtir. La petite fille refuse d'un ton ferme :

«Non, laisse-moi seule, je t'en prie.»

H. BICHONNIER, *Émilie et le crayon magique*, coll. «Le livre de poche jeunesse», Hachette Jeunesse.

a. À quelle époque la scène se déroule-t-elle?
b. Depuis cette époque, qu'est-ce qui a changé pour les filles?
c. À quoi Émilie se prépare-t-elle?

Je découvre

1. Évite les répétitions à l'aide de pronoms personnels.

- Guillaume pose des questions ; Guillaume veut tout savoir.
- Émilie et Guillaume se dirigent vers les tentes ; Guillaume et Émilie sont devenus amis.
- Émilie se fâche, mais soudain, Émilie s'excuse.
- Le garçon choisit une armure pour Émilie et veut aider Émilie à revêtir l'armure.

2. Chaque pronom personnel en gras remplace un nom. Recherche-le dans la lecture. Quelle est la fonction du nom remplacé? Quelle est la fonction du pronom personnel?

- **Je** n'oublierai jamais ce que **tu** viens de faire pour mon père ! lance Guillaume.
- Émilie **le** laisse parler.
- **Ils** pénètrent sous la tente.
- Il veut l'aider à **la** revêtir.

Les pronoms personnels sont des mots qui :

– **remplacent des groupes nominaux** afin d'éviter les répétitions.
Exemple : Émilie écoute son ami ; elle le laisse parler.

– **désignent des personnes** qui communiquent entre elles.
Exemple : Je n'oublierai jamais ce que tu viens de faire pour mon père !

Les pronoms personnels **je**, **tu**, **il**, **elle**, **on**, **nous**, **vous**, **ils**, **elles** sont **sujets** du verbe.
Exemples : j'oubliais, tu vis, il veut, nous rions, vous sautez, ils pénètrent.

Les pronoms personnels **me**, **te**, **se**, **le**, **la**, **les**, **l'**, **nous**, **vous**, **lui**, **leur**, **en**, **y** sont **compléments d'objet** du verbe. Ils se placent devant le verbe.
Exemples : je te parle, tu lui réponds, il nous écrit, mon père nous appelle.

Je m'entraîne

3. Écris les phrases en évitant les répétitions à l'aide de pronoms personnels.

- La pluie tombe sans arrêt ; la pluie inonde les caves.
- Bastien et Marie se disputent ; Bastien et Marie sont fâchés.
- La grue grince avec le vent ; la grue domine les environs.
- Les éléphantes et leurs petits se rendent à la rivière où les éléphantes et leurs petits se lavent.
- Pauline et ses parents partent en vacances ; Pauline et ses parents veulent se reposer.

4. Complète les phrases avec des pronoms personnels.

- Théo et toi, … viendrez demain.
- Léa et lui, … écriront une lettre d'invitation.
- Eux et moi, … acceptons son offre.
- Assia et Éva, … avaient très peur du noir.
- Romain et toi, … ne sortirez pas ce soir.

5. Réécris les phrases en remplaçant les pronoms personnels en gras par des noms ou des groupes nominaux.

- **Il** la guette.
- **Elles** s'allongent sur le sable.
- **Il** diminue tout doucement.
- **Elle** et **lui** travaillent au même endroit.
- **Ils** l'ont déjà vu.
- **Elle** en reprend.

6. Recopie le texte. Indique, sous chaque pronom personnel en gras, s'il est sujet ou complément.

Les marins surveillent le vent et **le** craignent. Autrefois, **ils** s'en servaient pour avancer, plus maintenant. Plus **il** est puissant, plus il **leur** rend la pêche difficile. **Elle** est même parfois dangereuse. Mais leur dur métier **les** oblige à sortir par tous les temps.

7. Réécris ces phrases en remplaçant chaque nom ou groupe nominal en gras par un pronom personnel.

- Tu te promènes avec **Zoé**.
- Elle s'entend bien avec **ses frères**.
- Bertille déjeune avec **Jules et moi**.
- Nous allons nous baigner avec **Mathieu**.
- J'aimerais accompagner **Candice et toi**.

8. Écris les phrases en évitant les répétitions à l'aide de pronoms personnels.

- Le brouillard tombe sur la campagne et enveloppe la campagne.
- Les chamois ne descendent pas dans les vallées ; on ne peut donc pas voir les chamois.
- Les invités acclament la mariée et couvrent la mariée de pétales de fleurs.
- Vincent lit le journal et plie le journal.
- « Avant de ranger ta chambre, pense à aérer ta chambre. »

Les adverbes

📖 L'entomologie

L'entomologie est la science qui étudie les animaux qui possèdent une carapace articulée ; elle s'intéresse spécialement aux insectes. Les petites bêtes ont toujours quelque chose à apprendre aux entomologistes. Certains de ces spécialistes parcourent le monde régulièrement à la recherche d'espèces nouvelles et en découvrent beaucoup chaque année, parfois des centaines. Les entomologistes biologistes étudient principalement les insectes utiles ou ceux qui sont plutôt dangereux pour l'homme. Ils expliquent ainsi comment les multiplier ou au contraire comment lutter contre eux. Pour cela, ils doivent se montrer très patients et recommencer assez souvent leurs observations.

Quelques entomologistes travaillent dans des musées. Leur tâche n'est pas moins importante car ils entretiennent et élaborent un inventaire très précis des collections de millions d'insectes conservés depuis plus de 50 ans.

Ils préparent également des expositions pour que le grand public découvre ces richesses.

Enfin, ils exercent leur métier parfois dans une serre à papillons ou dans un insectarium ; ce sont des lieux où des petites bêtes tropicales ou locales sont élevées et présentées vivantes.

L. Rogez, *Copain des petites bêtes : le guide du petit entomologiste*, Milan Jeunesse.

a. Un entomologiste peut-il tout connaître des insectes ? Pourquoi ?
b. Pourquoi le travail des entomologistes biologistes est-il très important ?
c. Comment appelle-t-on l'endroit où ces petits animaux sont élevés ?

🔍 Je découvre

1. Dans la lecture, relève :

• le mot de la première phrase indiquant de quelle façon l'entomologie s'intéresse aux insectes ;
• le mot de la deuxième phrase précisant de quelle façon les petites bêtes ont quelque chose à apprendre aux entomologistes.
Quel est le point commun de ces deux mots ?

2. Dans les lignes 5 à 8 de la lecture, relève :

• un adverbe qui modifie le sens d'un verbe ;
• un adverbe qui modifie le sens d'un adjectif qualificatif ;
• un adverbe qui modifie le sens d'un autre adverbe.

3. Comment est formé le premier adverbe que tu as trouvé dans l'exercice 1 ?
Peux-tu, dans la lecture, en trouver d'autres formés de la même manière ?

L'adverbe est un **mot invariable** qui modifie le sens :
- d'un **verbe**. Exemple : L'entomologiste fait <u>soigneusement</u> son inventaire.
                                            verbe   adverbe
- d'un **adjectif**. Exemple : Il est <u>très</u> <u>attentif</u>.
                                    adverbe adjectif
- d'un **autre adverbe**. Exemple : Son travail est <u>assez</u> <u>rarement</u> spectaculaire.
                                                      adverbe adverbe

Beaucoup d'adverbes de manière se forment à partir d'adjectifs.
Exemples : rapide ▶ rapidement.
              gentil ▶ gentiment.

Voici quelques adverbes : beaucoup, jamais, bientôt, dessus, après, bien sûr, pas du tout, au-dessus…

Je m'entraîne

4. Recopie les phrases et souligne les adverbes.

- Lentement, il grimpait la côte.
- Il a mangé beaucoup de bonbons ; maintenant, il a mal au ventre.
- Alexandre a autant de billes que sa sœur Lola.
- Il voyage volontiers en bateau.

5. Lis et recopie tous les adverbes de ce texte.

Rémi s'étira, puis se souleva sur un coude pour voir si ses amis dormaient toujours. Comme tout le monde semblait encore plongé dans un profond sommeil, il décida de paresser un peu dans son sac de couchage. Brusquement, il pensa que Sylvain était de corvée aujourd'hui pour faire la cuisine, et cette idée le ravit.
        M.-J. BARBIER, *Le mystère du Pas-du-Loup*,
        Actes Sud Junior.

6. Recopie et complète les phrases avec les adverbes suivants :
ici – peut-être – ailleurs – certainement – assez – trop – heureusement – très.

- Il est … très aimable.
- Le chasseur n'a pas trouvé son chien … , il est parti voir … .
- J'en ai … , tu cours … vite.
- … qu'il est … grand pour attraper la clé en haut de l'armoire.
- Nous irons … vous chercher à la gare.

7. Recopie et complète les phrases avec des adverbes différents.

- Cette dame parle … .
- Le soleil s'est levé … .
- Le voiture avance … dans l'allée.
- Tu te prépares … pour ne pas être en retard.
- L'aigle observe … la campagne.

8. Forme des adverbes de manière à partir des adjectifs suivants. Tu peux t'aider de ton dictionnaire.

lent – doux – léger – vrai – poli – bruyant – gentil – méchant – rapide – violent.

9. Classe en trois colonnes les adverbes de temps, les adverbes de lieu et les adverbes de manière.

bien – mieux – hier – soudain – ailleurs – là-bas – aussi – toujours – dedans – après – plutôt – lentement – enfin – ici – dessus – autour – jamais – vite – mal – depuis.

10. Change le sens des phrases en changeant les adverbes par des adverbes de sens contraire.

Exemple : Nous avons bien mangé.
▶ Nous avons mal mangé.

- Ils avancent rapidement dans le couloir.
- Thomas a pris plus de poids que sa sœur.
- Il est toujours présent quand on a besoin de lui demander un service.
- Heureusement, nous étions arrivés avant lui.
- Les élèves sont entrés bruyamment en classe.
- Dès qu'il trouve des saumons, l'ours brun en mange beaucoup.

Grammaire

Le complément du nom

Chat de la ville

Est-ce le chat qui pêche
Ou le chat qu'on empêche
D'attraper les moineaux
Qui pointent aux carreaux ?

C'est un chat de la ville
Les sardines à l'huile,
Les passants, les autos,
L'engraissent un peu trop.

C'est un chat sédentaire[1]
Qui n'a pas d'autre frère
Que ce chat transparent
Pris dans l'appartement.

C'est un chat sans mémoire
Qui ne sait plus l'histoire
De sa race : un coussin
L'endort dès le matin.

P. Ménanteau, *Pour un enfant poète : bestiaire, herbier, légendaire*, coll. « Le livre de poche jeunesse », Hachette Jeunesse.

(1) sédentaire : qui ne sort pas souvent de chez lui.

Je découvre

1. Dans la poésie, trouve quels mots précisent, complètent le nom **chat**. Lesquels de ces mots sont des adjectifs qualificatifs ? Quelle est la nature des autres mots ? Comment ces mots sont-ils reliés au nom **chat** ?

2. Trouve dans la poésie les compléments des noms **sardines** et **histoire**.

3. Peux-tu inventer un complément au nom **moineaux** et au nom **coussin** ?

4. Lis en ajoutant une des prépositions : **à, en, sans, avec, de**.

- un papillon … nuit.
- un siège … appui-tête
- un casier … homard
- une médaille … chocolat
- un film … intérêt.

5. Lis en ajoutant des compléments du nom de ton choix.

- un sac …
- un ticket …
- un biscuit …
- une course …
- un homme …
- un troupeau …
- des graines …
- une journée …
- un jeu …
- un bateau …

Le nom (ou le groupe nominal) peut être **complété** et **précisé** par un **nom** ou par un **groupe nominal**.

Exemple : un chat de gouttière
           nom   complément du nom

Ce nom (ou groupe nominal) est un **complément du nom** ; c'est une expansion du nom, comme l'adjectif qualificatif épithète.
Le complément du nom est le plus souvent **relié au nom par une préposition**.
Exemples : un vol **d'**hirondelles ; un nid **sans** oiseaux ; une cage **à** oiseaux.

Je m'entraîne

6. Recopie et complète avec des compléments du nom de ton choix.

- des tartines …
- des paroles …
- un vase …
- le vestiaire …
- une soirée …
- une salle …
- un livre …
- interdiction …
- un incendie …
- un concert …

7. Dans ce texte, relève cinq compléments du nom avec les noms complétés.

Si tu veux réaliser de jolis motifs sur du papier, prépare quelques outils tout simples : un morceau de dentelle, une vieille bobine de fil, une brosse à dents usagée ou un bouchon de liège par exemple. Choisis quelques tubes de gouache et protège la table où tu vas travailler avec des feuilles de journal.

8. Recopie et complète ces phrases avec des compléments du nom de ton choix.

- Veux-tu me prêter tes crayons … ?
- J'ai offert une ceinture … à mon père.
- Pour servir le plat, je mets des assiettes … .
- Il y avait une pile … sur la table … .
- Enfile ton pantalon … .

9. Écris trois phrases en utilisant, dans chacune d'elles, l'un de ces noms complété par un complément du nom.

Exemple : un déguisement
▶ *Éliott a choisi un déguisement de mousquetaire.*

- un chapeau …
- un pilote …
- l'entrée …

10. Dans ce texte, relève six compléments du nom avec les noms complétés.

Quand Gribouille fut sur le chemin du château que sa mère lui avait indiqué, il se sentit bien fatigué, car il n'avait rien mangé depuis le matin, et la journée finissait. Il fut obligé de s'asseoir sous un figuier qui n'avait encore que des feuilles, car ce n'était point la saison des fruits, et il allait se trouver mal de faiblesse quand il entendit bourdonner un essaim d'abeilles au-dessus de sa tête. Il se dressa sur la pointe des pieds, et vit un beau rayon de miel dans un creux de l'arbre. Il remercia le ciel de ce secours, et mangea un peu de miel le plus proprement qu'il put. Il allait continuer sa route, lorsque, du creux de l'arbre, sortit une voix perçante qui disait : « Arrêtez ce méchant ! À moi, mes filles, mes servantes, mes esclaves ! Mettons en pièce ce voleur qui nous prive de nos richesses ! »

G. SAND, *Histoire du véritable Gribouille.*

À **TOI** DE JOUER…

11. Associe chaque nom avec son complément.

a) une preuve …
b) un plat …
c) un appartement …
d) un parc …
e) une histoire …
f) une confiture …

1) avec balcon
2) par 9
3) d'abricots
4) à huîtres
5) de nouilles
6) sans fin

Grammaire

La proposition subordonnée relative

📖 Le chat et la mouette

Le chat grand noir et gros prenait le soleil sur le balcon en ronronnant. […] Il entendit le bourdonnement d'un objet volant **qu'il ne sut pas identifier** et **qui s'approchait à grande vitesse**. Inquiet, il se dressa d'un seul coup sur ses quatre pattes et arriva tout juste à se jeter de côté pour esquiver la mouette **qui s'abattit sur le balcon**. C'était un oiseau très sale. Tout son corps était imprégné d'une substance noire et malodorante.

Zorbas s'approcha et la mouette essaya de se redresser en traînant les ailes **dont on ne distinguait plus les plumes**.

– Ce n'était pas un atterrissage très élégant, miaula-t-il.

– Je regrette. Je ne pouvais pas faire autrement, croassa la mouette.

– Dis donc, tu es dans un drôle d'état. Qu'est-ce que tu as sur le corps ? Tu sens vraiment mauvais !

– J'ai été atteinte par une vague noire. La peste noire. La malédiction des mers. Je vais mourir, croassa plaintivement la mouette.

– Mourir ? Ne dis pas ça. Tu es fatiguée et sale. C'est tout. Pourquoi ne vas-tu pas jusqu'au zoo ? Ce n'est pas loin et il y a des vétérinaires qui pourront t'aider, miaula Zorbas.

– Je ne peux pas. C'était mon dernier vol, croassa la mouette d'une voix presque inaudible, et elle ferma les yeux. […]

– Écoute, mon amie. Je veux t'aider mais je ne sais pas comment. Essaye de te reposer pendant que je vais demander ce qu'on fait avec une mouette malade, miaula Zorbas avant de grimper sur le toit.

Il s'éloignait vers le marronnier quand il entendit la mouette l'appeler.

– Tu veux que je te laisse un peu à manger ? miaula-t-il, soulagé.

– Je vais pondre un œuf. Avec les dernières forces qui me restent je vais pondre un œuf. Chat, mon ami, on voit que tu es bon, que tu as de nobles sentiments. Je vais te demander de me promettre trois choses. Tu vas le faire ? demanda-t-elle en secouant maladroitement ses pattes dans un essai manqué pour se redresser.

L. Sepulvada, M. Hyman, *Histoire d'une mouette et du chat qui lui apprit à voler*, coédition Seuil – Anne-Marie Métailié, 1996, pour la traduction française.

a. Qu'est-ce que la vague noire dont parle la mouette ?
b. Pourquoi Zorbas pense-t-il que la mouette devrait aller jusqu'au zoo ?
c. À quoi la mouette veut-elle utiliser ses dernières forces ?

🔍 Je découvre

1. Observe les propositions en gras dans la lecture. Par quels mots sont-elles introduites ? Chacun de ces mots remplace un groupe du nom. Lequel ? Quel est le rôle de chacune de ces propositions ? Sont-elles indispensables ?

2. Trouve, dans le dernier paragraphe, une proposition de même nature que celles en gras. Quel nom est ainsi complété ?

3. Trouve un mot pour remplacer chacune de ces propositions : qu'il ne sut pas identifier ; qui pourront t'aider. Quelle est la nature de chaque mot trouvé ?

Une proposition subordonnée n'a pas de sens par elle-même. La proposition subordonnée relative **complète le nom qui la précède** (son **antécédent**) dans la proposition principale.

La proposition subordonnée relative **apporte des informations sur ce nom**, comme peut le faire un adjectif qualificatif ou un complément du nom.

La proposition subordonnée relative est toujours introduite par un **pronom relatif** : **qui**, **que** (**qu'**), **quoi**, **dont**, **où**, **lequel**, **laquelle**, **lesquels**...

Exemples : Voici la <u>mouette</u> <u>dont je t'avais parlée</u>.
                antécédent   proposition
                              subordonnée relative

         C'est bien ce <u>chat</u>   <u>que j'avais vu hier</u>.
                      antécédent   proposition
                              subordonnée relative

Je m'entraîne

4. Recopie chaque phrase, puis souligne en bleu la proposition subordonnée relative. Souligne l'antécédent en rouge et trace une croix sous le pronom relatif.

- Je préfère le dessin que tu as fait hier.
- Peux-tu me passer le livre qui est près de toi ?
- J'adore ces abricots dont mamie fait des tartes.
- Je préfère les boissons qui ne contiennent pas de sucres.
- Mon cousin Malory, qui est le plus âgé de mes cousins, est moniteur de canoë.

5. Remplace chaque proposition subordonnée relative par un adjectif qualificatif de sens voisin.

Exemple : Nous habitons une maison qui date du Moyen Âge.
▶ Nous habitons une maison moyenâgeuse.

- C'est le bureau qui appartenait à mon père.
- Aurore observe les sommets qui sont couverts de neige.
- Nous possédons un bateau qui est peint de mille couleurs !
- C'est un médicament qui coûte cher.
- Toby est un chien qui joue beaucoup.
- Clara a dîné dans cette auberge dont la réputation n'est plus à faire.

6. Remplace chaque proposition subordonnée relative par un complément du nom de sens voisin.

Exemple : Nous habitons une maison qui a trois étages.
▶ Nous habitons une maison à étages.

- J'ai trouvé dans une brocante ce vieux coffre qui est en ébène.
- Voici la voiture dont je rêve.
- J'ai acheté une serviette que j'utilise à la plage.
- Tom préfère les chemises qui n'ont pas de manches.
- Alexia déteste les jours où la pluie tombe sans cesse.

7. Recopie ces phrases en remplaçant l'adjectif qualificatif ou le complément du nom en gras par une proposition subordonnée relative de sens voisin.

- Mamie a acheté un miroir **ancien**.
- Plusieurs fauves **affamés** s'approchent de l'antilope.
- Les tapisseries **de l'étage** ont été refaites l'an dernier.
- Cette anthologie réunit des textes presque **inconnus**.
- Je viens de lire la nouvelle histoire **de la sorcière Loulouprout**.
- J'aime bien les films **d'aventures**.

Synthèse générale

1. Indique à chaque fois s'il s'agit d'une phrase verbale ou d'une phrase non verbale.

a. Les plantes ont besoin de lumière.
b. Les eaux de la mer Morte sont extrêmement salées.
c. Violente tempête prévue sur le golfe de Gascogne.
d. Ne nous affolons pas !
e. Ouf, juste à temps !

2. Indique le nombre de propositions que comporte chacune des phrases.

a. L'accroissement de la population mondiale représente un risque considérable pour la préservation des espèces et la protection des milieux naturels.
b. Si votre maison est mal isolée, vous pouvez gaspiller jusqu'à 50 % de l'énergie que vous consommez.
c. En ville, l'arbre produit de la vapeur d'eau, rafraîchit l'atmosphère, capte une partie des poussières polluantes et nous offre son ombre et ses couleurs.
d. Notre corps consomme autant d'énergie qu'une ampoule électrique de puissance moyenne.
e. Savez-vous que vous doublez le prix d'une baguette de pain si vous allez l'acheter à 500 mètres, ou moins, en voiture ?

3. Recopie le texte en replaçant la ponctuation (il manque cinq virgules et deux points). **N'oublie pas les majuscules !**

L'île était fort petite il n'y avait pas grand-chose à voir sinon quelques rochers des broussailles et sur le rivage six cocotiers Barbe-Rousse fit immédiatement mettre une chaloupe à la mer et rama en direction de l'île tout seul

H. BAUMANN, *Jambes-Rouges, l'apprenti pirate*,
trad. L. SANCHEZ, Castor poche-Flammarion.

4. Indique le type et la forme de chaque phrase.

a. Qui demandez-vous ?
b. Je ne sais pas à qui m'adresser.
c. C'est absolument inadmissible !
d. Asseyez-vous.
e. Ne sont-ils pas déjà passés la semaine dernière ?

5. Transforme chaque phrase déclarative / affirmative en phrase injonctive / négative.

Exemple : Martin joue dans le salon.
▶ *Ne joue pas dans le salon.*

a. Ma sœur se penche à la fenêtre.
b. Vous mouillez vos chaussures.
c. Nous écoutons ses sottises.
d. Elsa imagine toujours le pire.
e. Corentin avale son goûter à toute vitesse.
f. Tu manges trop de bonbons.
g. Vous nous montrerez votre nouveau jeu.

6. Transforme les phrases déclaratives en phrases interrogatives selon l'exemple.

Exemple : Un avion traverse le ciel.
▶ *Est-ce qu'un avion traverse le ciel ?*
▶ *Un avion traverse-t-il le ciel ?*

- Cette plage est protégée du vent.
- Le centre nautique est renommé.
- Mon frère aime cet endroit.
- Nous viendrons ici en classe de mer.
- Damien a mangé trop de chocolat.
- Les hirondelles s'envolent vers l'Afrique.

7. Trouve une question correspondant à chacune des réponses.

- On pêche surtout la sardine.
- J'ai entendu un coup de tonnerre.
- Moi.
- Deux ou trois, pas plus.
- Je passerai vendredi.
- Je pars en Espagne.
- Non, je préfère rester à la maison.

8. Recopie chaque phrase. Souligne le sujet et encadre le verbe.

- Le peintre termine son tableau.
- Je partirai tout de suite après l'entracte.
- Mon cousin a eu une patinette pour Noël.
- L'avion décolle.
- Ma sœur connaît parfaitement ses tables de multiplication.
- Pour Noël, les rues seront illuminées.
- Le brouillard recouvre la campagne.

9. Reproduis le tableau. Écris les phrases en plaçant chaque mot ou groupe de mots dans la bonne colonne.

sujet	verbe	COD	complément circonstanciel

- Ce soir, nous mangerons des crêpes.
- Tous les concurrents partent en même temps.
- Les escargots sortent après la pluie.
- Le camion transporte de la terre pour faire des remblais.
- Les abeilles fabriquent du miel dans la ruche.
- Les enfants disposent des guirlandes dans la classe.

10. Recopie chaque phrase. Encadre le verbe en rouge, souligne le sujet en bleu, le COD en rouge et les compléments circonstanciels en vert.

- Depuis le début de l'année, Alexandre travaille très bien.
- Les mammouths vivaient au temps de la préhistoire.
- Régulièrement, le garagiste vérifie ses voitures.
- Tous les soirs, Ehssan prend son bain dans la grande baignoire.
- Le tailleur de la rue Pasteur confectionne des costumes sur mesure.
- Les enfants mangent leur gros gâteau en silence.

11. Écris les phrases au présent de l'indicatif en accordant chaque verbe avec son sujet.

- À chaque printemps, mes voisins (fleurir) leur maison.
- Les congères de neige (bloquer) le passage des voitures.
- Chaque année, les enfants des écoles (récolter) beaucoup de pièces jaunes pour aider les enfants malades.
- Pour passer une bonne soirée, l'ami de mes parents (choisir) toujours des films humoristiques.
- La bêche et le râteau (être) les principaux outils du jardinier.
- Juliette et sa sœur (réunir) leurs économies pour acheter un cadeau à leur mère.

12. Dans ce texte, relève cinq déterminants différents et indique la nature de chacun.

– Tu viens, grand chef ? On va jouer dehors.
– C'est pas un temps à mettre un ours dehors ! Tu imagines mes poils avec cette boue ?
– Pas de problème, tu mettras un manteau.
– Et mes oreilles ? Tu sais bien qu'elles ne supportent pas les courants d'air.
– Quelle poule mouillée !
Le grand chef, très vexé, se tourne vers moi :
– Ça va, je viens.

M. D'ALLANCÉ, *Mon ours est une fripouille*, Hachette Jeunesse.

13. Dans ce texte, relève cinq adjectifs qualificatifs. Écris-les ensuite au masculin singulier.

Dans la longue histoire de l'Égypte antique, des siècles de désordre et d'anarchie ont, à plusieurs reprises, suivi des périodes brillantes et riches en chefs-d'œuvre. Puis le calme revenait et une nouvelle dynastie assurait la continuité du pouvoir des pharaons.

G. DUCHET-SUCHAUX, *Les pharaons*, Histoire Junior, Hachette Éducation.

14. Relève chaque adjectif qualificatif, puis indique sa fonction.

- Ton jeune frère a l'air bien énervé !
- Adrien s'est coupé une grosse part de gâteau.
- Une gigantesque tapisserie décorait la pièce principale.
- Ton explication me semble fantaisiste !
- De nombreux cadeaux sont disposés autour du sapin illuminé.

15. Dans ce texte, relève cinq participes passés. Note, à côté de chacun d'eux, le verbe à l'infinitif à partir duquel il est formé.

Exemple : descendu ▶ descendre.

Naiomi est Inuit. Au menu du déjeuner, phoque bouilli et poisson séché ! Naiomi doit prendre des forces pour résister au froid glacial du dehors. Le père de Naiomi emmène les enfants à l'école sur sa motoneige : équipée de skis, elle file sur la glace. [...] Pendant la récréation, Naiomi a joué au bilboquet. Sa grand-mère a fabriqué pour elle ce jouet en os de phoque.

D'après F. PIAZZA, « Les enfants du monde », dans *Crocoscope, La bande des quatre*, Nathan.

16. Relève chaque pronom personnel, puis indique s'il est sujet ou complément.

Juliette était dans le jardin, occupée à cueillir des petits pois.
– Viens près de moi, dit-elle à Kornelli. Pourquoi ne t'amuses-tu plus comme autrefois ?
– Je ne dois pas ; ces demoiselles me le répètent tous les jours.

J. Spyri, *Kornelli*, trad. Ch. Tritten, Flammarion.

17. Ajoute un complément du nom à chacun de ces noms.

- un professeur …
- une montre …
- une histoire …
- un animal …
- un filet …
- un ticket …
- un jour …
- un voyage …
- une chanson …
- un rideau …

18. Dans ce texte :
– identifie deux propositions subordonnées relatives ;
– ajoute une proposition subordonnée relative pour compléter chaque nom en gras.

Grand Corbeau, le chef, sortit de sa tente, suivi de son **épouse**. Avec trois guerriers et Vieil Ours, le sorcier, Grand Corbeau quitta le camp pour aller s'asseoir à une cinquantaine de mètres de Cheval Vêtu qui les observait sous son armure.
Magique et inquiétant, l'étalon ne semblait pas belliqueux. Ils le trouvaient laid parce qu'il était noir. Ils préféraient les robes tachetées, il était trop grand à leur goût et très abîmé… Mais il portait l'inconnu sur son dos !
Les Indiens se levèrent et se rapprochèrent de **Cheval Vêtu**. Ils étaient fascinés par son armure qui était hérissée de pointes. La selle. Les étriers. Les fers. Le fil tranchant de la grande épée. La forme étrange de l'arquebuse : une massue peu maniable ou un calumet trop lourd ?

F. Bernard et F. Roca, *Cheval vêtu*,
Albin Michel Jeunesse.

19. Lis ce texte, puis effectue le travail demandé.

Quelques notes égrènent 17 h à l'horloge de l'entrée. De **la** porte ouverte du bureau, s'échappe un bâillement sonore, suivi de :
« Melchior ? »
Tiens, Maman pense à **moi** ! Trois secondes après, **elle** apparaît dans la pièce en se frottant les yeux :
« J'en ai assez. J'arrête.
– Pour toujours ? »
Elle éclate de rire :
« Quelle idée ! Juste pour aujourd'hui. »
En tombant assise à côté de moi, elle **m**'ébouriffe les cheveux. Ils sont aussi **noirs** que les siens. Je **nous** aperçois dans **le** grand miroir, en face. Je trouve que Maman ressemble à Blanche-Neige, avec sa peau très **blanche** et sa bouche très rouge. Je **la** trouve très belle et **je** pose la tête sur son épaule. Je ferme à demi **les** yeux.
« Il est bientôt fini… ton roman ? »

A.-M. Pol, *Mon cheval de papier*,
© 1999 Éditions Grasset et Fasquelle.

a. Relève, dans le texte, deux phrases non verbales.
b. Relève, dans le texte, deux phrases exclamatives.
c. Quel type de phrase ne trouve-t-on pas dans ce texte ?
d. Donne la fonction (sujet, COD, complément circonstanciel) des groupes de mots soulignés.
e. Donne la fonction des deux adjectifs qualificatifs en gras.
f. Indique, pour chaque mot en orange, s'il est déterminant article ou pronom personnel.
g. Relève, dans le texte, trois déterminants possessifs différents.
h. Indique, pour chaque pronom personnel en vert, s'il est sujet ou complément.

Conjugaison

L'infinitif et les trois groupes de verbes

L'avenir

Qu'apprend d'abord un petit chat ?
À saisir !
Qu'apprend d'abord un oisillon ?
À voler !
Qu'apprend d'abord un écolier ?
À lire-écrire !

Le petit chaton devient un chat
pareil à tous les chats du monde.
L'oisillon devient un oiseau
pareil à tout oiseau au monde.
Mais l'enfant a beau lire,
l'enfant a beau écrire,
nul ne peut dire au monde
comment il va grandir,
ce qu'il va devenir…

V. Bérestov, *Anthologie de la poésie russe pour enfants*, trad. H. Abril, les éditions Circé.

a. Si l'auteur avait écrit enfant au lieu d'écolier, imagine les réponses que l'on pourrait donner.
b. Quand les chats ou les oiseaux grandissent, ils ressemblent à n'importe lequel de leurs congénères. L'auteur pense que ce n'est pas vrai pour les écoliers. Es-tu de son avis ? Justifie ta réponse.

Je découvre

1. Relève tous les verbes de la poésie. Donne l'infinitif de ceux qui sont conjugués. Quelles sont les différentes terminaisons des verbes à l'infinitif ?
Indique, pour chaque verbe, à quel groupe il appartient.

2. Épelle la terminaison de chaque verbe, puis indique son groupe.

avancer – moisir – rêver – surprendre – écrire – fuir – voyager – applaudir.

3. Indique le groupe de chacun de ces verbes.

posséder – faire – affaiblir – accélérer – peser – se réjouir – dire – offrir – savoir – souhaiter – livrer – craindre.

Dans un dictionnaire, le verbe est écrit à l'**infinitif**. L'infinitif est **invariable**.
Exemples : saisir, voler, lire, écrire.

Un verbe se compose de deux parties : le **radical** et la **terminaison**.
On classe les verbes en **trois groupes** selon la terminaison de leur infinitif.
Exemple : deven/ir.

- **1er groupe** : infinitif en **-er** (sauf **aller**). ▶ s'envoler, quitter, poser.
- **2e groupe** : infinitif en **-ir** et 1re personne du pluriel du présent de l'indicatif en **-issons**. ▶ nous frémissons.
- **3e groupe** : tous les autres verbes (sauf **être** et **avoir** qui sont des auxiliaires et n'appartiennent à aucun groupe). ▶ connaître, vivre, venir, dire.

Je m'entraîne

4. Recopie chaque phrase. Souligne le verbe, puis note en dessous son infinitif et son groupe.

Exemple : Vous marchez doucement.
▶ marcher, 1er groupe.

- Nous partons à vélo.
- Je reçois mon correspondant.
- La maison domine la mer.
- Des ouvriers élargissent la route.
- La pâte à sel durcit dans le four.

5. Recopie les verbes du 2e groupe.

applaudir – amortir – découvrir – guérir – sentir – couvrir – fleurir – mentir – définir.

6. Lis le texte. Recopie en rouge les verbes à l'infinitif, en bleu les verbes conjugués, puis donne l'infinitif et le groupe de chacun.

Un jour, Renard, le corps couvert de furoncles, se rendit chez son voisin le Loup.
– Que t'arrive-t-il ? demanda ce dernier.
– Je suis malade, gémit Renard, et je viens te demander quelques médicaments.
– As-tu mangé, au moins ?
– Non, répondit tristement Renard.
– Louve ! dit le Loup en se retournant vers son épouse, cuisine donc quelque chose pour notre voisin et donne-lui de quoi se soigner.
Tout en gardant le silence, Renard songea que le Loup devait posséder quelques jambons délicieux, car son odorat développé lui indiquait la présence de charcuterie.

J. Muzi, *19 fables de renard*,
Castor poche-Flammarion.

7. Ouvre ton dictionnaire au hasard et note un verbe du 1er groupe.
Recommence pour noter un verbe du 2e groupe, puis un verbe du 3e groupe.
Écris un texte dans lequel ces trois verbes figureront dans cet ordre.
Ils seront bien sûr conjugués et ton texte pourra contenir d'autres verbes.

8. Trouve l'intrus dans chaque liste. Justifie ton choix.

a. dérouler – chercher – jouer – distraire.
b. défaire – devenir – épaissir – connaître.
c. démolir – désobéir – raccourcir – sourire.

À TOI DE JOUER...

9. Derrière chacune de ces charades se cache un verbe à l'infinitif. Retrouve-le, puis indique son groupe.

a.
- Mon premier est un rongeur à longue queue.
- Mon deuxième est le contraire de « rapide ».
- Mon troisième peut se faire à la carabine ou à l'arc.
- Mon tout est un verbe à l'infinitif.

b.
- Mon premier est au milieu de la figure.
- Mon deuxième est le verbe « aller » en anglais.
- Mon troisième désigne l'action de couper une planche, une bûche.
- Mon tout est un verbe à l'infinitif.

Le verbe se conjugue

Rendez-vous avec le Père Noël

Cher Thomas,

Tu sais à quel point tu fais partie de mes élus, de mes favoris, de mes préférés, bref, de mes chouchous. Aujourd'hui, enfin, et j'attends ce moment depuis près de trois ans, j'ai la possibilité de te donner la priorité. Tu vas être le premier à choisir. Le premier entre tous. Et cette année, crois-moi, la livraison est exceptionnelle. Je dispose d'un choix que tu ne peux même pas imaginer. Tu pourras emporter tout ce qui te plaira, sans réserve. Des cartons entiers ! Seulement, je dois me montrer discret par rapport aux autres, tu le comprendras aisément. Personne ne doit savoir que je te favorise ainsi. C'est une opération top-secret ! Donc, ne le dis à personne, et viens tout seul, bien évidemment. Tu comprendras aussi, toujours pour les mêmes raisons, qu'étant surchargé de travail dans la nuit du 24 au 25 décembre, je suis obligé de te fixer un rendez-vous anticipé.

Je t'attendrai donc le 24 à 12 heures précises, au 18 rue Lamarck, rez-de-chaussée, gauche. Mes obligations imposent une ponctualité irréprochable. Si tu n'es pas là à douze heures quinze, je me verrai obligé de garder mon petit trésor. Ou d'en faire profiter un autre.

Bien tendrement,

Le Père Noël

S. Cohen-Scali, A. Géraud, *Cauchemar à Noël*, pp. 14 et 15, coll. «Les p'tits policiers», Magnard Jeunesse.

a. Qu'est-ce que le Père Noël propose à Thomas ?
b. Pourquoi lui donne-t-il rendez-vous le 24 décembre à 12 heures précises ?
c. Si tu recevais une lettre comme celle-ci, explique pourquoi il serait prudent d'en parler à tes parents.

Je découvre

1. Relève, dans la lettre, trois verbes à l'infinitif et trois verbes conjugués.

2. Relève, dans la lettre :
• un verbe conjugué à la 1re personne du singulier ;
• un verbe conjugué à la 2e personne du singulier ;
• un verbe conjugué à la 3e personne du pluriel.

3. Relève, dans la lettre :
• deux verbes conjugués au présent de l'indicatif ;
• deux verbes conjugués au futur simple de l'indicatif.

4. Trouve ensuite, dans la même phrase, deux verbes conjugués qui permettent de donner un ordre.

Le verbe se conjugue. Sa **terminaison** change en fonction :
– de la **personne** (1re, 2e ou 3e) ;
– du **nombre** (singulier ou pluriel) ;
– du **temps** (passé, présent, futur) et du **mode** (indicatif, impératif, conditionnel…).

Exemple : Thomas emportera ses cadeaux.
verbe emporter, 3e personne du singulier du futur de l'indicatif

Je m'entraîne

5. Indique le temps de chaque phrase.

a. La température est très élevée.
b. Ils se disputaient souvent.
c. Sherlock Holmes observe la tache sur le tapis.
d. Les caribous migreront vers le sud.
e. Accepterez-vous sa proposition ?
f. Une nouvelle comète était visible cet été.
g. Le pêcheur aperçoit un requin au large.

6. Recopie et complète les phrases à l'aide des expressions :
à notre époque – le 1er mai 2004 – jadis – dans un siècle – auparavant.

• …, les campagnes étaient très habitées.
• …, les villes deviennent trop importantes.
• …, il faudra peut-être partir vivre dans l'espace.
• …, l'Union européenne a accueilli de nouveaux pays.
• …, nous nous réunissions le lundi.

7. Recopie les phrases en choisissant le temps qui convient.

• Ça y est ! Les jeunes coureurs **(s'élancent – s'élanceront)** sur la piste.
• La semaine dernière, nous **(manquons – avons manqué)** notre train.
• Si le brouillard tombe, nous ne **(voyions – verrons)** pas les bateaux.
• Samuel **(part – était parti)** depuis la veille.
• Le XXIe siècle **(a été – sera)** le siècle de la communication.
• Ce soir, il **(arrosa – arrosera)** sa pelouse.
• Hier, Théo et Vincent **(sont allés – iront)** à la piscine.
• Dans peu de temps, le téléphone portable **(servait – servira)** aussi de moyen de paiement.

8. Réécris les phrases en employant les personnes indiquées entre parenthèses.

Exemple : Je cherche des fraises dans le jardin. (nous)
▶ *Nous cherchons des fraises dans le jardin.*

• Tu nous dis d'aller au cinéma. **(vous)**
• Ils font souvent du jogging. **(je)**
• Elle avance à toute allure. **(elles)**
• Je cherche ce timbre de collection depuis longtemps. **(nous)**
• Vous mangez tous les jours au restaurant scolaire. **(tu)**

9. Remplace les groupes sujets en bleu par des pronoms personnels.

• **Ma sœur et moi** allons très souvent au cinéma.
• **Émilie et Clément** sont allés au jardin d'acclimatation.
• Comme tous les lundis soir, **Romain et toi** êtes allés à la piscine.
• **Pauline et Margot** préfèrent les glaces à l'italienne.
• **Paul et toi** faites du sport ensemble.

10. Recopie chaque liste de verbes sans l'intrus et indique à quel temps sont les verbes.

- il mangeait
- il sautait
- il apercevait
- il défait
- il tirait

- il lit
- il écrit
- il mit
- il fuit
- il cuit

- il sera
- il boira
- il cira
- il tracera
- il oubliera

À TOI DE JOUER…

11. Qui a raison ?
On (frappe/ent) à la porte.
– E ! dit Marine.
– Mais non, ENT ! dit Valentin.

Le présent de l'indicatif
Verbes être, avoir et du 1ᵉʳ groupe (généralités)

Écureuils gris et roux

L'écureuil roux est un sympathique petit mammifère. Juché sur une branche, escaladant un tronc, il paraît perpétuellement occupé et se montre très craintif. Plus petit que son cousin, l'écureuil gris, il arbore une queue touffue et la pointe de ses oreilles est ornée de longs poils.

L'écureuil gris est plus massif. Bien qu'on le qualifie de « gris », sa couleur grise peut tendre vers le brun ou même le roux. Sa queue, ourlée de blanc, le distingue également de son cousin à la queue uniformément rousse.

Si les deux écureuils sont de gros consommateurs de glands, ils apprécient également les noisettes que les écureuils gris peuvent manger vertes alors que les roux préfèrent celles qui sont mûres.

Les écureuils gris colonisent plus facilement leur environnement car ils peuvent avoir jusqu'à deux fois plus de petits que leurs cousins roux. Ils développent également une couche graisseuse plus épaisse qui leur permet de résister plus facilement à des hivers froids.

En France, on ne connaît encore que l'écureuil roux mais, chez nos voisins anglais par exemple, les deux espèces cohabitent. Peut-être pas pour très longtemps encore car le nombre d'écureuils roux est en constante diminution. Alors que les écureuils roux ont besoin d'un vaste environnement forestier, les gris savent très bien s'adapter aux jardins, aux parcs publics ou même à de simples haies.

J.-C. Lucas

a. Quelle espèce te paraît la plus méfiante ?
b. Donne deux raisons qui démontrent que l'écureuil gris est moins fragile que l'écureuil roux.
c. Pourquoi le nombre d'écureuils roux diminue-t-il en Grande-Bretagne ?

Je découvre

1. Relève les verbes des quatre premières lignes et donne leur infinitif.

2. Relis la dernière phrase de la lecture et mets-la au singulier.

3. Complète chaque phrase avec un sujet de ton choix.
- … sonne à 7 heures le matin.
- … questionnez le témoin.
- … tournent une scène difficile.
- … affirmons le contraire.
- … préparent le souper.

4. Recopie et trace toutes les flèches possibles.

tu • • sautes
• traversez
ils • • mange
• dessines
vous • • rangent
• siffle
je • • dégustent
• guettez

Être : je **suis** – tu **es** – il, elle, on **est** – nous **sommes** – vous **êtes** – ils, elles **sont**.
Avoir : j'**ai** – tu **as** – il, elle, on **a** – nous **avons** – vous **avez** – ils, elles **ont**.

Attention ! L'adjectif qualificatif qui suit le verbe être s'accorde avec le sujet.
Exemple : Il est petit ; ils sont petits.

Au présent de l'indicatif, les verbes du 1er groupe prennent tous, après le radical, les terminaisons :

e – es – e – ons – ez – ent.

Exemples : je consomme, tu ornes, il digère, nous préférons, vous résistez, ils mangent.

Je m'entraîne

5. Conjugue à toutes les personnes du présent de l'indicatif.

avoir peur – être content.

6. Recopie et complète chaque phrase avec le verbe avoir ou le verbe être au présent de l'indicatif.

- Nous … présents depuis le début du spectacle.
- Vous … de la chance de me trouver encore ici.
- Je … en mesure de tout vous expliquer.
- Ambre et Laura … de bonnes notes ce trimestre.
- Tu … mécontent de tes performances sportives.
- Il … bien accueilli par ses cousins.

7. Écris les phrases à la personne correspondante du singulier. Attention aux accords !

Exemple : Nous sommes fatigués.
▶ *Je suis fatigué.*

- Nous avons des pommes dans le jardin.
- Vous êtes attentifs.
- Elles ont beaucoup de jouets.
- Ils sont toujours là.
- Vous avez perdu la parole.
- Ils sont bien vêtus.

8. Recopie les verbes du 1er groupe conjugués au présent de l'indicatif.

elle compte – vous criez – tu cueilleras – je suis – nous sortons – ils guettent – tu sifflais – il envoie – vous expliquez – je reculerai – elles opèrent – nous arriverons.

9. Conjugue les verbes aux 1res personnes du singulier et du pluriel du présent de l'indicatif.

gratter – verser – skier – approcher – allumer.

10. Conjugue les verbes aux 3es personnes du singulier et du pluriel du présent de l'indicatif.

embrasser – tourner – creuser – entasser – critiquer.

11. Écris les phrases en conjuguant les verbes au présent de l'indicatif.

- Nous (trancher) le pain avec un couteau.
- Je (baisser) la voix.
- Vous (moissonner) les blés en été.
- Il (ignorer) le résultat du tirage.
- Tu (installer) tes invités.
- Depuis qu'elle (posséder) un ordinateur, Mélanie (s'amuser) à toutes sortes de jeux.
- Les spectateurs (se lever) et (hurler) de joie.

12. Réécris les phrases au présent de l'indicatif.

- Les faucons tournaient dans le ciel.
- Nous traverserons la baie.
- Guillaume a complété la grille de mots croisés.
- Vous aviez affiché le nom des gagnants.
- Qu'écoutais-tu ?
- Ses cousins achetèrent un grand terrain.
- Risquerons-nous d'avoir une amende ?

À TOI DE JOUER…

13. Invente des verbes du 1er groupe et accorde-les avec les sujets donnés, au présent de l'indicatif.

Utilise le dictionnaire si tu ne connais pas ces noms.

Exemple : Un ornithorynque cabotire.
▶ *(verbe cabotirer)*

- Deux somnambules
- Un grimacier
- Les superstitieux
- Un raton laveur
- Les capucines
- L'amphore

Le présent de l'indicatif • Verbes du 1er groupe (particularités)

Un mystérieux tunnel

Cela fait presque cinq minutes que nous **avançons** prudemment à la lumière de nos lampes frontales. L'eau **ruisselle** des parois. Nous **pataugeons** dans la boue. Si Marc n'était pas géologue, je ne serais pas bien fier ! Mais il a toute confiance dans la roche qui nous entoure. Alors j'**essaie** d'être aussi serein !

C'est au cours de notre dernière randonnée en VTT que nous avons découvert l'entrée du souterrain. Sur notre parcours, nous **longeons** une rivière asséchée. Un vieux moulin est coincé entre la falaise et l'ancien lit de la rivière. L'endroit est agréable et nous y **apprécions** toujours une courte pause. La semaine dernière, nous avons découvert qu'une partie du mur adossé à la montagne s'était éboulée. Et ce mur, depuis des siècles, masquait l'entrée d'un tunnel. Comme rien n'**effraie** Marc, surtout pas l'appel de l'aventure, j'ai vite compris ce qui m'attendait…

Le sol remonte légèrement. Les parois sont maintenant moins humides. J'**éternue**. Malgré l'air frais qui circule, j'**essuie** la sueur qui perle à mon front. Marc m'encourage d'une légère tape sur l'épaule. D'un seul coup, une lourde grille apparaît dans le faisceau de nos lampes. Marc la **manie** avec précaution. Elle **grince** mais s'ouvre sous sa poussée. De son sac, Marc sort une torche puissante. Un clic. Le spectacle nous **cloue** sur place. Marc me **crie** presque :
– C'est incroyable ! Incroyable !
Je ne sais pas quoi dire. Je **balbutie** :
– Qu'est-ce qu'on fait ?

J.-C. LUCAS.

a. Quel est le métier de celui qui dirige l'expédition ?
b. Pourquoi ce tunnel n'était-il pas connu ?
c. Quelle expression montre que le narrateur a peur ?

🔍 Je découvre

1. Donne l'infinitif et le groupe des verbes en gras dans la lecture.
Classe-les suivant les trois lettres de leur terminaison à l'infinitif.

2. Donne, pour chacun des verbes de l'exercice 1, la personne correspondante du singulier ou du pluriel.

Exemple : nous avançons ▶ j'avance.

3. Conjugue les verbes à la 1re personne du singulier et à la 1re personne du pluriel du présent de l'indicatif.
Épelle les terminaisons.

rincer – manger – nettoyer – ficeler – plier.

Si tous les verbes du 1er groupe prennent les mêmes terminaisons au présent de l'indicatif, il faut cependant faire attention à certaines difficultés.

– Verbes en **cer** : il faut placer une cédille sous le **c** à la 1re personne du pluriel.
▶ nous avan**ç**ons.

– Verbes en **ger** : il faut ajouter un **e** muet à la 1re personne du pluriel.
▶ nous long**e**ons.

– Verbes en **yer** : le **y** se transforme en **i** devant un **e** muet.
▶ j'essu**i**e, nous essu**y**ons.

– Verbes en **eler** et en **eter** : ils prennent le plus souvent deux **l** ou deux **t** devant un **e** muet. ▶ je ruisse**ll**e, nous ruisse**l**ons.

– Verbes en **ier**, **uer**, **ouer** : les terminaisons du singulier et de la 3e personne du pluriel ne s'entendent pas, mais il faut mettre **e**, **es**, **e**, **ent**, car ce sont des verbes du 1er groupe. ▶ j'appréc**ie**, tu étern**ues**, il cl**oue**.

Je m'entraîne

4. Conjugue les verbes à la 3e personne du singulier et à la 3e personne du pluriel du présent de l'indicatif.

feuilleter – oublier – percer – appuyer – déménager.

5. Écris les phrases en conjuguant les verbes à la personne correspondante du singulier ou du pluriel.

- Nous attelons le poney.
- Vous appuyez sur l'interrupteur.
- Elle oublie son livre.
- Tu renouvelles tes remerciements.
- Ils secouent les tapis.
- Je projette de partir en Islande, l'an prochain.
- Nous renvoyons ce colis éventré.
- Je rince les verres

6. Écris les phrases en conjuguant les verbes entre parenthèses au présent de l'indicatif.

- Le sentier (continuer) à travers bois.
- Nous (lacer) nos chaussures.
- Nous (encourager) le champion.
- Mon petit frère (tutoyer) tout le monde.
- Axel (recopier) le résumé.
- Tu (tracer) un trait droit.
- Le touriste (photographier) la cathédrale.
- Cette décision (avantager) les consommateurs.
- Tu (ennuyer) ta mère avec tes questions.
- Vous (balayer) les feuilles mortes.

7. Écris le texte en conjuguant les verbes au présent de l'indicatif.

Le public (s'installer) sous le chapiteau. Un clown (distribuer) des bonbons, deux jongleurs (lancer) des confettis. Un présentateur (annoncer) le programme, puis l'orchestre (jouer) plus fort. Sous les lumières qui (flamboyer), une gymnaste (se projeter) au milieu de la piste. D'un geste, elle (remercier) les spectateurs pour leurs applaudissements.

8. Imagine une suite à la lecture, p. 70. Pense à bien conjuguer les verbes au présent de l'indicatif. Souligne ensuite les verbes conjugués du 1er groupe.

À TOI DE JOUER...

9. Écrire un lipogramme, c'est écrire une phrase ou un texte en décidant de ne pas utiliser certaines lettres courantes.

Exemple : Voici un lipogramme en e (sans la lettre e). ▶ *Sur ta photo, on croit voir un lion qui sourit.*
Écris à ton tour un lipogramme :

– en **a** et en **o**, en utilisant le verbe **étudier** conjugué au présent de l'indicatif.

– en **e**, en utilisant le verbe **prononcer** conjugué au présent de l'indicatif.

Le présent de l'indicatif • Verbes du 2ᵉ groupe

📖 La route des Indes

Christophe Colomb s'intéresse aux travaux des scientifiques. Comme eux, il est persuadé que la Terre est ronde. Il **pense** que si on peut atteindre les Indes par l'est, par la terre, il **doit** suffire de naviguer vers l'ouest, à travers le grand océan, pour débarquer en Asie. Plus il **réfléchit**, plus il pense que c'est même la seule route possible.

Il s'efforce de persuader ceux qui ne **croient** pas à son idée. Il **réunit** un dossier très complet fondé sur les plus récentes découvertes scientifiques. Il se cherche des amis influents qui pourront l'introduire à la cour.

En 1488, il apprend que Bartolomé Diaz, au service du roi du Portugal, a doublé le cap de Bonne-Espérance, la pointe de l'Afrique. La route maritime des Indes, par l'est, est enfin ouverte. Ce succès **rend** Colomb encore plus impatient. Il **enrichit** ses arguments. Il **sait** parler, défendre sa cause. Pourtant toutes ses démarches **aboutissent** à un nouvel échec. Les experts rendent un avis négatif.

Et soudain, au tout début de 1492, la nouvelle **arrive** : Isabelle de Castille accepte le projet. Il faut de l'argent. Les protecteurs de Colomb, les souverains espagnols et plusieurs grands seigneurs, **réunissent** en quelques mois la somme nécessaire à l'achat des bateaux et à leur équipement en matériel…

C. Colomb **choisit** des caravelles parce que l'armement – construction, voilure, provisions – de ces navires **coûte** peu cher, mais également parce qu'ils sont maniables et **permettent** d'approcher facilement les côtes, sans grand risque de toucher le fond.

M. Sassier, *Christophe Colomb*, coll. « Monde en poche junior », Nathan.

a. De quelle manière Christophe Colomb compte-t-il gagner les Indes ?
b. Où se situe le cap de Bonne-Espérance ?
c. Quel type de bateau Christophe Colomb utilisera-t-il ? Pourquoi ?

🔍 Je découvre

1. Donne l'infinitif des verbes en gras dans la lecture.
Indique ceux qui appartiennent au 2ᵉ groupe.

2. Relève les verbes du 2ᵉ groupe conjugués au présent de l'indicatif.

tu faiblis – ils vissent – je supplie – elle franchit – vous punissiez – j'associe – nous garnissons – elles mugissent – il avertissait – on bâtit.

3. Conjugue chaque verbe :

a. à la 3ᵉ personne du singulier et à la 3ᵉ personne du pluriel.

grossir – brunir – aplatir – atterrir.

b. à la 2ᵉ personne du singulier et à la 2ᵉ personne du pluriel.

adoucir – fournir – franchir – fleurir.
Épelle les terminaisons.

Au présent de l'indicatif, les verbes du 2ᵉ groupe prennent tous les terminaisons :
is – is – it – issons – issez – issent.

Exemples :
je fin**is**, tu rempl**is**, il franch**it**, nous réun**issons**, vous réfléch**issez**, elles jaill**issent**.

Je m'entraîne

4. Recopie les verbes du 2ᵉ groupe conjugués au présent de l'indicatif.

La nourriture abonde et la vie s'épanouit de toute part. Soudain, là, droit devant, un panache blanc jaillit de l'océan, avec une force incroyable. On entend comme un coup de canon. C'est la baleine à bosse qui respire. Elle crache un nuage de vapeur qui étincelle une seconde au soleil et s'évanouit […]. La femelle a son premier bébé à l'âge de 10 ans. Il ne boit que du lait pendant 6 mois et grossit de 80 kg par jour.

5. Recopie et complète chaque verbe avec un sujet de ton choix.

- … agrandit la photographie.
- … désobéissent souvent.
- … remplissons la baignoire.
- … se nourrissent d'herbe.
- … définis ce mot.
- … mûrissent tôt, cette année.
- … jaunissent à l'automne.
- … réussissez à nager longtemps.

6. Conjugue les verbes aux 3ᵉˢ personnes du singulier et du pluriel du présent de l'indicatif.

tiédir – réagir – épaissir – durcir – blanchir.

7. Recopie le texte en conjuguant les verbes entre parenthèses au présent de l'indicatif.

Quand l'homme rejette ses déchets, sur terre, sur mer ou dans les airs, il pollue l'eau.
La pollution des eaux a de nombreux visages : les arbres (dépérir), les feuilles (jaunir) ou (noircir), le fond des rivières (verdir), certaines espèces de poissons (finir) par disparaître. Un déséquilibre de l'écosystème (surgir) alors.

8. Écris les phrases en conjuguant les verbes entre parenthèses au présent de l'indicatif.

- Il (réussir) brillamment son examen.
- Nous (avertir) nos parents de notre retour.
- Tu (enrichir) ton vocabulaire.
- Elles (élargir) le cercle de leurs amis.
- Je (convertir) les euros en dollars.
- On (blêmir) sous l'effet d'une grande émotion.
- Vous (rajeunir) de jour en jour.

9. Écris les phrases en conjuguant les verbes entre parenthèses au présent de l'indicatif.

- Les blés dans le champ (blondir) sous le soleil.
- Les roses, dans le vase, (embellir) le salon.
- Sur le chantier, on (démolir) un vieux mur.
- Mathis nous (applaudir) à la fin du spectacle.
- L'âne (gravir) difficilement la côte.

À TOI DE JOUER…

10. Reproduis la grille et complète-la avec les verbes du 2ᵉ groupe correspondant aux définitions.
Tu découvriras un autre verbe du 2ᵉ groupe dans les cases bleues. Pour cela, remets les lettres dans le bon ordre.

1. Construire.
2. Diminuer sa vitesse.
3. Faire quelque chose.
4. Donner à manger.
5. Rendre plus ferme.
6. Placer son argent pour en gagner davantage.
7. Pousser le cri du lion.

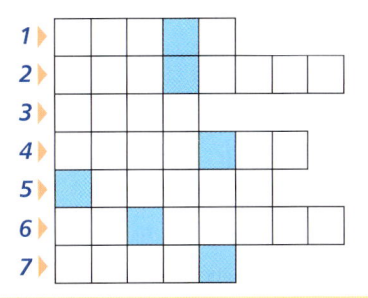

Conjugaison

Orthographe

Vocabulaire

Expression écrite

Lecture

Le présent de l'indicatif • Verbes du 3ᵉ groupe

La vieille dame

Enfin, Guillaume se jette à l'eau et raconte à haute voix.

« Dans l'immeuble d'en face, une vieille dame écrit. Tous les soirs, tous les soirs sans exception, cette vieille dame écrit. Je la vois en ombre chinoise derrière ses rideaux. […] Quelquefois la vieille dame se lève, disparaît à l'intérieur de l'appartement, puis revient avec un plateau. Elle se réinstalle, boit son thé – ou son café – et se remet au travail.

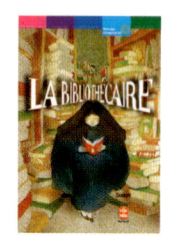

– Qu'est-ce qu'il raconte bien ! s'émerveille Mélanie, la tête appuyée sur les poings et l'œil perdu dans le vague.

– Mes parents ne se doutent pas de ce que je fais, évidemment ! Ils me croient au lit depuis longtemps ! […] Enfin, elle se lève et range ses papiers. Elle tend la main vers la lampe, la pièce devient noire. Quelques minutes passent, puis le portail de l'immeuble s'ouvre. Une jeune fille se glisse dehors. Ses cheveux dansent sur ses épaules. Elle se met à courir et disparaît bientôt au bout de la rue. Et moi, je reste là, tout triste. Il me faudra patienter jusqu'à demain pour la revoir. »

Guillaume se tait. Personne ne bronche : tous les élèves attendent la suite. La magie du récit les habite. Mélanie a les yeux pleins d'étoiles, Naïma sourit aux anges, Doudou mâche frénétiquement son chewing-gum, Cédric ronge son stylo-bille.

GUDULE, *La Bibliothécaire*, coll. « Le livre de poche jeunesse », Hachette jeunesse.

a. Qui raconte l'histoire de la vieille dame ?
b. Où devrait-il se trouver, normalement ?
c. Pourquoi les enfants se taisent-ils ?

Je découvre

1. Relève les verbes du début de la lecture jusqu'à « au travail ».
Donne leur infinitif et leur groupe.

2. Relève deux verbes du 3ᵉ groupe dont le sujet est la 3ᵉ personne du pluriel.

3. Conjugue aux trois personnes du singulier du présent de l'indicatif.
Épelle les terminaisons.

- Tendre la main.
- Faire attention.
- Sourire à ses camarades.
- Venir à table.

Au présent de l'indicatif, les terminaisons des verbes du 3ᵉ groupe sont :

– le plus souvent : **s – s – t – ons – ez – ent**.
Exemples : je fai**s**, tu voi**s**, il vien**t**.

– mais aussi : **x – x – t – ons – ez – ent**.
Exemples : je veu**x**, tu peu**x**, il veu**t**.

– pour les verbes en **-endre** : **ds – ds – d – ons – ez – ent**.
Exemples : je pren**ds**, tu compren**ds**, il entrepren**d**.

Je m'entraîne

4. Recopie les verbes du 3ᵉ groupe. Donne leur infinitif.

Dormir pour survivre
La marmotte s'endort ainsi pour six mois. Pour ne pas brûler trop vite ses réserves de graisse, elle vit au ralenti : la température de son corps baisse, son cœur bat très lentement, elle s'arrête presque de respirer. Froide et inerte, elle paraît morte ; en fait, elle hiberne. C'est une solution confortable car les autres animaux, comme le chamois, doivent affronter les tempêtes de neige, le froid et la faim… Toutes les trois ou quatre semaines, les marmottes se réveillent un moment pour faire leurs besoins dans la chambre voisine ; puis elles se rendorment.

5. Recopie et trace toutes les flèches possibles.

je •   • pouvons
                • fais
nous •   • comprends
                • peut
tu •   • veux
                • attendons
elle •   • va

6. Recopie et complète les phrases avec des pronoms personnels sujets.

• Maintenant, … comprends mieux pourquoi … font autant de dégâts.
• … réponds toujours correctement aux questions que l'on te pose.
• … pouvons toujours attendre ; … ne sommes pas près d'arriver.
• Aujourd'hui, … apercevez le sommet de la montagne.

7. Écris les verbes au présent de l'indicatif.

• prendre : je …   nous …   ils …
• percevoir : tu …   vous …   elles …
• convenir : je …   il …   vous …
• satisfaire : elle … nous …   ils …
• vouloir : tu …   nous …   vous …

8. Écris les verbes au présent de l'indicatif et aux personnes demandées, puis emploie chacun d'eux dans une phrase.

• Revenir : 2ᵉ personne du singulier.
• Défaire : 3ᵉ personne du pluriel.
• Revoir : 2ᵉ personne du pluriel.
• Comprendre : 2ᵉ personne du pluriel.
• Aller : 1ʳᵉ personne du pluriel.
• Vouloir : 3ᵉ personne du singulier.

9. Écris les phrases en conjuguant les verbes entre parenthèses au présent de l'indicatif.

• Nous (attendre) patiemment notre tour.
• Le maître nageur (faire) passer les enfants les uns après les autres.
• Je (prendre) mon petit déjeuner très tôt avant tout le monde.
• Pierre et Mathieu (aller) partager leur goûter avec Maxime.
• Tu (voir) parfaitement bien, tu (pouvoir) te passer de lunettes.

À TOI DE JOUER…

10. Sauras-tu écrire vingt verbes du 3ᵉ groupe conjugués à la 3ᵉ personne du singulier du présent de l'indicatif et commençant tous par une lettre différente ?

Je pense à l'infinitif

📖 Fuite dans le bois

Le froid me **saisit**. Mes pieds nus s'enfoncent dans l'herbe humide, un vent sournois **s'insinue** sous mon pyjama et m'ébouriffe les cheveux, mais je n'y prends pas garde. Une seule chose compte, une seule, échapper au monstre qui me **poursuit**. Au monstre qui veut ma peau [...].

Me voilà dans le bois. Bien qu'à bout de souffle, je **continue** à courir, glissant sur les branches mortes, m'embourbant dans la terre mouillée. Les branches me griffent au passage, mes vêtements s'accrochent aux buissons [...]. Un point de côté me **scie** les côtes, je n'en peux plus. L'air qui s'échappe en sifflant de ma gorge me fait affreusement souffrir. Mes pieds, mon visage, mes mains sont en sang.

Ai-je semé Violette ?

Non, derrière moi, j'entends craquer des brindilles. Titubant de fatigue, je débouche dans la clairière, quand soudain…

« Ouch ! ». Je **crie**.

Pour un beau vol plané, c'est un beau vol plané ! Mon pied s'est pris dans un trou et je me suis étalé de tout mon long sur le sol. Quel choc !

À moitié assommé, je tente de me relever, mais une douleur fulgurante dans la cheville me l'**interdit**, et je retombe lourdement.

GUDULE, *Ne vous disputez jamais avec un spectre*, coll. « Le livre de poche jeunesse : Mondes imaginaires », Hachette Jeunesse.

a. À quel moment de la journée l'action se déroule-t-elle ? Comment le sais-tu ?
b. Comment se nomme le monstre ?
c. Qu'est-ce qu'un **vol plané** ?

🔍 Je découvre

1. Donne l'infinitif et le groupe des verbes en gras dans la lecture.

2. Donne, pour chacun de ces verbes, la 1re personne du singulier et la 1re personne du pluriel au présent de l'indicatif.

fournir – scier – sortir – salir – pétrir – étudier – partir – garnir – essayer – écrire.

3. Donne l'infinitif et le groupe de chacun de ces verbes. Complète ensuite avec un pronom personnel sujet.

- … rugis
- … deviens
- … sourit
- … épient
- … mûrissent
- … copies
- … croit
- … déjoue

Pour écrire correctement un verbe au présent de l'indicatif, il faut d'abord chercher son **infinitif** et son **groupe**.
Exemples :
Je **crie** : verbe **crier**, 1er groupe, 1re personne du singulier ; la terminaison est donc **e**.
Je **rougis** : verbe **rougir**, 2e groupe, 1re personne du singulier ; la terminaison est donc **s**.
Je **vois** : verbe **voir**, 3e groupe, 1re personne du singulier ; la terminaison est donc **s**.

Je m'entraîne

4. Recopie les phrases en complétant la terminaison des verbes au présent de l'indicatif.
Indique leur infinitif et leur groupe entre parenthèses.

- Je tri… mes papiers.
- Je reçoi… une lettre.
- Tu choisi… le bon chemin.
- Elle envoi… un message.
- On appréci… son aide.
- Tu réfléchi… à la solution.
- Il épi… les alentours.
- Tu écri… sur le sol.

5. Conjugue aux trois personnes du singulier du présent de l'indicatif.

- Gravir la pente.
- Étudier une leçon.
- Vouvoyer les adultes.
- Suivre le chemin.

6. Les verbes de ce texte ont été remplacés par des verbes fantaisistes, mais qui respectent les règles de la conjugaison. Réécris le texte avec les verbes suivants, correctement conjugués.

commencer – bondir – étudier – réussir – balbutier – crier – déplacer – parier – réfléchir – adoucir – ennuyer.

Au bout de quelques instants, Kelenn fabolise légèrement sa tour sur l'échiquier.
Le roi ricaploussit de son fauteuil :
– Ah, mais tu m'albouquoies à la fin ! panoue-t-il en levant les bras au ciel.
– Sire, canedie Kelenn, j'acrostie les échecs depuis dix ans… vous depuis dix jours…
– C'est vrai, s'amosquit le roi. Mais tu barmiches quand même à m'énerver : tu capassis des coups diaboliques et tu farsomplis trop vite. Je zémurie encore sur ma défaite à mille contre un…

7. Dans la liste suivante, choisis un verbe du 1er groupe, un verbe du 2e groupe et un verbe du 3e groupe, puis écris une phrase avec chacun d'eux, conjugué au présent de l'indicatif.

engloutir – fermer – convenir – blêmir – balbutier – soutenir – festoyer – courir – assoupir.

8. Recopie les phrases en complétant la terminaison des verbes au présent de l'indicatif.

- Je choisi… le thème de mon dessin.
- J'emploi… des craies grasses.
- J'agrandi… mon esquisse.
- J'adouci… les contours.
- Je colori… toute ma feuille.
- J'appréci… le résultat final.
- Ma collection de dessins s'enrichi… .
- Je nettoi… mon bureau.
- Il n'oubli… pas le timbre.

À TOI DE JOUER…

9. Conjugue ces verbes à la 3e personne du singulier du présent de l'indicatif.

grossir – renvoyer – employer – définir – expédier – prévoir.

Écris la lettre finale de chaque verbe. Quelle combinaison de lettres trouves-tu ?

1. t – e – t – e – t – e
2. t – e – e – t – e – t
3. t – e – e – t – e – e

Synthèse 1

1. Classe ces verbes en trois colonnes, selon leur groupe.

fuir – consommer – constater – permettre – ouvrir – vomir – croquer – maintenir – cultiver – boire – choisir – pâlir – résoudre – peindre – tenir.

2. Voici les vingt verbes français les plus utilisés à l'oral (après avoir et être). Indique, pour chacun d'eux, le groupe auquel il appartient.

faire – dire – aller – voir – savoir – pouvoir – falloir – vouloir – venir – prendre – arriver – croire – mettre – passer – devoir – parler – trouver – donner – comprendre – connaître.

3. Relève chaque verbe conjugué et complète selon l'exemple.

Exemple : je réfléchissais ▶ verbe réfléchir conjugué à la première personne du singulier de l'imparfait de l'indicatif.

- Je réfléchissais à mon projet.
- Nous écrirons à nos amis.
- Vous dites la vérité.
- Tu voyages beaucoup.
- Mes sœurs n'oublient jamais mon anniversaire.

4. Recopie et complète chaque phrase avec un sujet de ton choix.

- … sonne à 7 heures le matin.
- … questionnez le témoin.
- … tournent une scène mouvementée.
- … affirmons le contraire.
- … préparent le souper.

5. Recopie les phrases en conjuguant les verbes entre parenthèses au présent de l'indicatif.

- Les deux garçons (essuyer) le pare-brise de la voiture.
- Mon oncle et moi, nous (tracer) un nouvel itinéraire.
- Nous ne (déranger) pas les animaux sauvages.
- Les élèves (épeler) le mot «bizarre».
- Nawal (déjouer) tous les pièges du jeu vidéo.

6. Recopie les verbes du 1er groupe (conjugués ou à l'infinitif), puis conjugue-les à toutes les personnes du présent de l'indicatif.

Cette fois les Sages du Conseil vont croire que je me paie leur tête.
Mais aussi pourquoi ont-ils voulu m'envoyer en corvée de déchets sur le troisième anneau ?
Le troisième anneau est notre poubelle. On y expédie les ordures de la planète et de temps en temps quelqu'un doit aller les trier ou récupérer des pièces détachées devenues introuvables.

C. MISSONNIER, *Extraterrestre appelle CM1*, Rageot.

7. Recopie les phrases en conjuguant les verbes entre parenthèses au présent de l'indicatif.

- On (blêmir) sous l'effet d'une grande peur.
- Il me (sembler) que vous (rajeunir) de jour en jour !
- Ces sculptures en pâte à modeler (ramollir) au grand soleil.
- Les pompiers (exercer) un métier difficile et dangereux.
- Nous (lancer) l'amarre en direction du quai.
- Tu (bondir) en entendant cette stupidité.
- Le chien (remuer) la queue en entendant son maître.
- Une embarcation (surgir) du brouillard et (s'échouer) sur la plage.

8. Recopie les phrases en conjuguant les verbes au présent de l'indicatif.

- Je (revenir) te voir la semaine prochaine.
- Amélie et toi, vous (faire) toujours vos achats au même endroit.
- Tu (se souvenir) de nos amis ?
- Tu (partir) tout le temps quand j'(arriver) !
- J'(entreprendre) une nouvelle activité cette année : le modélisme.
- Il (pouvoir) très bien arriver en retard.
- Nous (aller) dans un petit port breton.
- Vous (mettre) vos chaussures sous le sapin de Noël.

9. Réécris les phrases au présent de l'indicatif.

Exemple : Je voyais très loin. ▶ *Je vois très loin.*

- Il vivait toute l'année à la montagne.
- Tu comprenais très vite tout ce que l'on t'expliquait.
- Nous pourrions passer des heures à faire des recherches sur Internet.
- Mes grands-parents partaient souvent aux champignons très tôt le matin.
- Arthur a cueilli des fleurs pour sa maman lors d'une promenade à la campagne.

10. Recopie et trace toutes les flèches possibles.

Pierre ●	● mets
les filles ●	● sait
	● voulez
	● dis
vous ●	● croit
	● allez
je ●	● prennent
	● partent

11. Conjugue les verbes à la 2ᵉ personne du singulier et à la 2ᵉ personne du pluriel du présent de l'indicatif.

- Prendre le train.
- Courir vite.
- Sortir tout de suite.
- Vouloir manger.

12. Relève les verbes conjugués, puis conjugue ceux du 3ᵉ groupe au présent de l'indicatif, à toutes les personnes.

D'une armoire basse, il sort une carafe de sirop de mûres et verse un doigt de jus dans trois verres, y ajoute de l'eau.
« Prenez un siège ! » dit l'homme.
Nous buvons.
« C'est régalant ! » dit Caroline.
Le Chinois paraît content. Il se montre soudain curieux :
« Maintenant, dites-moi ce qui vous amène ici où personne ne vient. »

P. Coran, *Les disparus de Lilliput*, Magnard.

13. Écris les phrases en conjuguant les verbes entre parenthèses au présent de l'indicatif.

- Tu (prendre) tes affaires pour aller à la piscine.
- Nous (partir) avant tout le monde.
- J' (entrevoir) bien une solution, mais cela me (paraître) bien compliqué.
- Thomas (parvenir) toujours à obtenir ce qu'il (vouloir).
- Tu (aller) bien mieux depuis que tu as vu le médecin.
- Vous (faire) souvent des mouvements de gymnastique.

14. Conjugue ces verbes au présent de l'indicatif. Justifie la terminaison en écrivant l'infinitif entre parenthèses.

- tu distribu…
- il amorti…
- il guéri…
- on applaudi…
- elle tri…
- je su…
- tu gémi…
- tu grandi…
- il resplendi…
- il rectifi…
- il diminu…
- je pari…
- je sci…
- tu remu…
- elle embelli…
- il s'assoupli…
- elle s'assoupi…
- je pâli…
- tu multipli…
- on grossi…

15. Recopie ce texte en écrivant les verbes entre parenthèses au présent de l'indicatif.

Le train (continuer) sa paisible promenade puis il (ralentir). Aux abords de la ville, la voie ferrée (longer) la route qui (conduire) chez son amie. Le soleil (s'effacer) quand le train (s'arrêter) en gare avec une lenteur solennelle.
Personne ne les (attendre) ; Céline et sa famille ne (être) pas chez eux ce soir. Dix minutes plus tard, bagages à la main, la famille (déboucher) devant la façade imposante de l'auberge du Tacot. Ils (franchir) un hall d'entrée désert et (suivre) un couloir obscur conduisant à l'accueil.
Une touffe de cheveux gris (s'agiter) derrière le comptoir. Elle (disparaître) d'un coup et une main décharnée (surgir) et (tendre) la clé de la chambre 20.

J. Chaboud et A. Surget, *Mystères à Morteau*, © Grasset et Fasquelle.

L'imparfait de l'indicatif (1)

📖 La colonie de vacances

Julien Laboulette était un directeur de colonie de vacances heureux. Au centre *Montagne-air pur,* tout marchait comme sur des roulettes. Les moniteurs étaient pleins de bonne volonté et les enfants passaient sagement leurs journées à se promener, à se baigner dans la rivière et à faire du canoë-kayac.

À peine, de temps à autre, avait-il quelques soucis administratifs parce qu'il manquait deux choux à la crème au repas de midi. Ses problèmes s'arrêtaient là.

Aussi, lorsque l'incident éclata, Julien Laboulette n'en fut pas mécontent. Il allait pouvoir faire une enquête. Cela romprait la monotonie de la petite vie de colo. Puis, il faut le dire, Julien Laboulette chérissait les romans policiers. Il avait lu tous les livres de Simenon, tous ceux d'Agatha Christie.

Il avait même rêvé, dans sa jeunesse, d'être à la tête d'un commissariat parisien. Si les hasards de la vie en avaient fait un professeur de physique-chimie – directeur de colo pendant l'été – il n'en gardait pas moins un goût profond pour le mystère.

Après sa sieste de l'après-midi, il convoqua donc les visionnaires, comme il les surnommait déjà avec un petit sourire. Il avait mis une veste sombre, bourré sa plus belle pipe en écume et s'était installé derrière son bureau.

« Faites venir le premier témoin », dit-il à la monitrice d'un ton très professionnel.

M. P<small>IQUEMAL</small>, C. H<small>ANZE</small>, *Enquête à la colo*, D.R.

a. Quelles sont les activités proposées dans la colonie de vacances ?
b. Quel est le métier de monsieur Laboulette ?
c. Explique : une pipe en écume, marcher comme sur des roulettes.

🔍 Je découvre

**1. Relève tous les verbes conjugués dans les deux premiers paragraphes de la lecture.
Donne leur infinitif et leur groupe.
À quel temps sont-ils conjugués ?
Quelle remarque peux-tu faire ?**

**2. Relève les verbes conjugués à l'imparfait de l'indicatif dans le troisième paragraphe.
Indique leur groupe.
Que peux-tu dire de leurs terminaisons ?**

3. Lis chaque phrase en la complétant avec un pronom personnel.

- … étions ravis de vous avoir rencontré.
- À chaque entraînement, … étais toujours le premier arrivé.
- … avais toujours mon porte-bonheur sur moi.
- … avaient beaucoup de mal à décoller par ce mauvais temps.
- Après chaque course, … étaient là pour m'encourager.

À l'imparfait de l'indicatif, tous les verbes prennent les mêmes terminaisons :
ais – ais – ait – ions – iez – aient.

être	avoir	marcher
j'étais	j'avais	je marchais
tu étais	tu avais	tu marchais
il, elle, on était	il, elle, on avait	il, elle, on marchait
nous étions	nous avions	nous marchions
vous étiez	vous aviez	vous marchiez
ils, elles étaient	ils, elles avaient	ils, elles marchaient

Je m'entraîne

4. Recopie et complète les phrases avec les verbes être ou avoir à l'imparfait de l'indicatif.

• Nous … froid tout en haut de la montagne.
• Ils … là lorsque les pompiers sont passés.
• J' … toujours peur de la nuit.
• Les tomates … sur la table alors que la mayonnaise … au réfrigérateur.
• Nous … rouges de confusion.

5. Écris les phrases en conjuguant les verbes entre parenthèses à l'imparfait de l'indicatif.

• L'été, chaque année, les volets (être) ouverts quand nous (être) là.
• Les joueurs (lancer) leurs fléchettes avec dextérité.
• Tu (gaspiller) ton énergie à courir dans tous les sens.
• Le charcutier (découper) ce morceau de viande très rapidement.
• Je (trébucher) souvent sur la même marche de l'escalier.

6. Les verbes de ces phrases sont conjugués aux trois premières personnes du singulier. Réécris les phrases en mettant les verbes aux personnes du pluriel correspondantes.
Attention aux accords !

• Quand j'étais petit, je mangeais de tout.
• Tu avais peur de ne pas réussir ton test de mathématiques.
• L'électricien déroulait la bobine de fil électrique.
• Tu aspergeais tous tes petits camarades.
• Je chantais plutôt bien.

7. Écris les phrases en conjuguant les verbes entre parenthèses à l'imparfait de l'indicatif.

• Vous (jouer) toujours avec les mêmes enfants.
• J' (avoir) confiance en toi.
• Les boutiques du cordonnier et du serrurier (être) bien situées en ville, près du marché.
• Le vent (souffler) très fort cette nuit.
• Nous (avancer) dans les hautes herbes.
• Quand nous (habiter) à la campagne, j' (avoir) un joli petit chien.

À TOI DE JOUER…

8. Reproduis la grille et complète-la avec les verbes conjugués à l'imparfait de l'indicatif.

1. Avoir : 3e personne du pluriel.
2. Chercher : 2e personne du pluriel.
3. Transporter : 2e personne du singulier.
4. Entraîner : 3e personne du pluriel.
5. Tapisser : 1re personne du pluriel.
6. Acheter : 1re personne du pluriel.
7. Centraliser : 1re personne du singulier.
8. Prononcer : 2e personne du pluriel.

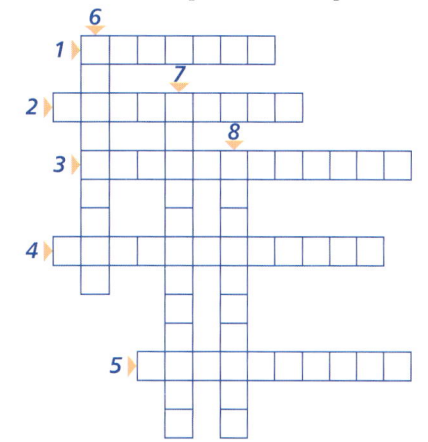

L'imparfait de l'indicatif (2)

Joutes et tournois au temps des chevaliers

Comme des athlètes professionnels, les chevaliers devaient s'entraîner en permanence pour la guerre. Ils s'exerçaient par exemple avec des armes lestées de plomb, si bien que le jour de la bataille les vraies armes leur semblaient légères et faciles à utiliser. Avec les joutes et les tournois, cet entraînement prenait des airs de fête, car une nombreuse assemblée était conviée à y assister.

Les tournois se différenciaient des joutes par leurs équipes plus nombreuses et le fait qu'ils se déroulaient généralement en rase campagne.

Les joutes avaient lieu en champ clos et le public y assistait dans des sortes de tribunes appelées hourds. Il s'agissait de foncer au galop sur son adversaire et de le désarçonner avec sa lance, selon des règles très strictes. Étant donné le poids des armures et la vitesse des combattants, le choc était violent. Les accidents étaient donc nombreux. Le roi de France Henri II fut ainsi mortellement blessé en 1559 par une lance qui se brisa. Avant l'épreuve, les concurrents dédiaient leur éventuelle victoire à une dame.

Au XIIe siècle, la joute se terminait presque toujours par un combat à pied, souvent acharné, où chacun essayait de capturer son adversaire pour en tirer rançon. C'était pour les chevaliers pauvres un moyen de s'établir, car la rançon pouvait être des terres.

R. TAMES, *Les chevaliers*, coll. « Miroirs de la connaissance », Nathan Jeunesse.

a. Pourquoi les chevaliers s'entraînaient-ils avec des armes lestées de plomb ?
b. Dans quels lieux se déroulaient les joutes et les tournois ?
c. Une joute se déroulait généralement en deux épisodes. Lesquels ?
d. Quel intérêt les chevaliers pauvres trouvaient-ils à la joute ?

Je découvre

1. Relève, dans la lecture, un verbe du deuxième groupe conjugué à l'imparfait de l'indicatif.
Quelle remarque peux-tu faire si tu essaies de le conjuguer à toutes les personnes ?

2. Relève les quatre verbes conjugués du dernier paragraphe, puis conjugue-les à toutes les personnes en épelant leurs terminaisons. Que constates-tu ?

3. Conjugue les verbes aux 2es personnes du singulier et du pluriel de l'imparfait de l'indicatif. Épelle les terminaisons.

a) faiblir – avertir – accomplir – rajeunir – s'aplatir.
b) prendre son temps – faire un vœu – venir à l'école.
c) appuyer sur le bouton – gagner la partie – s'habiller rapidement.

Pour conjuguer les verbes du 2e groupe à l'imparfait de l'indicatif, on place, à toutes les personnes, **iss** entre le radical et la terminaison.
Exemples : je fin**iss**ais, vous roug**iss**iez.

À l'imparfait de l'indicatif, les verbes du 3e groupe prennent les mêmes terminaisons que tous les autres verbes : **ais** – **ais** – **ait** – **ions** – **iez** – **aient**.
Exemples : je voul**ais**, tu fais**ais**, il croy**ait**, on pouv**ait**, nous mett**ions**, vous ven**iez**, elles dis**aient**, ils disparaiss**aient**.

Attention ! Pour conjuguer un verbe à l'imparfait de l'indicatif, il faut bien penser aux terminaisons !
Exemples : nous essay**ions**, vous soign**iez**, nous ri**ions**.

Je m'entraîne

4. Écris les phrases en conjuguant les verbes entre parenthèses à l'imparfait de l'indicatif.

- L'eau (envahir) la cave.
- Quand le vent se levait, vous (frémir).
- Le renard et ses petits (glapir).
- Si tu étais fatigué, tu (s'assoupir).
- Nous (rougir) quand la bise (sévir).
- À la fin du spectacle, j'(applaudir) longtemps le chanteur.
- Les gourmands (engloutir) leur repas sans respirer.

5. Écris le texte en conjuguant les verbes entre parenthèses à l'imparfait de l'indicatif.

Sur la piste, le chauffeur (conduire) doucement. Les touristes (attendre) de voir les premiers éléphants. Le guide (connaître) un point de passage des troupeaux. D'une colline proche, on (pouvoir) l'observer confortablement. Chacun (tenir) son appareil photo et le (vérifier) constamment. Personne ne (dire) mot. On (savoir) pourtant que l'attente (aller) sûrement être longue.

6. Réécris le texte à l'imparfait de l'indicatif.

Le conseil municipal des jeunes se réunit régulièrement à l'hôtel de ville. Les élus, représentants des enfants de la commune, choisissent soigneusement les sujets de discussion. Tous ensemble, ils réfléchissent aux meilleures solutions, font des propositions, mais ne parviennent pas toujours à se mettre d'accord. La réunion peut se prolonger et finit parfois assez tard.

7. Les verbes de ces phrases sont conjugués aux trois premières personnes du singulier. Réécris les phrases en mettant les verbes aux personnes du pluriel correspondantes.
Attention aux accords.

- J'épaississais le trait à l'aide d'un marqueur.
- Tu enrichissais ton vocabulaire en lisant.
- Je copiais mon résumé pendant que tu choisissais un livre.
- Tu employais un produit dangereux.
- Je signais la lettre, la fermais et l'envoyais.

8. Écris le texte en conjuguant les verbes entre parenthèses à l'imparfait de l'indicatif.

Kerri et Mégane (vouloir) voir à quoi (ressembler) la planète Cardamone. Cela (faire) trois jours qu'ils en (rêver). Ils (devoir) reconnaître que l'enthousiasme de Doc (être) communicatif : partir à la chasse au trésor les (exalter) autant que leur vieil ami. Pock (être) également surexité. Du moment qu'il (voyager) avec ses amis, tout (aller) bien. […] Moins de cinq heures plus tard, la *Gamelle* (poser) ses stabilisateurs sur le bitume de l'astroport et le groupe d'amis (descendre).

K. Aldany, *Kerri et Mégane. L'oiseau-trésor,*
Nathan Jeunesse.

9. Écris le texte en conjuguant les verbes entre parenthèses à l'imparfait de l'indicatif.

Quand l'orage (prendre) fin, c'(être) le bon moment. Nous (prendre) chacun un panier et un bâton et nous (partir) à la chasse aux escargots. Nous (suivre) les haies, nous (écarter) l'herbe des fossés : il (falloir) ouvrir l'œil. Quelquefois, nous (avoir) de la chance : les coquilles (s'aventurer) sur la route.

Le passé simple

📖 L'armée romaine à l'époque d'Auguste

Auguste tenait beaucoup à ce que règne l'ordre public. À Rome, il combattit la négligence et la corruption. Il modifia le système fiscal, le rendant plus juste et moins lourd dans les territoires dominés par Rome. Il réorganisa également l'armée et la flotte de guerre, en faisant d'elles une force permanente, supérieurement entraînée et toujours prête à entrer en action.

Le noyau de l'armée était composé de 28 légions de 4 000 hommes chacune. Les légionnaires s'engageaient pour une durée déterminée : d'abord dix ans, ensuite vingt ans. Ils recevaient une solde annuelle, dont 60 pour cent environ passaient en nourriture, vêtements, armes et cuirasses. Mais cette solde pouvait être augmentée par les parts du butin pris à l'ennemi. Auguste constitua aussi un corps d'élite cantonné en permanence à Rome, prêt à défendre la capitale en cas d'urgence : la garde prétorienne, forte de 3 000 hommes.

Il se préoccupa ensuite de développer et d'améliorer le corps des auxiliaires. Ces guerriers, venus de tous les points de l'Empire, combattaient avec leurs armes traditionnelles, frondes ou arcs et flèches. Ils composèrent le gros de la cavalerie, car les Romains n'étaient pas de très bons cavaliers. Ils étaient commandés soit par leurs propres chefs, soit par des généraux romains. À l'origine, ces auxiliaires étaient engagés le temps d'une guerre et retournaient dans leurs pays quand Rome n'avait plus besoin d'eux. Auguste se rendit compte à quel point cette méthode était inefficace et pouvait devenir dangereuse. Il réorganisa donc les auxiliaires en un corps discipliné, toujours prêt à combattre aux côtés de l'armée régulière.

F. MacDonald, *Rome à l'époque d'Auguste*, coll. « Histoire jeunesse »,
© Larousse 1989.

a. Calcule combien il y avait d'hommes dans l'armée romaine.
b. Quel était le rôle de la garde prétorienne ?
c. Qui étaient les auxiliaires ?

🔍 Je découvre

1. Dans le premier paragraphe, relève les verbes conjugués à un temps passé.
Quel est celui qui est conjugué à l'imparfait de l'indicatif ?
Les autres sont conjugués au passé simple. Compare leurs groupes et leurs terminaisons. Quelle remarque peux-tu faire ?
Essaie de conjuguer ces verbes à toutes les personnes.

2. Conjugue les verbes au passé simple, aux 3es personnes du singulier et du pluriel. Épelle leurs terminaisons.

parler doucement – arriver trop vite
choisir un vêtement – donner la réponse
tendre la main – voir la mer.

Le passé simple est un **temps du passé**. Associé à l'imparfait, il s'utilise dans le **récit** pour exprimer une action précise, limitée dans le temps.

Exemple : Les auxiliaires <u>retournaient</u> dans leur pays après la guerre.
　　　　　　　　　　　　　imparfait
　　　　　　Auguste les <u>réorganisa</u> en corps d'élite.
　　　　　　　　　　　　　passé simple

Au passé simple :
– les verbes du **1ᵉʳ groupe** se terminent par : **ai – as – a – âmes – âtes – èrent**.
▶ je modifi**ai**, il réorganis**a**.
– les verbes du **2ᵉ groupe** et **beaucoup de verbes du 3ᵉ groupe** se terminent par : **is – is – it – îmes – îtes – irent**. ▶ je rend**is**, tu chois**is**, ils combatt**irent**.

Attention aux verbes **être** (je fus, ils furent), **avoir** (j'eus, ils eurent) **et** à quelques verbes du **3ᵉ groupe** (vouloir : je voulus, ils voulurent).

Je m'entraîne

3. Écris le texte en conjuguant les verbes entre parenthèses au passé simple.

Gaspouillot Iᵉʳ n' (être) pas un roi très célèbre, ni très populaire. Il (avoir) pourtant un long règne et (passer) son temps à préparer de grandes réformes. Il (vouloir) faire poivrer la mer, (donner) le droit de vote aux escargots, (imposer) la soupe au petit déjeuner et (déclarer) l'usage des gros mots obligatoire. Il se (faire) construire un palais en plumes de cheval et en poils d'aigle. Il (vivre) près de cent ans et ne (laisser) pourtant aucune trace dans l'histoire de France.

4. Recopie et complète les phrases avec les verbes ci-dessous conjugués au passé simple.

répondre – reformer – faire – envoyer – courir – commencer – sembler – appeler – rester – découvrir – éviter – apporter.

• L'émission … avec quelques minutes de retard.
• Hugo … mais personne ne … .
• Le cycliste … un écart et la voiture l'… de justesse.
• Un moment, le ciel … vouloir se dégager mais de gros nuages se … presque aussitôt.
• Je … jusqu'à la boîte aux lettres et … enfin la lettre que j'espérais.
• Ils … pensifs un long moment.
• Ma mère m' … une longue lettre qui m' … beaucoup de joie.

5. Écris le texte en conjuguant les verbes entre parenthèses aux temps indiqués.

Mais l'étonnant oscar abélocipède (venir – imparfait) de mettre en marche son long mufle en mèche de perceuse. Il (piquer – passé simple) du nez sur le macadam du trottoir comme un pivert frappe l'écorce d'un arbre, et il y (faire – passé simple) un trou. Il l'(élargir – passé simple) vite et s'y (enfoncer – passé simple). Son corps s'y (engloutir – passé simple), les pattes (suivre – passé simple). Le bruit de forage (s'affaiblir – passé simple) au fur et à mesure que l'oscar (s'éloigner – imparfait) sous la surface du sol.

6. Recopie les phrases en conjuguant les verbes entre parenthèses au passé simple.

• Corentin (éternuer) puis (se moucher) bruyamment. Mélissa et Louna (se pousser) du coude et (éclater) de rire.
• J'(entendre) un bruit bizarre et je me (pencher) à la fenêtre.
• Le magicien (se lever), (vouloir) s'étirer, mais ses mains (heurter) le plafond.
• Monsieur Louis (appeler) ses enfants qui (arriver) en courant. Quand ils (voir) leur grand-mère, ils lui (sauter) au cou.
• Adrien (se remettre) en marche et il (atteindre) bientôt le village. Il (entrer) dans l'auberge et (saluer) tout le monde.

Synthèse 2

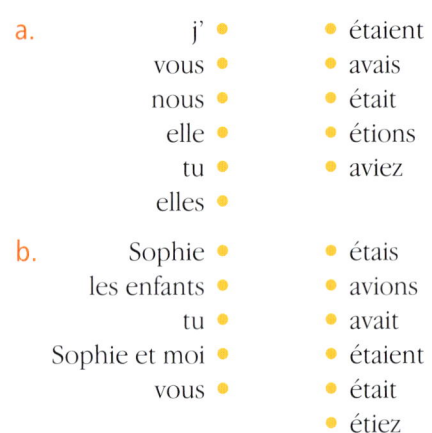

1. Recopie et trace toutes les flèches qui conviennent.

a.
- j'
- vous
- nous
- elle
- tu
- elles

- étaient
- avais
- était
- étions
- aviez

b.
- Sophie
- les enfants
- tu
- Sophie et moi
- vous

- étais
- avions
- avait
- étaient
- était
- étiez

2. Réécris les phrases à l'imparfait de l'indicatif.

- Nous sommes toujours à l'heure pour aller jouer au golf.
- J'ai froid depuis que le chauffage est en panne.
- Vous avez une petite fille charmante.
- Tu as peur lors de la fête d'Halloween.
- L'hôtesse est la première à monter dans l'avion.

3. Recopie et trace toutes les flèches qui conviennent.

- je
- nous
- elles
- tu

- chantais
- avaliez
- parlaient
- lancions
- avançait
- pistais
- râlions

4. Indique, après chaque verbe, s'il est conjugué au présent ou à l'imparfait de l'indicatif. Écris ensuite la personne correspondante du singulier.

Exemple : Vous essuyiez vos mains (imparfait).
▶ *Tu essuyais tes mains.*

- Nous fuyons devant l'orage.
- Vous essayiez d'être plus concentré.
- Nous gagnions souvent ces tournois.
- Vous signez en bas de la page.
- Nous riions à gorge déployée.

5. Recopie et complète chaque phrase en conjuguant les verbes à l'imparfait de l'indicatif.

- Tous les soirs, nous (jouer) aux échecs.
- Vous (avancer) rapidement malgré la foule.
- Avant, Nathan (sauter) beaucoup plus loin que toi.
- L'avion (avancer) rapidement sur la piste.
- L'an dernier, je (chanter) dans une chorale près de chez moi.
- Vous (jeter) les cendres du poêle.
- Les étoiles (scintiller) dans le ciel clair.
- Nous (employer) de l'essence pour nettoyer ces outils.

6. Relève les verbes du 2ᵉ groupe conjugués à l'imparfait de l'indicatif. Donne leur infinitif.

je tressais – ils refroidissaient – vous vieillissiez – tu mentais – nous vissons – je sévissais – elle disparaissait – tu définissais – on pâlit – tu faisais.

7. Conjugue les verbes à la 3ᵉ personne du singulier et à la 1ʳᵉ personne du pluriel de l'imparfait de l'indicatif.

pouvoir – mettre – savoir – surprendre – partir – devoir – vivre – répondre – sentir – lire.

8. Retrouve, dans la grille, les cinq verbes du 3ᵉ groupe conjugués à l'imparfait de l'indicatif. Recopie-les à l'infinitif.
Les verbes peuvent se lire de gauche à droite ou de haut en bas.

S	O	R	T	I	E	Z	D	E
A	D	E	R	N	N	A	I	T
V	E	N	A	I	E	N	T	A
A	V	D	C	O	R	R	T	L
I	A	O	I	N	V	I	E	A
T	I	N	O	S	I	O	N	I
E	T	S	N	T	O	N	A	E
F	A	I	S	O	N	S	I	N
A	L	L	A	I	S	R	S	T

9. Écris les phrases en conjuguant les verbes entre parenthèses au passé simple.

- D'un seul coup, la moto (démarrer). Les piétons (se ranger) vivement.
- Il (composer) le numéro et la sonnerie (retentir).
- La cuisinière (disposer) un jaune d'œuf au milieu des pâtes et (servir) les assiettes.
- En 1862, les Mexicains (infliger) une sévère défaite à l'armée française.
- Nous (embarquer) dans l'avion et il (décoller) rapidement.
- La vendeuse (désigner) le « coin des affaires » et plusieurs clientes s'y (précipiter).

10. Relève les verbes du texte conjugués au passé simple et écris-les à l'infinitif.

La Lionne souffrait d'une terrible maladie la contraignant à garder le lit. Cela contrariait fort le roi des animaux qui décida un jour de convoquer tous ses sujets.
– Mon épouse est malade, leur dit le Lion, et je souhaite que vous me veniez en aide pour la soigner.
Chaque animal proposa un remède plus ou moins magique, mais aucun ne satisfit le Lion. Survint alors Renard. […] La Brebis, qui souhaitait depuis longtemps se venger de lui, demanda la parole.
– Je t'écoute, dit le Lion.
– Sire ! dit-elle, le sang de Renard est un remède très efficace !
Le Lion jeta un regard sur Renard qui conservait son calme.
– C'est exact, ô roi des animaux ! déclara Renard, mais pour être vraiment efficace, mon sang doit être mélangé à de la cervelle de brebis.
Tandis que la Brebis protestait avec véhémence, le Lion s'approcha d'elle et d'un violent coup de patte lui brisa la nuque. Sans attendre, Renard s'entailla légèrement une patte d'où perlèrent quelques gouttes de sang. Le Lion mélangea sang et cervelle et fabriqua le médicament destiné à son épouse.
Renard était sauf et il le devait à sa ruse.

J. Muzi, *19 fables de renard*, Castor poche-Flammarion.

11. Écris le texte en conjuguant les verbes aux temps indiqués.

C'(être – imparfait) la nuit de Noël. L'argent (manquer – imparfait), et cette année encore, Petia n'aurait pour tout cadeau qu'une pièce de bois sculptée.
Comme le père (revenir – imparfait) du village, le cœur triste à cette pensée, il (apercevoir – passé simple) de larges et profondes traces dans la neige. Curieux, il les (suivre – passé simple) jusqu'à la lisière de la forêt, mais pas plus loin, car une Baba Yaga, une sorcière cruelle et redoutée, (vivre – imparfait) dans les environs.

M. Honaker, *Le coq à la crête d'or*, Rageot.

12. Recopie et complète les phrases avec des verbes au passé simple.

- Soudain, la cloche … . Tous les élèves … .
- Un avion … au-dessus de nos têtes puis … dans les nuages.
- Ma mère m' … une longue lettre qui m' … beaucoup de joie.
- On … de l'or dans la rivière et ceci … une grande excitation.

13. Écris le texte en conjuguant les verbes entre parenthèses aux temps indiqués.

Sous le règne du calife Haroun-al-Rachid, (vivre – imparfait) à Bagdad un pauvre porteur qui (se nommer – imparfait) Hindbad. Un jour qu'il (faire – imparfait) très chaud et qu'il (transporter – imparfait) une lourde charge, il (arriver – passé simple) dans une rue magnifique où (souffler – imparfait) un vent agréable. Il (poser – passé simple) sa charge à terre devant l'entrée d'une grande maison.
Comme il (être – imparfait) curieux, il (s'approcher – passé simple) de la porte et (interroger – passé simple) les domestiques qui s'y (tenir – imparfait) debout.
« Hé quoi ! lui (répondre – passé simple)-on, vous demeurez à Bagdad, et vous ignorez que c'est ici la demeure du seigneur Sindbad le marin, de ce fameux voyageur qui (parcourir – passé composé) toutes les mers que le soleil éclaire ? »

Sindbad le marin, trad. A. Galland, Bibliobus n° 3, Hachette Éducation.

Le futur simple • Verbes être et avoir

📖 Le message secret

« Grand arbre, contrefort de la Longue-Vue, point de direction NNE quart N.
Île du Squelette, ESE quart E.
Dix pieds[(1)]. […] »
C'était tout ; mais aussi laconique que ce fût, et pour moi, incompréhensible, le chevalier et le docteur Livesey semblaient ravis.
« Livesey, dit le chevalier, vous allez arrêter là votre sacrée profession… Demain, je pars pour Bristol. D'ici à trois semaines… trois semaines !… que dis-je… quinze jours… huit jours… nous aurons le plus beau bateau et le meilleur équipage d'Angleterre, Hawkins sera notre garçon de cabine. Vous ferez un fameux garçon de cabine, Hawkins. Vous, Livesey, serez le médecin du bord, je serai l'amiral.
Nous emmènerons Redruth, Joyce et Hunter. Nous aurons bon vent, une rapide traversée, aucune difficulté à trouver le trésor, et de l'argent à volonté…, à faire des ricochets avec pour le restant de nos jours.
– Trelawney, dit le docteur, je pars avec vous. Et Jim, je le gage, vient aussi, et il donnera du crédit à notre entreprise. Quelqu'un pourtant m'inquiète.
– Qui donc ? s'écria le chevalier. Nommez ce coquin sans pitié.
– Vous ! répondit le docteur, car vous ne savez pas tenir votre langue. Nous ne sommes pas les seuls à connaître l'existence de ce papier. Les pirates qui ont attaqué l'auberge cette nuit…, des bandits qui ne reculent devant rien, vous pouvez en être sûr…, et ceux qui étaient restés à bord du chasse-marée, et d'autres, j'en suis persuadé, qui ne sont pas bien loin d'ici, sont décidés, coûte que coûte, à s'approprier le trésor. Aucun de nous ne doit demeurer seul jusqu'au moment de l'appareillage. »

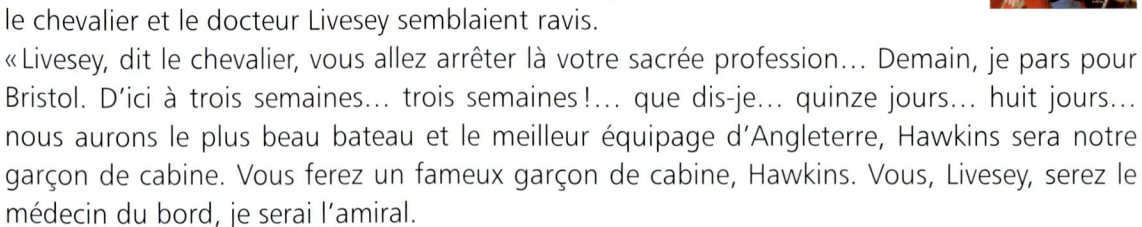

R. L. STEVENSON, *L'Île au trésor*, trad. A. BAY,
coll. « Le livre de poche jeunesse. Classiques », Hachette Jeunesse.

(1) un pied : ancienne mesure de longueur (environ 33 cm).

a. Qu'indique le texte du message ?
b. Nomme les personnes présentes durant la lecture du message.
c. Pourquoi le docteur dit-il que le chevalier l'inquiète ?
d. Cherche le sens des mots : laconique, appareillage.

🔍 Je découvre

1. Relève, dans la lecture, les verbes conjugués au futur simple. Qu'indique un verbe conjugué au futur simple ?
Parmi les verbes que tu as relevés, identifie les verbes être et avoir.

2. Identifie les verbes être et avoir au futur simple et indique leur personne et leur nombre.

elle aura – nous irons – tu étais – vous serez – j'aimerai – elles scieront – nous aurons – on sera – nous étions – elle avait – ils seront – j'aurai – tu seras – vous oserez – j'avais – elles auront.

Le futur simple s'utilise le plus souvent pour **exprimer une action à venir**.
Au futur simple, le verbe **être** s'écrit :
je ser**ai** – tu ser**as** – il, elle, on ser**a** – nous ser**ons** – vous ser**ez** – ils, elles ser**ont**.

Au futur simple, le verbe **avoir** s'écrit :
j'aur**ai** – tu aur**as** – il, elle, on aur**a** – nous aur**ons** – vous aur**ez** – ils, elles aur**ont**.

Attention ! L'adjectif qualificatif employé avec le verbe **être** s'accorde avec le sujet.
Exemples : Le bateau sera prêt. Les bateaux seront prêts.

Je m'entraîne

3. Recopie et complète les phrases avec des sujets qui conviennent.

- Quand … sera midi, … aurons faim.
- … seras présent quand … arrivera sur scène.
- … seront poursuivis par les chasseurs.
- … auras un nouveau cartable à la rentrée.
- Cette fois, … n'aurons pas de place gratuite.
- Demain, … sera plus clair et … n'y aura pas de pluie.
- Peut-être aurez-… assez d'argent pour acheter ce nouveau CD.

4. Écris les phrases en conjuguant le verbe être au futur simple et en accordant les adjectifs qualificatifs.

- Pendant qu'il prendra la photo, vous (être sage).
- Les pommes de terre (être cuit) dans vingt minutes.
- Les marins (être content) de rentrer chez eux.
- Dans un mois, l'immeuble (être construit).
- En décembre, les jours (être) très (court).
- Dans quelque temps, cette vieille demeure (être) de nouveau (habité).

5. Réécris le texte en commençant par « Demain ».

Aujourd'hui, le ciel est dégagé. J'ai de la chance… pour une fois ! Enfin, NOUS avons de la chance car Antoine m'accompagne.
On a une grosse journée devant nous. Imaginez, un peu : c'est le seul jour de l'année où l'on a le droit de cueillir des Krusponiacées à pattes trilobées. Évidemment, je suis comme vous, j'ignore ce que sont ces trucs bizarres. C'est Elsa, ma grande sœur, qui m'en a parlé. Avec un grand, grand sourire.
Alors, avec Antoine, nous sommes debout depuis 4 heures du matin. Le secret, c'est la préparation !

J.-C. Lucas

6. Invente un petit texte avec le verbe être et le verbe avoir au futur simple.

Dans 10 ans, je serai … et j'aurai … ; vous … et vous … ; il … et il … ; elles … et elles … .

7. Écris les phrases en conjuguant les verbes entre parenthèses au futur simple.

- Bientôt, ces deux pays ne (être) plus en guerre.
- Plus tard, (avoir)-tu envie de voyager ?
- Où (avoir) lieu les prochains Jeux olympiques ?
- Quand tu (avoir) 15 ans, ton frère (être) majeur.
- Je t'assure que je (être) de retour samedi.
- Dans une semaine, nous (être) aux Baléares.

À TOI DE JOUER…

8. Écris une poésie sur ce modèle.

Plus tard…
– moi je serai infirmière
– moi je serai militaire
– moi je serai boulangère
– moi je serai fonctionnaire
– moi je serai fromagère
– moi je serai parlementaire
– moi je serai ouvrière
– moi je serai diamantaire
et toi, et toi
tu seras quoi
toi qui te terres
seul dans ton coin
l'air en colère ?
– quand je serai grand je préfère
passer ma vie à ne rien faire !

J.-P. Balpe, *Promenade en poésie*, p. 179, Magnard Jeunesse.

Le futur simple • Verbes des 1er et 2e groupes

Deux jeunes gens qui s'aiment

« Si ma fille doit quitter, aujourd'hui, la maison paternelle, qu'elle fasse bien ses réflexions ! Que votre fils, à son tour, veuille avoir la complaisance de m'écouter !
– Mon fils vous écoute et je suis à vos ordres.
– Comment nourrirez-vous ma fille ?
Que lui donnerez-vous à manger ?
– Ce qu'elle désirera, s'il est
en notre pouvoir de le lui donner.
– Comment l'habillerez-vous ?
– À la mode du jour, suivant ses goûts,
sa fantaisie et la mesure de nos moyens.
– Avec quel bois la chaufferez-vous ?
– Avec du bois de sagesse.
– Comment la traiterez-vous ?
– Avec douceur et affection.
– Avec quel esprit la mènerez-vous ?
– Avec un esprit de tendresse, de prudence et d'intelligence.
– Quel travail fournira-t-elle journellement ?
– Ce qu'elle pourra, selon ses forces et sa volonté.
– Qui dirigera le ménage ?
– Le mari, après entente avec sa femme.
– Comment travailleront-ils ?
– Courageusement, afin de faire honneur à leurs affaires et de vivre en paix.
– Du moment où il en est ainsi, je crois, honorable compagnie ici présente, qu'il y aurait cruauté à mettre obstacle aux projets de deux jeunes gens qui se recherchent, s'aiment, s'entendent et se conviennent sous tous les rapports. Qu'en pensez-vous ? »

Récits vivants de Lorraine et d'Alsace, édition de G. L'Hôte, Hachette Littératures.

a. Dans quel but sont posées toutes ces questions ?
b. Qui pose les questions ?
c. Qui répond aux questions ?

Je découvre

1. Lis les verbes conjugués au futur simple dans la lecture.
Donne leur infinitif et leur groupe.

2. Quels sont les verbes conjugués au futur simple ? Recherche l'infinitif.

tu finiras – vous écoutiez – elles réfléchissent – je raconterai – nous commencerons – on applaudit – vous distribuerez – elle guérira – tu as applaudi – vous avertirez.

3. Pose à un camarade des questions contenant un verbe du 1er ou du 2e groupe au futur simple, comme dans la lecture, sur :

– son petit déjeuner *(Exemple : Que préféreras-tu ? du thé ou du chocolat ?)* ;
– son travail de classe ;
– ses jeux à la maison ;
– son prochain week-end.

Au futur simple, les verbes des 1er et 2e groupes sont formés :
– de l'**infinitif** du verbe ;
– des terminaisons : **ai** – **as** – **a** – **ons** – **ez** – **ont**.
Exemples : donner ▶ je donner**ai**   nourrir ▶ tu nourrir**as**

Attention !
– Les verbes en **yer** comme **employer** s'écrivent : j'emplo**ierai**, nous emplo**ierons**.
– Les verbes en **eler** ou **eter** comme **appeler**, **jeter** s'écrivent : j'appel**lerai**, nous appel**lerons**, je jet**terai**, nous jet**terons**.

Je m'entraîne

4. Quelles phrases sont au futur simple ?

a. Nous gagnerons cette course, comme hier.
b. Ce matin, tu as emporté ton goûter.
c. Le maçon bâtira un mur solide.
d. Tu accompagneras ton petit frère à l'école.
e. Chaque année, nous prévoyons de partir le plus loin possible.

5. Relève les verbes des 1er et 2e groupes qui sont au futur simple.

– Je les ramènerai au village. Le château nous appartiendra à tous les deux.
– Et alors ?
– Alors, dit Grand-mère, nous nous dirigerons vers les archives et nous réunirons les noms et les adresses de toutes les sorcières du monde !
– Et après ? demandai-je en frémissant d'excitation.
– Après cela, mon petit, notre grande tâche commencera. Nous ferons nos valises et nous parcourrons le monde. Dans chaque pays, nous chercherons les maisons où vivent les sorcières. Nous les dénicherons une à une, puis nous nous faufilerons chez elles et nous verserons les petites gouttes de la Potion Souris sur le pain, dans les corn-flakes, sur les gâteaux de riz, sur toute la nourriture qui traîne. Quel triomphe, mon petit ! Nous accomplirons tout cela nous-mêmes, rien que toi et moi. Ce sera l'œuvre de notre vie !

R. Dahl, *Sacrées Sorcières*, trad. M. Saint-Dizier et R. Farré, ©Roald Dahl Nomimee Ltd, 1983, ©Éditions Gallimard.

Demain, j'irai à l'école des sorcières. Et là-bas…

Continue ce texte, en utilisant des verbes conjugués au futur simple. Souligne ceux du 1er et du 2e groupe.

6. Recopie et complète les phrases avec des pronoms personnels.

• L'année prochaine, … commencera le judo.
• … distribuerons les cahiers de tous les enfants de la classe.
• Demain, … parlerez des Droits de l'enfant.
• … pétriront la pâte avant de faire des boules de pain.
• … terminerai le gâteau au chocolat ; … est vraiment trop bon.
• … bénéficieront de tarifs avantageux.
• … dessinerai ce paysage.

7. Écris les phrases au futur simple.

• L'avion pour l'Afrique du Sud décolle à 20 h.
• Le commandant de bord annonçait la vitesse de croisière et la température extérieure.
• Nous avons embarqué trente minutes avant le décollage.
• Les hôtesses distribuent les plateaux-repas.
• Vous arriviez à destination dans six heures.

8. Donne l'infinitif des verbes. Conjugue-les à toutes les personnes du futur simple.

• Tu apprécieras ce spectacle.
• Nous déplierons la nappe.
• Vous rejetterez cette idée.
• Je colorierai cet album.
• Vous confierez un secret.

9. Écris les phrases en conjuguant les verbes entre parenthèses au futur simple.

• Les facteurs (trier) le courrier.
• Le chevalier (surgir) à l'intérieur du château.
• Les cerisiers ne (donner) pas de fruits.
• Je (réunir) toute ma famille pour Noël.
• Le jardinier (élargir) l'allée centrale.
• Les tomates (mûrir) au mois d'août.

Le futur simple • Verbes du 3ᵉ groupe

📖 L'année prochaine

L'année prochaine,
je t'écrirai des poaimes
des poaimes avec des ailes
et des mots tout en dentelle

L'année prochaine,
je saurai te dire les mots
les mots d'ouest et les modestes
les mots justes et les mots zestes

L'année prochaine,
je viendrai t'offrir mes lettres
mes lettres en fleur d'alphabet
pour poèmes et fabulettes

L'année prochaine,
Verrai-je dans tes pupilles
les étoiles au cœur des mots
qui brillent dans les yeux des filles ?

J.-C. Lucas

a. Le nom **poaime** est-il bien orthographié ? Pourquoi l'auteur l'a-t-il écrit ainsi ?
b. Explique comment l'auteur a joué avec les mots dans le 7ᵉ vers.

🔍 Je découvre

1. Dans le poème, quels sont les verbes conjugués au futur simple ?
Donne l'infinitif et le groupe de chacun de ces verbes.

2. Lis les verbes du 3ᵉ groupe, conjugués au futur simple.

tu sortiras – nous vivons – elles franchiront – vous viendrez – je crois – il dira – je vendais – nous admettrons – tu cueilleras – il louera – on saura.

Au futur simple, les verbes du **3ᵉ groupe** prennent les mêmes terminaisons que tous les autres verbes, placées après **la lettre r** :

ai – **as** – **a** – **ons** – **ez** – **ont**.

Exemples : je parti**rai**, nous apparaît**rons**.

Leur **radical** se modifie souvent.

Exemples : voir ▸ je ve**rr**ai   venir ▸ il vien**dr**a   courir ▸ nous cou**rr**ons
faire ▸ vous fe**r**ez   aller ▸ elles i**r**ont   pouvoir ▸ tu pou**rr**as

Je m'entraîne

3. Écris les phrases en conjuguant les verbes entre parenthèses au futur simple.

- Tu **(mettre)** peut-être une cravate.
- Emma **(vendre)** ses vieux rollers.
- Les enfants **(écrire)** à leurs parents.
- Elles **(pouvoir)** sûrement te répondre.
- Antoine **(conduire)** la voiture.
- Demain, ils **(disparaître)** de la liste.
- Elles **(prévoir)** le pique-nique.
- Vous ne **(confondre)** pas les deux sens du mot.
- Nous **(retenir)** des places.
- Louis **(revenir)** pour la finale.

4. Recopie ce texte en conjuguant tous les verbes entre parenthèses au futur simple.

Je ne **(pouvoir)** plus. Je ne **(pouvoir)** plus courir. J'**(être)** à bout de souffle. J'**(avoir)** enfin conscience que je ne me **(trouver)** plus sur la lande, mais dans le chemin creux qui s'**(ouvrir)** de l'autre côté. J'**(essayer)** de calmer ma respiration pour écouter de nouveau. Les pas… Non. Ce que j'**(entendre)** maintenant, c'**(être)** juste les battements de mon cœur et le sang qui **(cogner)** contre mes tempes. Je **(poser)** mes sabots sur le sol et **(tenter)** d'y glisser mes pieds. Maladroitement, parce que mes pieds, je ne les **(sentir)** plus. […] Je **(reprendre)** mon souffle et je **(repartir)** sur mes jambes raides et tremblantes.

E. BRISOU-PELLEN, *Un cheval de rêve*, Nathan Jeunesse.

5. Écris le texte en conjuguant les verbes au futur simple.

Attention ! Le dernier verbe du texte doit rester au présent de l'indicatif !

Au fil des rues, les vieux métiers s'animent, le rouet se remet à tourner, filant le lin, qui quelques mètres plus loin sert au brodeur pour créer les motifs compliqués des costumes bigoudens. Rue du Lycée, l'ancienne école communale de garçons ouvre la porte de ses jardins. Les musiciens s'installent sur les bancs ou les marches.
Sur le stand du souffleur de verre, un petit garçon, intrigué, veut connaître l'origine du verre. Il faut lui expliquer : c'est un mélange de sable, de craie, de soude et encore d'autres choses…

D'après un article de *Ouest-France* des 22-23 juillet 2000.

À TOI DE JOUER…

6. Tous les verbes de cette grille commencent par co. Ils sont conjugués au futur simple. Reproduis et complète la grille en t'aidant des définitions. Quel verbe n'est pas du 3ᵉ groupe ?

1. Plus vite que marcher. 2ᵉ pers. du sing.
2. Diriger une voiture. 3ᵉ pers. du sing.
3. Mélanger, se tromper. 3ᵉ pers. du sing.
4. Avoir des connaissances. 1ʳᵉ pers. du sing.
5. Changer d'unité. 3ᵉ pers. du pl.

	C	O					
1	C	O					
2	C	O					
3	C	O					
4	C	O					
5	C	O					

Le passé composé

📖 De mystérieuses disparitions

Voilà qu'un jour un taxi a disparu, un beau taxi tout bleu avec un chauffeur russe. On a cherché partout, mais on n'a retrouvé, ni l'homme, ni la voiture. Mais le lendemain matin tout le monde a vu, derrière les grilles, dans le jardin de la sorcière, une belle citrouille toute bleue, et tout près d'elle un gros rat rouge, assis sur son derrière, avec une belle casquette, bien coquette, posée sur sa tête.

Alors il y a des gens qui ont fait des réflexions. Deux jours après, c'est une couturière qui a disparu : une couturière comme au bon vieux temps, qui travaillait à domicile, reprisant les chaussettes, recousant les boutons, faisant même des robes neuves quand on lui fournissait le tissu. Et voilà qu'elle a disparu !

Cette fois, on l'a cherchée pendant toute une semaine. Et puis, la semaine passée, on s'est aperçu que la sorcière avait depuis peu une araignée mauve, qui lui tissait des rideaux sur ses fenêtres, de beaux rideaux brodés. Et puis, le dimanche suivant, la sorcière est allée à la messe avec une belle robe, tissée de frais, en toile d'araignée…

Cette fois, les gens ont bavardé.

Et puis, le mois suivant, ce sont trois personnes qui ont disparu : un agent de police, une femme de ménage et un employé du métro. On a fouillé toutes les maisons, visité toutes les caves, inspecté les égouts, et l'on n'a rien trouvé du tout. Mais, dans le jardin de la sorcière, il y avait trois animaux nouveaux : un chien vert, une chatte jaune et une taupe orange, et celle-ci ne cessait de creuser des galeries.

Alors les gens de mon quartier se sont mis en colère. Ils ont pris la sorcière et l'ont menée chez le commissaire. Et le commissaire lui a demandé :
– Sorcière, sorcière, qu'as-tu dans ton jardin ?
– Dans mon jardin ? a dit la sorcière. Je n'ai rien d'extraordinaire !

P. Gripari, *Contes de la Folie-Méricourt*, Éditions Grasset et Fasquelle.

a. Cite toutes les personnes qui ont disparu.
b. En quoi les gens du quartier supposent-ils que la sorcière a transformé la couturière ?
c. Qui est la taupe orange ? Quelle indication le laisse supposer ?

🔍 Je découvre

1. Relève les verbes conjugués dans les deux premières phrases de la lecture. Comment sont-ils formés ?

2. Relève d'autres verbes conjugués de la même manière. Indique leur groupe et la terminaison des participes passés.

Au passé composé, le verbe conjugué est formé de **deux mots** : l'auxiliaire **être** ou **avoir** au présent de l'indicatif **+** le **participe passé** du verbe conjugué.
Exemples : broder ▶ J' **ai** **brodé**. venir ▶ Il **est** **venu**.
  auxiliaire participe passé   auxiliaire participe passé

Pour les verbes du **1er groupe**, le participe passé se termine par **é**.
Exemple : chercher ▶ j'ai cherch**é**.

Pour les verbes du **2e groupe**, le participe passé se termine par **i**.
Exemple : finir ▶ tu as fin**i**.

Pour les verbes du **3e groupe**, le participe passé se termine soit par **i** (partir ▶ part**i**), soit par **u** (attendre ▶ attend**u**), soit par **t** (dire ▶ di**t**), soit par **s** (prendre ▶ pri**s**).

Le participe passé du verbe **être** est **été**. Le participe passé du verbe **avoir** est **eu**.

Quand le participe passé est employé avec l'auxiliaire **être**, il s'accorde en genre et en nombre avec le sujet.
Exemple : Il est creus**é**. (masculin singulier)   Ils sont creus**és**. (masculin pluriel)
   Elle est creus**ée**. (féminin singulier)   Elles sont creus**ées**. (féminin pluriel)

Je m'entraîne

3. Complète chaque phrase avec un pronom personnel sujet.

- … a bu son jus d'orange.
- Au cinéma, … avons grignoté du pop-corn.
- Très fatigués, … sont enfin arrivés.
- … n'ai pas cueilli de fleurs dans la montagne.
- Cette fois, … es venue me dire bonjour.
- En entrant en classe, … avez allumé l'ordinateur.
- Pour sortir, … a mis un vêtement chaud.
- Peut-être ont- … oublié notre rendez-vous ?
- Lors de ta dernière course, … as faibli moins de 500 mètres avant l'arrivée.

4. Relève les verbes conjugués au passé composé et donne leur infinitif.

Rue Chaude, je suis passé devant la bibliothèque, en courant. […] Et là, je l'ai vue, à l'intérieur, elle avait l'air de lécher les vitrines sauf qu'il n'y avait pas de vitrine, juste des dizaines d'étagères pleines de bouquins. Elle en avait déjà plusieurs dans les bras, des bouquins, mais apparemment ça ne lui suffisait pas, elle continuait d'en prendre un autre, et encore un… Elle comptait vider la boutique ou quoi ? J'ai essayé de lui faire signe, à travers la vitre, mais elle était comme hypnotisée par les rayons de livres et elle ne me voyait pas. Tant pis. Moi, j'ai continué de courir vers la boulangerie.

J. Hoestlandt, *Tu peux toujours courir !*, Nathan Jeunesse.

5. Donne l'infinitif de ces verbes conjugués.

nous avons aperçu – tu as félicité – ils sont tombés – j'ai perdu – il est parvenu – vous avez écrit – elle a souhaité – nous avons aplati – tu es allé – vous avez sali – elles ont eu – j'ai grandi.

6. Écris les phrases en conjuguant les verbes au passé composé.

- Le judoka **(tomber)** sur le dos.
- Camille et Jules **(partir)** en randonnée.
- Le soir, les chasseurs **(rentrer)** bredouilles.
- Hier soir, vous **(faire)** beaucoup de bruit.
- Mes sœurs **(être)** les premières à me féliciter.
- Nous **(ouvrir)** les volets de bonne heure.
- Le mois dernier, j'**(subir)** une opération.
- Au concours, tu n'**(avoir)** pas le meilleur résultat.

7. Conjugue les verbes au passé composé à la personne demandée. Qu'observes-tu ?

- Descendre les escaliers. 1re pers. du sing.
- Descendre au sous-sol. 1re pers. du sing.
- Rentrer le linge. 3e pers. du sing.
- Rentrer de bonne heure. 3e pers. du sing.
- Sortir le chien. 1re pers. du pl.
- Sortir samedi soir. 1re pers. du pl.
- Monter ce moteur. 2e pers. du pl.
- Monter te voir. 2e pers. du pl.

Le présent de l'impératif

Jeannot et l'ogresse

Loin d'ici, loin d'ici, dans un lointain pays, tout au bord de la mer profonde, un vieux pêcheur vivait dans sa petite maison, avec sa vieille femme et son petit garçon.

Il était très âgé, tout cassé, fatigué, mais heureusement pour lui il possédait un bateau magique. Avec ce bateau-là, pas besoin de voile ni de rame ! Il suffisait de monter dedans et de dire tout haut :

– Flotte, petit bateau !

Et le bateau filait jusqu'à la haute mer. Une fois là, le vieux pêchait, pêchait tant qu'il voulait… Quand il voulait revenir, il lui suffisait de dire :

– Reviens, petit bateau !

Et le bateau revenait, tout seul, jusqu'à la plage. Mais voilà qu'un beau jour, un mauvais jour plutôt, le vieux pêcheur tomba malade.

Le père malade, ça voulait dire finie la pêche, plus de poisson, plus d'argent, plus de provisions dans la maison, rien à manger dans peu de temps… Le voilà donc qui se désole, et sa vieille, avec lui. Mais le petit Jeannot, qui les entend, s'approche du lit de ses parents :

– Si vous voulez, j'irai aujourd'hui à la pêche !

– Mais tu es trop petit, mon chéri !

– Pas du tout ! J'ai douze ans ! Laissez-moi faire seulement !

– Allons, si tu y tiens, vas-y ! Mais sois prudent !

– Merci maman, merci papa, tout ira bien, ne vous en faites pas !

P. Gripari, *Contes de la Folie-Méricourt*, Éditions Grasset et Fasquelle.

a. Que veut exprimer l'auteur quand il dit : Loin d'ici, loin d'ici, dans un lointain pays ?
b. Pourquoi le bateau est-il magique ?
c. Quelles seront les conséquences de la maladie du père ?

Je découvre

1. Relève, dans la lecture, les phrases qui permettent de donner un ordre au petit bateau. Quelles remarques peux-tu faire sur la conjugaison de chaque verbe ?
Essaie de conjuguer les verbes à toutes les personnes possibles.
Quelles autres remarques peux-tu faire ?

2. Relève, dans la lecture, d'autres verbes qui permettent de donner un ordre ou un conseil. Conjugue-les à toutes les personnes et donne leur infinitif.

L'impératif sert à donner un **ordre** ou un **conseil**.
Exemples : Monte dans le bateau. Ne prends pas les rames.

Le verbe ne se conjugue qu'à **trois personnes** et n'a **pas de sujet exprimé**.
Exemples : Écoute ce conseil. (2ᵉ personne du singulier)
Écoutons ce conseil. (1ʳᵉ personne du pluriel)
Écoutez ce conseil. (2ᵉ personne du pluriel)

Au présent de l'impératif, les terminaisons sont :
– pour les verbes du **1ᵉʳ groupe** : **e**, **ons**, **ez** ;
– le plus souvent, pour les verbes des **2ᵉ** et **3ᵉ groupes** : **s**, **ons**, **ez**.

Si un verbe du 1ᵉʳ groupe est suivi de **y** ou de **en**, il prend un **s** à la 2ᵉ personne du singulier.
Exemples : Manges-en. Retournes-y.

Je m'entraîne

3. Réécris les phrases à l'impératif.

- Tu franchis la rivière.
- Vous rentrez tôt.
- Nous aidons nos camarades.
- Vous donnez vos vieux vêtements.
- Tu ouvres la fenêtre pour aérer.
- Nous longeons la rivière.
- Tu lis un roman.
- Vous jouez au ballon.
- Tu laces tes chaussures.
- Nous répondons aux questions.

4. Conjugue les verbes au présent de l'impératif, à la personne indiquée.

- (Tenir)-moi au courant. 2ᵉ pers. du sing.
- (Réfléchir) encore un peu. 1ʳᵉ pers. du pl.
- (Verser) le liquide chaud. 2ᵉ pers. du pl.
- (Aller) voir ce film. 2ᵉ pers. du sing.
- (Prendre) votre écharpe. 2ᵉ pers. du pl.
- (Arrose) les plantes. 2ᵉ pers. du sing.
- (Choisir) le bon chemin. 2ᵉ pers. du pl.
- (Prendre) le temps de répondre. 1ʳᵉ pers. du pl.

5. Conjugue au présent de l'impératif.

- Soigner son angine.
- Faire la vaisselle.
- Remplir l'aquarium.
- Nettoyer les pinceaux.

6. Mets les phrases à la forme négative.

- Mélange-les.
- Vas-y demain.
- Avertis le gardien.
- Réchauffe-le.
- Reprends-en.
- Lis cette revue.

7. Transforme les phrases de la manière suivante.
Exemple : Papa nous conseille de partir tôt.
▶ *« Partez tôt », nous conseille papa.*

- Sa mère lui demande de rentrer tôt.
- L'entraîneur nous conseille d'être prudents.
- Le capitaine m'ordonne de hisser la voile.
- Les pompiers nous demandent d'attendre la fin de l'orage.

8. Écris les verbes à la 2ᵉ personne du singulier du présent de l'impératif.

- (Essuyer) tes mains dans ce torchon.
- (Faire) attention à la marche.
- (Attendre)-moi.
- (Ne pas s'inquiéter), on te préviendra.
- (Cueillir) quelques cerises et (donner)-en à ta petite sœur.
- (Finir) ton travail et (sortir) dans la cour.
- (Observer) les souris et (décrire) leur comportement.

À TOI DE JOUER...

9. Si tu élimines tous les verbes conjugués à l'impératif, il te restera le nom d'une fleur.

C	V	A	O	L	I	S	Q
U	N	E	T	T	O	I	E
E	L	I	M	I	N	E	E
S	O	Y	O	N	S	L	I
C	O	A	V	A	L	E	T

Synthèse générale

1. Indique le temps de chaque phrase.

a. L'été dernier, nous avons fait de l'escalade.
b. Le train est parti avec dix minutes d'avance.
c. Ce soir, nous mangeons un excellent gâteau préparé par ma sœur Amélie.
d. Ce soir, en dessert, nous mangerons des fraises à la crème chantilly.
e. Le spectacle de fin d'année a débuté avec dix minutes de retard.

2. Recopie chaque verbe, puis indique son infinitif et son groupe.

Exemple : je vois ▶ voir (3e groupe).

tu récitais – il franchira – elles étudient – tu feras – nous frémissons – je choisis – vous avez pris – vous buviez – je balaie – il essuie.

3. Recopie les phrases en conjuguant les verbes entre parenthèses au présent de l'indicatif.

- Nicolas (arbitrer) le jeu.
- Nous (être) en retard.
- Tu (avoir) de la chance.
- Alice (classer) ses photos.
- Vincent (marquer) le premier point.
- Nous (voyager) souvent en train.
- Le chien (aboyer).
- Tu (être) notre nouveau délégué de classe.

4. Recopie les phrases en conjuguant les verbes entre parenthèses au présent de l'indicatif.

- Chloé et Saloua (aller) au cinéma.
- Tu (mettre) le couvert.
- Vous (faire) de gros efforts.
- Je (revenir) de vacances.
- Est-ce que vous (réfléchir) toujours à ce que vous (dire) ?
- Quand tu me (raconter) ton aventure, je (vouloir) bien te croire.

5. Recopie les phrases en conjuguant les verbes entre parenthèses au présent de l'indicatif.

- Le vendeur nous (garantir) cet appareil.
- Les deux tunnels (aboutir) au même endroit.
- Cette eau (jaillir) à une température de 60 °C.
- Les inspecteurs (éclaircir) enfin le mystère.
- Le vent (rafraîchir) nettement l'atmosphère.
- Vous vous (éclaircir) la voix.

6. Recopie le texte en conjuguant les verbes entre parenthèses au présent de l'indicatif.

Jo la teigne (aller) bientôt exploser : il (faire) tic-tac comme une bombe à retardement.
– Bobby, mon petit Bobby, on (être) dans une banque, ici ?
– Je ne (savoir) pas, Jo.
Bobby (grelotter). Puis il (s'envoler) sous la formidable claque que Jo (venir) de lui asséner. Il (retomber) au milieu des marmots assis en rond sur leurs pots.
– Et vlan pour Bobby, (dire) une voix aiguë.

B. Richter, *Hold-up à la crèche*, Zanzibar-humour, Milan.

7. Recopie le texte en conjuguant les verbes entre parenthèses au présent de l'indicatif.

Les jumeaux (se consulter) du regard, (sourire) malicieusement et (se séparer). Brand (voler) à la droite de la licorne et lui (proposer) une magnifique carotte. Brandon, à gauche, (agiter) une somptueuse laitue. L'animal (pousser) un hennissement de convoitise, (piaffer) au-dessus des clochers, (cabrioler) sur une ligne électrique et (désarçonner) presque sa cavalière. Mais Flor (être) une merveilleuse acrobate. Elle (se redresser), (sauter) en croupe sur le balai de Brand, (mordre) le gamin à l'oreille droite et l'(expédier) au fond d'une citerne, puis (recommencer) avec Brandon et l'(envoyer) rejoindre son frère.
Flor (lancer) un cri de triomphe, (s'offrir) un triple saut périlleux et (continuer) sa route.

P. Thiès, *L'école des sorciers*, © Casterman S.A.

8. Recopie les phrases en conjuguant les verbes d'abord au présent de l'indicatif, puis à l'imparfait.

Exemple : Ils (s'approcher) de la rivière.
▶ Ils s'approchent de la rivière.
▶ Ils s'approchaient de la rivière.

- Elles (rentrer) chez elles.
- Nous (effacer) le tableau.
- La pluie (ruisseler) sur les vitres.
- Vous (essuyer) vos pieds.
- Nous (copier) le résumé.

9. Écris le texte à l'imparfait de l'indicatif.

Pour rendre ses tresses plus rigides et plus épaisses, la vieille femme tresse habilement ses longs cheveux noirs tout autour de deux bâtons polis. Autour de ces tresses, elle attache soigneusement d'élégants cordons de précieuses perles de troc, rouge vif, bleu et blanc.
Enfin, elle enfile avec soin son splendide parka en peau de caribou blanche. Les franges longues et délicates du parka se balancent et tremblent.
C'est là le meilleur moment. Lorsqu'elle est ainsi magnifiquement vêtue, elle chante et raconte des histoires. Elle parle des grandes maisons de danse, des igloos immenses où elle a dansé.

J. Houston, *Le passage des loups*,
trad. A.-M. Chapouton, Castor poche-Flammarion.

10. Écris les phrases en conjuguant les verbes à la personne correspondante du pluriel.

- Je pliais chaque feuille avec soin et je les rangeais dans une chemise cartonnée.
- Tu mettais trop de temps à arriver et je m'inquiétais.
- La souris se nourrissait des miettes de fromage sur la table et redescendait dans son trou.
- J'établissais un itinéraire et je le distribuais à tout le groupe.
- Parfois, tu intervenais dans la discussion, mais souvent tu te taisais.
- J'envoyais tous les ans des cartes de vœux, mais je recevais peu de réponses.

11. Écris les phrases en conjuguant les verbes à la personne correspondante du singulier.

- Nous franchissions le portail au moment où les chevaux bondissaient hors de leur enclos.
- Les ours attendaient la remontée des saumons et les attrapaient au passage.
- Vous réunissiez tous les ans vos amis en fin d'année et vous faisiez une grande fête.
- Les cuisinières mélangeaient les ingrédients, battaient la pâte, la versaient dans un moule et cuisaient le gâteau à four chaud.
- Nous nettoyions la salle des fêtes et nous la fermions à clé.
- Les capitaines d'équipe expliquaient le parcours et vous réagissiez très vite.
- Vous lanciez le ballon avec adresse et vous le mettiez dans le panier.

12. Écris les phrases en conjuguant les verbes entre parenthèses au futur simple.

- L'année prochaine, nous (être) au CM2.
- Le facteur (avoir) beaucoup de travail en ce début d'année avec toutes les cartes de vœux.
- Les élèves de la classe de Mme Legrand (avoir) une évaluation de mathématiques jeudi prochain.
- Demain, je (être) le premier à m'inscrire au concours de lancers francs.
- « Ta sœur et toi, vous (avoir) une console de jeu pour Noël », affirma papa.

13. Écris les phrases en conjuguant les verbes entre parenthèses au futur simple.

- La semaine prochaine, la chorale du village (chanter) devant plus de deux cents personnes.
- « Tu (obéir) à tes parents », conseilla Mamie à Julien.
- Les maçons (bâtir) rapidement notre maison pour que nous puissions emménager avant la fin de l'année.
- Après notre leçon de natation, nous (partager) notre goûter.
- À la vue de leur vedette préférée, Léane et Yasmine (crier) de joie.

14. Écris les phrases en conjuguant les verbes entre parenthèses au futur simple.

- Demain soir, nous (faire) une partie de cartes avec nos voisins.
- C'est promis ! J'(entreprendre) ce travail dès que j'aurai fini de ranger ma chambre.
- Aux prochains championnats du monde, les athlètes (courir) le 100 m en moins de dix secondes.
- Vous (voir) bien si la voiture démarre au quart de tour.
- Malgré sa jambe cassée, Valentin (venir) encourager ses camarades.

15. Récris les phrases à l'impératif.

- Il faut que tu partes tout de suite.
- Vous devriez manger plus doucement.
- Il serait préférable que vous preniez un parapluie.
- Nous devrions courir plus vite si l'on ne veut pas se faire mouiller.
- Il faut que tu choisisses un nouveau livre de bibliothèque.

16. Recopie le texte, puis souligne en rouge les verbes conjugués à l'imparfait de l'indicatif et en vert les verbes conjugués au passé simple.

La journée était belle. Les corneilles se disputaient les vers de terre dans les sillons. Les lièvres, tirés de leurs gîtes, s'enfuyaient devant les bœufs. Vers midi, Marie apporta un repas. […]
Vers la fin de l'après-midi, les deux hommes finirent de labourer. Ils purent enfin rentrer travailler dans leur ferme. Luc pansait les bœufs, Jean s'occupait du potager, Mélaine et Marie commençaient à traire les chèvres, quand, soudain, un homme arrêta son chariot à l'ombre du pommier, près de l'entrée de la ferme. Il s'avança vers Luc.

M. Pommier, *Le sorcier des cloches*, coll. « Folio junior », © Gallimard Jeunesse.

17. Écris les phrases en conjuguant les verbes entre parenthèses au passé composé.

- Hier soir, nous (aller) faire les courses avec nos parents.
- J'(apprendre) beaucoup de choses lors de mon année de CM1.
- En ce jour de fête, les boutiques (ouvrir) leurs portes un peu plus tard que d'habitude.
- Les jardiniers de la ville (fleurir) les massifs du parc.
- Tu (avoir) la grippe comme beaucoup de monde.

18. Recopie le texte en conjuguant les verbes aux temps demandés.

Sur le pont, la cloche (sonner – passé simple) la fin du travail et les trois complices (se dépêcher – passé simple) de refermer la caisse. Jacquou (sortir – passé simple) discrètement de sa cachette et (remonter – passé simple) sur le pont. Il (trembler – imparfait) encore d'émotion. Ainsi, il (s'agir – imparfait) bien d'un complot ! Mais dans quel but ? De quoi (aller – imparfait)-ils s'emparer ? […]
Après le dîner, Jacquou (s'avancer – passé simple) jusqu'à la porte du capitaine sur la pointe des pieds. Le maître du navire (commencer – imparfait) à s'endormir dans son fauteuil.

J. Randier, *Les mutins de l'Atalante*, coll. « Folio junior », © Gallimard Jeunesse.

19. Recopie ce texte en écrivant les verbes aux temps demandés.

Au matin, quand il (se redresser – passé simple), il (être – imparfait) si engourdi par le froid qu'il (avoir – imparfait) du mal à tenir sur ses jambes. Comme il (mourir – imparfait) de faim, il (explorer – passé simple) ses poches et, ayant déniché finalement une modeste pièce de monnaie, il (acheter – passé simple) un minuscule morceau de pain dans le premier village qu'il (traverser – passé simple). Ce jour-là, il n'avait couvert que dix-neuf kilomètres. Ses pieds étaient enflés et ses jambes si faibles qu'elles (trembler – imparfait) sous le poids de son corps. Une deuxième nuit passée à la belle étoile (achever – passé simple) de détruire ses forces. Le lendemain, quand il (vouloir – passé simple) continuer son voyage, il (pouvoir – imparfait) à peine se traîner.
À l'entrée de certains villages, un écriteau (menacer – imparfait) de prison les mendiants. Oliver, que ces écriteaux (effrayer – imparfait), s'en (éloigner – imparfait) toujours au plus vite. Le matin du septième jour, il (atteindre – passé simple), de son pas boitillant, la ville de Barnet. Il (aller – passé simple) de rue en rue.

C. Dickens, *Oliver Twist*, trad. J. Muray, Hachette jeunesse.

20. Conjugue à la 3ᵉ personne du singulier au présent, imparfait, futur simple et passé composé de l'indicatif.

- remercier le public
- amortir une chute
- expédier un colis
- clouer une planche
- essayer un pull

Orthographe

Vocabulaire

Expression écrite

Lecture

Les noms terminés par ail(le), eil(le), euil(le), ouil(le)

Recette de la potion pour donner le goût du travail aux paresseux

– Une bouteille d'infusion de chèvrefeuille.
– Un demi-bulbe de fenouil.
– Une branche de cerfeuil.
– Deux rayons de soleil.
– Une dizaine de groseilles bleues.
– Une cuisse de grenouille de lune.

Épluchez les rayons de soleil et le bulbe de fenouil, puis faites dorer la cuisse de grenouille. Versez ensuite l'infusion de chèvrefeuille dans un récipient en ferraille et ajoutez le reste des ingrédients. Faites cuire à feu vif 23 secondes. Filtrez immédiatement sur de la paille et laissez reposer 249 ans et 4 jours avant d'en badigeonner le paresseux durant son sommeil.

J.-C. Lucas.

Je découvre

1. Relève, dans la lecture, les noms en ail(le), eil(le), euil(le), ouil(le). Justifie leurs terminaisons.

Les **noms masculins** terminés par le son [j] s'écrivent avec **un seul l**. ▶ Un détail.
Les **noms féminins** terminés par le son [j] s'écrivent avec **deux l**. ▶ Une feuille.

Les noms masculins formés à partir du nom **feuille** s'écrivent **lle** : un portefeuille.
Lorsque le son [œj] est précédé des lettres **c** ou **g**, on écrit **ueil** au lieu de **euil** : Un recueil, l'orgueil.

Je m'entraîne

2. Indique la terminaison de ces noms qui se terminent par le son [j].

une frip… – un ort… – une ab… – un rév… – un port… – la vol… – un écur… – un évent… .

3. Recopie les phrases et complète les mots avec le son [j].

• À la fête d'Halloween, on a décoré des citr… .
• Sur les cons… de Marion, j'ai acheté un rec… de poésies.
• Ce spectacle de danse est une merv… .
• L'org… est-il une qualité ?
• Le mur était couvert de chèvref… et l'on distinguait à peine le vitr… .
• Le chevr… et le bouvr… sont des animaux. Mais lequel est un oiseau ?

4. Cherche le sens de ces mots dans le dictionnaire et utilise-les dans des phrases.

une faille – la ratatouille – un écueil – les broussailles – une brouille – le corail.

5. Trouve l'intrus dans chaque liste.

• un rail – une caille – le corail – un chandail.
• un cercueil – le seuil – le deuil – un écureuil.
• l'éveil – le soleil – le miel – le sommeil.

À TOI DE JOUER…

6. Devinettes.

1. On se rafraîchit en agitant un év… .
2. On lève de lourdes charges avec un tr… .
3. En entrant dans un bâtiment public, on demande des renseignements à l'… .

Les noms terminés par le son [œR]

La rentrée

Je n'avais pas peur du lundi de rentrée qui approchait.
Le premier jour, ma présence dans la classe n'est évidemment pas passée inaperçue. Des chuchotements me parvenaient de toute part… L'instituteur a invité chaque élève à se présenter. Quand mon tour est venu, j'ai parlé clairement. Ce n'est pas parce qu'on est aveugle qu'on est timide.
Ensuite le maître a proposé que je fasse une démonstration de mon ordinateur. Quand j'ai parlé dans mon micro et que mes paroles se sont affichées sur l'écran, tout le monde a été épaté. Leur stupeur a continué de plus belle quand l'ordinateur a répété ce que je venais de lui dicter !
– Peux-tu aussi nous expliquer comment tu lis avec les doigts ? a demandé l'instituteur.
– Monsieur ! s'est écrié un garçon. On pourra essayer ?
La première matinée s'est déroulée ainsi : moi qui expliquais, les autres qui voulaient apprendre…

T. Lenain, *Loin des yeux, près du cœur*.

a. De quel handicap souffre le narrateur ?
b. Quel outil utilise-t-il en classe ?
c. De quels logiciels particuliers cet outil est-il équipé ?

Je découvre

1. Relève, dans la lecture, les noms terminés par le son [œR]. Quelles remarques peux-tu faire sur leurs terminaisons ?

> Les noms **masculins** et **féminins** terminés par le son [œR] s'écrivent généralement **eur** (œur pour **sœur**, **cœur** et **chœur**).
> *Exemples :* un ordinat**eur**, la coul**eur**.
> *Exceptions :* le beurre, un heurt, un leurre, une demeure, l'heure.

Je m'entraîne

2. À partir des adjectifs qualificatifs, trouve des noms formés avec le suffixe **eur**.

Exemple : rouge ▶ la rougeur.

laid – pâle – haut – long – froid – lent – profond – chaud – épais.

3. Recopie les phrases et complète les noms avec le son [œR]. Attention aux exceptions !

- Christophe Colomb était un grand navigat… .
- Marine a acheté un aspirat… et un fer à vap… .
- Il existe le saut en long… et le saut en haut… .
- « Sois à l'h… au rendez-vous », dit Valérie.
- Pour son anniversaire, Pauline invitera son frère et ses deux s… .

4. À partir des verbes, trouve des noms formés avec le suffixe **eur**.

Exemple : dompter ▶ un dompteur.

sauver – suer – labourer – effrayer – mentir – noircir – animer – luire – voyager – valoir.

À TOI DE JOUER…

5. Qui suis-je ?

- Je permets de monter sans efforts : je suis l'… .
- Muscle cardiaque : je suis le … .
- Fabriqué à partir du lait : je suis le … .
- Entre le froid et le chaud : je suis la … .
- Une très grande colère : je suis la … .

Les noms féminins terminés par les sons [e], [te] ou [tje]

Les dragons du roi

Octobre 1685 – Louis XIV révoque l'édit de Nantes. Il envoie ses soldats chez les protestants pour les obliger à se convertir au catholicisme…

Cette première nuit fut une nuit blanche. Toute la maisonnée servait les dragons, dont la soif et l'appétit ne connaissaient pas de limites. Picard et le Charmeur, un soldat à qui il manquait la moitié du visage, avaient sorti de l'armoire la belle nappe damassée que l'on dépliait une fois l'an, pour la Nativité. Les enfants stupéfaits voyaient les dragons puiser dans les provisions de l'année comme s'ils étaient au pays de Cocagne[(1)]. Leur mère leur mesurait chaque soir une mince tranche de lard, et il fallait rendre grâces à l'Éternel avant d'y toucher. Les soldats, eux, avaient trouvé dans le lardier le demi-cochon qui devait nourrir la famille jusqu'à la Noël. Ils se taillaient d'énormes tranches, qu'ils mettaient à griller sur les braises de la cheminée. On n'allumait pas le feu chez les Mazel avant la mi-novembre, mais les dragons jetaient des bûches dans la flamme pour le plaisir d'envoyer Antoine en chercher d'autres. Quand Élisabeth vit la première tache sur la belle nappe, elle regarda sa mère avec épouvante, craignant pour le malpropre. Mais Jeanne Mazel ne dit rien. […]

Les enfants avaient les yeux qui leur piquaient, à cause du sommeil et de la fumée des pipes ; pourtant, leur mère, au lieu de les envoyer coucher, les gardait auprès d'elle, comme s'ils la protégeaient. Élisabeth entendit sonner les heures au clocher de l'église voisine. Elle ne tenait plus debout, et ne savait pas trop si ces invités d'un soir étaient amis ou ennemis.

Antoine se méfiait de Picard. L'homme lui avait déjà allongé deux coups de botte sournois. Il faisait un détour pour passer hors de sa portée quand il revenait de la cave, chargé de bouteilles et de jambons.

S. et F. KUPFERMAN, *La nuit des dragons*, coll. « Le livre de poche jeunesse. Roman historique », Hachette Jeunesse.

(1) Cocagne : pays où l'on trouve tout en abondance.

a. Comment s'appellent les soldats du roi ? la maîtresse de maison ? ses enfants ?
b. Pourquoi les enfants sont-ils stupéfaits de ce qui se passe ?
c. Explique pourquoi Jeanne Mazel ne reproche rien aux dragons.

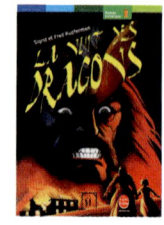

Je découvre

1. Relève, dans la lecture, tous les noms féminins terminés par les sons [e], [te] ou [tje]. Classe-les en fonction de leurs terminaisons : é ou ée. Quelles remarques peux-tu faire ?

2. Complète les noms féminins avec é ou ée. Épelle les terminaisons.

une arm… – la méchancet… – une pouss… – une denr… – la royaut… – la voracit… – l'autorit… – une corv… – une id… – la cruaut… .

Les noms féminins terminés par le son [e] s'écrivent **ée**, sauf la **clé** (ou **clef**).
Exemples : une ann**ée**, une maisonn**ée**, une vall**ée**.

Les noms féminins terminés par les sons [te] ou [tje] s'écrivent généralement **é**.
Exemples : la difficult**é**, la gaiet**é**, la moiti**é**.

Exceptions :
– la dict**ée**, la jet**ée**, la mont**ée**, la pât**ée**, la port**ée** ;
– les noms exprimant le **contenu d'une chose**.
Exemple : le contenu d'une pelle ▶ une pellet**ée**.

Je m'entraîne

3. Recopie et complète les noms féminins avec **é** ou **ée**.

une tranch… – une all… – la sociét… – la matin… – la sonorit… – la fermet… – la jet… – la poign… – la mont… – la pur… – la qualit… – la réalit… – une vall… .

4. Recopie les phrases et complète les noms inachevés.

• La jungle recèle une grande diversit… de plantes.
• Nous nous sommes parlé en toute libert… .
• Quand on conduit une voiture, la sobriét… est une nécessit… .
• Toutes ces bûches permettront de faire de belles flamb… dans la chemin… .
• Ce magazine annonce plusieurs nouveaut… pour la rentr… .

5. Dans ce texte, retrouve et recopie quatre noms féminins terminés par les sons [e], [te] ou [tje]. Explique leur terminaison.

Une poussée de fièvre pour Adrien !

Il ne trouva pas ce qu'il cherchait, en fut à moitié étonné. Sa mère rangeait rarement les choses à leur place. La veille, elle avait perdu sa carte d'identité. La semaine dernière, il lui avait fallu pas moins d'une demi-heure pour remettre la main sur ses clés de voiture… Adrien fouillait à présent dans les tiroirs d'une commode. C'est alors qu'une sonnerie retentit, plus grave que celle du téléphone : la sonnerie de la porte du jardin !

O. DANIEL, *Danger pour Adrien*, coll. « Ratus poche », Hatier.

6. Écris une phrase dans laquelle tu utiliseras à la fois un nom terminé par le son [e] et un nom terminé par le son [te].

7. Remplace chaque adjectif qualificatif par le nom dérivé.

Exemple :
un geste simple ▶ la simplicité d'un geste.

• une personne généreuse   • un animal fidèle
• un directeur autoritaire   • une tasse fragile
• de l'herbe humide   • de l'eau claire
• une belle aquarelle   • un colis léger

8. Recopie les phrases et complète les noms inachevés.

• Le candidat attendait son résultat avec anxiét… .
• Le maçon transporte une brouett… de sable.
• Cette armoire est vraiment une antiquit… !
• Ton jugement est plein de sensibilit… .
• Qui peut manger une telle assiett… ?

À TOI DE JOUER…

9. Retrouve sept noms terminés par les sons [e] ou [te] dans la grille.

Lis de droite à gauche ou de gauche à droite, de haut en bas ou de bas en haut.

T	U	M	P	V	V	N
C	R	A	E	O	H	U
E	V	A	L	L	E	E
E	M	E	I	O	P	E
S	E	E	S	N	E	P
U	D	I	C	T	E	E
F	E	R	M	E	T	E

105

La lettre finale d'un nom ou d'un adjectif

Les nids

As-tu déjà observé un **nid** en te demandant comment l'oiseau pouvait construire quelque chose d'aussi élaboré ? Les scientifiques pensent que les oiseaux savent d'**instinct** bâtir leur nid, qu'ils ne l'apprennent pas d'autres oiseaux.

Il existe des centaines de types de nids, le plus commun étant celui en forme de bol fabriqué avec des brindilles ou des brins d'herbe. Mais l'aspect comme le matériau utilisé varient beaucoup d'une espèce à l'autre.

Certains oiseaux creusent un simple trou dans le sable ou constituent un **amas** de brindilles. Le nid peut être tout **petit** ou très **grand**. Il peut contenir diverses trouvailles, comme des cheveux, du papier, des feuilles d'aluminium, des bouts de ficelle, des plumes…

Les puffins et les martins-pêcheurs creusent des galeries au fond desquelles ils placent leur nid. Les loriots construisent des paniers **profonds** qu'ils accrochent aux fourches des arbres. Quelle que soit leur forme, les nids permettent aux oiseaux de garder leurs œufs au **chaud** et, pour la plupart, de protéger leurs petits des prédateurs.

E. Brinkley, *Les oiseaux*, coll. « Larousse explore », © Larousse 2001.

a. Quel est le type de nid le plus répandu ?
b. Quel est le type de nid construit par les loriots ?
c. Quel est le rôle du nid ?

Je découvre

1. Justifie la dernière lettre des noms et des adjectifs en gras dans le texte.

2. Donne le féminin des adjectifs.

droit – pétillant – surpris – gros – gourmand – mauvais – appétissant – gentil – patient – désert.

3. Donne le féminin des groupes nominaux.

un commerçant – un gagnant – un montagnard – un Finlandais – un fainéant – un client – un marchand – un enseignant – un villageois – un Français.

4. Justifie la dernière lettre de chaque nom à l'aide d'un mot de la même famille.

un fusil – le galop – le dos – le bois – un matelas – le lait – un champ – un chant – une dent – le sang – le sport – un sanglot – le riz – le port – un porc – un camp – le plomb – le poing – le confort.

5. Donne la lettre finale de chaque adjectif qualificatif. Justifie cette lettre en trouvant l'adverbe correspondant.

profon… – lour… – étroi… – exac… – ver… – préci… – gratui… – parfai… – gra… – comple… – discre… .

De nombreux noms ou adjectifs se terminent par une consonne **qui ne se prononce pas**.
Exemples : un ni**d**, l'aspec**t**, chau**d**, un ama**s**.

On peut essayer de trouver cette consonne :
– en mettant le nom ou l'adjectif au **féminin** ;
Exemples : un plant ▸ une plan**te** ; grand ▸ gran**de**.

– en cherchant un mot de la **même famille**.
Exemples : un amas ▸ ama**sser** ; un camp ▸ le cam**ping** ; grand ▸ la gran**deur**.

Je m'entraîne

6. Recopie les phrases et complète les mots inachevés.
- Le placar… est fermé à l'aide d'un cadena… .
- Marie met son argen… dans son porte-monnaie en cuir.
- Arthur a emporté son bonne… aux spor…s d'hiver.
- Ma sœur a eu son permi… de conduire.
- Le kangourou fait un gran… sau… pour s'échapper.
- Ce frui… est un abrico… .

7. Trouve le nom correspondant à chaque verbe.

embarrasser – draper – tapisser – planter – regarder – comploter – accorder – abuser – flotter – outiller – tronçonner – s'adosser – mépriser – poignarder.

8. Recopie et complète chaque nom. Justifie sa lettre finale en trouvant un mot de la même famille.

un accro… – un pla… – un li… – un sursau… – un arrê… – un trico… – un bor… – un Anglai… – un accen… – l'univer… .

9. Recopie les phrases et complète les mots inachevés.
- Après la tempête, le toi… est abîmé.
- Le prix du transpor… de ces marchandises est très élevé.
- Le coû… de cette voiture est très importan… .
- Le marqui… était fier de rencontrer le roi.
- Mon grand frère Alexandre est étudian… à l'Université.
- La police a pris ce brigan… la main dans le sac.
- Cette étoile brille de tout son écla… .

10. Lis le texte et observe les mots en gras. Justifie la consonne finale des noms à l'aide d'un mot de la même famille.
Justifie la consonne finale des adjectifs qualificatifs en les mettant au féminin.

Le baleineau

[…] J'ai soufflé de l'air par mes deux **évents** comme un petit fou ! […]
J'étais tellement **content** que j'ai accompli un **bond** formidable hors de l'eau ! Au soleil **couchant**, mon souffle formait un arc-en-ciel **brillant**. […]
En suivant les traces d'une raie géante, nous avons découvert un drôle de poisson très **long** et très **froid**, qui ressemblait à un espadon, avec des yeux **ronds** sur les côtés… J'ai eu peur.
Mais, Monsieur Oktopus, qui sait toujours tout, m'a dit que ce n'était pas un poisson, mais un sous-marin.

F. Faucompré, *Arthur le baleineau*, Hachette Jeunesse.

À TOI DE JOUER…

11. Devinettes

1. Partie de la tige d'un arbre depuis les racines jusqu'aux premières branches : c'est le … .
2. Personne qui se présente à un examen, à un jeu ou à des élections : c'est un … .
3. Lutte entre deux ou plusieurs personnes : c'est un … .
4. Action de placer quelque chose quelque part : c'est un … .
5. Sens par lequel on perçoit les saveurs : c'est le … .

a ou à – et ou est

Une curieuse petite fille

Le célèbre tableau représentant la Joconde ne se trouve pas, comme tout le monde le croit, au musée du Louvre mais chez Amandine Toupet, dans sa chambre, au-dessus de la commode. Si vous avez croisé Amandine Toupet, dans la rue ou dans un magasin, vous l'avez sûrement remarquée. C'est une petite fille de neuf ans avec de grandes, de très grandes nattes blondes. Vive et curieuse, elle est sans cesse à l'affût, prête à mettre son nez ici ou là, et surtout là. Depuis qu'elle est toute petite, Amandine a toujours aimé dessiner et peindre. C'est pourquoi, chaque mercredi, Arthur, un jeune homme qui habite l'appartement voisin des Toupet, vient donner à Amandine des cours de peinture.

« Un peu plus de bleu ici, un peu moins de rouge là… » lui conseille-t-il.

Amandine a beaucoup d'admiration pour Arthur. Bien sûr, il est tête en l'air et ses grosses lunettes vertes ne l'avantagent pas, mais il recopie n'importe quel tableau à la perfection ! Ensemble ils vont parfois se promener dans les musées. Aujourd'hui, ils ont décidé d'aller visiter le Louvre. Le Louvre est un imposant bâtiment qui comprend le département des antiquités, celui des momies, des sculptures, des peintures… Amandine est très impressionnée. C'est comme si le Louvre était un véritable pays, avec sa propre géographie. Pour atteindre certains départements, il faut grimper plusieurs étages ! Pour d'autres, il faut s'aventurer dans les sous-sols…

C. TERNAUX, *Le secret de la Joconde*, Grasset Jeunesse.

a. Quelle est la particularité physique d'Amandine ?
b. Peux-tu citer deux départements du musée du Louvre ?
c. Cite un trait de caractère d'Amandine et un d'Arthur.

Je découvre

1. Relève, dans la lecture, les mots et et est. Justifie à chaque fois leur orthographe.

2. Relève, dans la lecture, les mots a et à. Justifie à chaque fois leur orthographe.

3. Lis le texte en remplaçant, quand c'est possible, les mots en bleu par avait et les mots en orange par était.

« La Joconde ne nous regarde pas ! explique Arthur, un pinceau dans une main, une palette de couleurs dans l'autre. C'est une illusion due au talent de l'artiste ! »

Amandine n'est pas convaincue. Arthur est très habile, et la copie de la Joconde qu'il vient d'exécuter est vraiment ressemblante.
Cependant, ce n'est pas exactement le même regard, ni le même sourire, que ceux de la Joconde qu'elle a vue au Louvre. À un poil près, mais ce poil chatouille la curiosité d'Amandine. Elle ne dit rien à Arthur mais elle a pris la décision de retourner au Louvre pour découvrir le secret de la Joconde. Car il y a un mystère dans ce regard et ce sourire, Amandine en est persuadée.

C. TERNAUX, *Le secret de la Joconde*, Grasset Jeunesse.

a, sans accent, est le verbe **avoir** conjugué à la 3ᵉ personne du singulier du présent de l'indicatif. Il peut être remplacé par **avait** (verbe **avoir** à l'imparfait).
Exemple : Arthur **a** du talent. Arthur **avait** du talent.

à, avec accent, est une **préposition**.
Exemple : Arthur donne des cours **à** Amandine.

est correspond au verbe **être** conjugué à la 3ᵉ personne du singulier du présent de l'indicatif. Il peut être remplacé par **était** (verbe **être** à l'imparfait).
Exemple : La Joconde **est** un tableau de Léonard de Vinci.
La Joconde **était** un tableau de Léonard de Vinci.

et est une conjonction. Elle unit deux noms, deux verbes, deux adjectifs qualificatifs…
Exemple : On voit des <u>peintures</u> **et** des <u>sculptures</u>.
                     nom   nom

Je m'entraîne

4. Recopie et complète les phrases avec **a** ou **à**. Justifie l'emploi de **a** en écrivant **avait** entre parenthèses.

- L'araignée … huit pattes qui lui servent … se déplacer rapidement.
- Un insecte n'… que six pattes et un corps qui se compose de trois parties : la tête, le thorax et l'abdomen.
- De fleur en fleur, l'abeille … transporté du pollen accroché … ses pattes.
- Le papillon … de très jolies ailes.
- Les guêpes se construisent un nid … l'intérieur de cette vieille maison.
- La sortie … la ferme … de fortes chances d'être annulée.
- Tout l'été, Mathis … fait de la planche … voile.
- Chloé … envie de manger une glace … la fraise.

5. Recopie le texte et remplace les mots en orange par **avait**, quand c'est possible.

Monsieur et madame Cassard habitent la ferme **à** côté de la nôtre. Les Cassard ont deux enfants, deux garçons. Ils s'appellent Bernard et Richard. Quelquefois, je vais chez eux pour jouer.
Je suis une fille et j'ai huit ans.
Bernard aussi **a** huit ans.
Richard **a** trois ans de plus. Il **a** dix ans.
Quoi ? Ah ! non, c'est vrai.
Il **a** onze ans.
La semaine dernière, il est arrivé quelque chose de très drôle à la famille Cassard. Je vais essayer de vous le raconter de mon mieux.

R. Dahl, *Le doigt magique*, trad. M. Saint-Dizier et R. Farré, © Roald Dahl Nominee Ltd., 1966, © Éditions Gallimard.

6. Recopie et complète les phrases avec **et** ou **est**.

- Cette fleur … le symbole de l'amour.
- Clara … l'amie de Souad … de Manon.
- La reine-claude … une prune sucrée … juteuse.
- Le troupeau … constitué de cinquante vaches … vingt veaux.
- La collecte de vêtements … de jouets pour cette œuvre de bienfaisance … une réussite.

7. Recopie et complète le texte avec **a** ou **à** ou bien avec **et** ou **est**.

L'aigle royal … le plus bel oiseau que je connaisse : il … majestueux … impressionnant. Il … de grandes ailes avec des plumes blanches … brunes. Il … vraiment superbe quand il s'envole de son aire pour aller … la recherche de nourriture pour ses petits.

8. Recopie et complète les phrases avec **a** ou **à** ou bien avec **et** ou **est**.

- Nathan … eu la grippe … la varicelle.
- … quelle heure … -il arrivé ?
- Ma tante … une véritable citadine … mon oncle … un véritable amoureux de la campagne.
- Le crocus … un bulbe qu'il faut planter … l'automne.
- Pour mon anniversaire, mon parrain m'… offert un voyage … Londres.
- Le Groenland … un pays de neige … de glace.

109

on ou ont – son ou sont

La France d'outre-mer

La France d'outre-mer est constituée aujourd'hui des restes dispersés dans le monde de son empire colonial formé entre les XVIIe et XIXe siècles.

On distingue :

– Les départements d'outre-mer (DOM : Martinique, Guadeloupe, Réunion, Guyane, qui sont des départements français comme les autres. Ils sont régis par les mêmes lois et institutions que le territoire national.

– Les collectivités d'outre-mer (COM : Polynésie, Nouvelle-Calédonie, Wallis-et-Futuna, Saint-Pierre-et-Miquelon et Terres australes[1]) qui ont chacune un statut particulier. Le pouvoir y est exercé par un représentant de la République et une assemblée élue par la population résidante.

Les DOM-COM regroupent plus de deux millions d'habitants. La plupart sont des îles situées dans la zone chaude. L'accroissement de la population y est important et on constate un fort développement du tourisme. À l'inverse, les Terres australes et antarctiques françaises, très inhospitalières, battues par des vents violents, sont situées à l'extrême sud du Pacifique et sont inhabitées. L'île de Kerguelen abrite une base météo. La terre Adélie est une tranche de l'immense continent antarctique. Les expéditions polaires françaises (missions Paul-Émile Victor) sont chargées d'y assurer la présence française depuis 1950.

(1) Terres australes : Crozet, Kerguelen, Nouvelle-Amsterdam et Saint-Paul.

a. Pourquoi existe-t-il une France d'outre-mer ?
b. Quelles différences y a-t-il entre les départements et les collectivités d'outre-mer ?
c. Où est située la terre Adélie ?

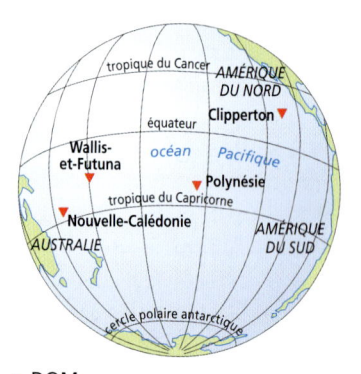

● DOM
▼ COM

Je découvre

1. Relève, dans la lecture, les mots on et ont. Justifie pour chacun leur orthographe.

2. Lis les phrases en remplaçant on par il et en conjuguant l'auxiliaire avoir à l'imparfait de l'indicatif.

● On goûte les cerises qui ont une belle couleur.
● On se presse de rentrer car des nuages ont obscurci le ciel.
● On aime écouter ces musiciens antillais qui ont un grand talent.
● On parle de ces aventuriers qui ont exploré les Terres australes.

3. Relève, dans la lecture, les mots son et sont. Justifie pour chacun leur orthographe.

4. Transforme ces phrases à l'imparfait de l'indicatif.

● Mathilde demande à son frère et à son camarade s'ils sont prêts à l'accompagner à la piscine.
● Où sont rangées mes billes ?
● Je n'aime ni l'image ni le son des téléviseurs qui sont exposés.
● Ces scientifiques sont en poste pour six mois.

on est un **pronom personnel** ; il peut être remplacé par **il**.
Exemple : On revient des Antilles.

ont est le verbe **avoir** conjugué au présent, à la 3e personne du pluriel ; il peut être remplacé par **avaient** (imparfait).
Exemple : Ces îles ont des plages magnifiques.

son est un **déterminant possessif** ; il peut être remplacé par **mon** ou **ton**.
Exemple : Son cousin vit à la Réunion.

sont est le verbe **être** conjugué au présent, à la 3e personne du pluriel ; il peut être remplacé par **étaient** (imparfait).
Exemple : Les Terres australes sont bien loin de la France.

Je m'entraîne

5. Écris les phrases en remplaçant **on** par un des noms suivants :
Le touriste – Le metteur en scène – Le guitariste – L'ornithologue – Le garagiste.

- On joue de la musique classique.
- On change une roue.
- On photographie les monuments.
- On étudie la vie des oiseaux.
- On tourne un nouveau film.

6. Écris les phrases à l'imparfait de l'indicatif.

- Son cousin et son oncle sont arrivés vendredi.
- Ces deux cahiers sont-ils à Morgane ?
- Les sièges de sa voiture sont très abîmés.
- Ses notes et son classement sont satisfaisants.
- Les chemins qui mènent à son domicile sont boueux.
- Son chien et son chat sont de grands amis.

7. Recopie et complète le texte avec **on** ou **ont**.

Hier soir, … a entendu des coups de feu. Les policiers … commencé leur enquête très vite ; ils … parcouru le quartier dans tous les sens, mais n'… pas découvert d'indices. … a même pu les voir scruter l'eau de la rivière. Maintenant, … attend de savoir ce qu'ils … découvert.

8. Écris les phrases en mettant les groupes sujets en bleu au pluriel. Attention aux accords !

- Le spectateur est passionné par le film.
- Ce magasin est ouvert même le dimanche.
- La fillette est trempée par l'orage.
- Quand son chien est triste, il pleut !
- Sans casque, ce motard est imprudent.

9. Recopie et complète le texte avec **son** ou **sont**.

Dans le désert, les Touaregs … appelés « les hommes bleus » parce qu'ils … souvent vêtus de robes de tissu bleu foncé. Ce … , encore à notre époque, des tribus nomades. Les dromadaires … des marcheurs infatigables qui les aident à se déplacer ; ils … très friands de sel.
La famille dort sous une même tente ; … toit est si bas qu'on ne peut pas s'y tenir debout.

À TOI DE JOUER...

10. Observe le dessin. Décris-le en trois phrases en utilisant **son** ou **sont**.

ou ou où – se ou ce

La perle phosphorescente

L'un des villageois aperçut un gros coquillage, dans la vase laissée par le fleuve. Il l'ouvrit, et y découvrit une perle noire, toute sale, mais enfin une perle.

« Jeune homme, nous n'avons rien de convenable à vous offrir, mais nous vous en prions, emportez cette perle en souvenir de nous. »

A-eul reçut la perle avec des remerciements, et reprit sa marche tout en se disant que ce n'était pas une pauvre perle comme celle qu'il rapportait que désirait la princesse. Malgré tout, le sentiment d'avoir accompli une bonne action lui réchauffait le cœur et le consolait. Entre-temps, le frère aîné était arrivé au golfe, où il avait trouvé la princesse. S'inclinant profondément devant elle, il lui dit :

« Princesse, je te rapporte la perle phosphorescente. Je te prie donc de devenir ma femme.

– Reviens ce soir, répondit la princesse, seule la nuit peut décider si c'est bien la vraie perle phosphorescente que tu apportes ou une perle ordinaire. »

À la nuit tombée, le frère aîné revint au bord du golfe avec son trésor. Mais, ô stupeur, la perle brillante, la perle à l'orient lumineux, la perle n'émettait pas le moindre rayonnement dans la nuit.

« Ce n'est pas la vraie perle que tu as apportée, déclara tristement la princesse.

– Mais c'est impossible », dit le frère aîné, en se fâchant. Il reprit la perle de la main de la princesse, pour mieux voir, et du coup la perle éclata. Sur la paume du jeune homme, là où était la perle, il n'y avait plus qu'une goutte d'eau.

Quelques jours plus tard, A-eul à son tour arriva au bord du golfe. Il dit à la princesse :

« Je te prie de ne pas m'en vouloir, ô Princesse, mais je n'ai pas pu te rapporter la perle du palais royal.

– Et que portes-tu dans ton foulard noué en coin ? demanda la princesse, curieuse.

– Pas grand-chose, Princesse ! Ce n'est qu'une perle tout ordinaire, que m'ont offerte de braves gens, en cours de route.

La perle phosphorescente, in « Contes chinois », texte original par D. et M. STROVICKOVA, trad. de G. PHILIPPOT et Y. JOYE, © Éditions Gründ, Paris, pour l'édition française.

a. Quelle perle A-eul doit-il rapporter à la princesse ?
b. Quelle sera la récompense pour celui qui rapportera cette perle ?
c. À ton avis, comment va se terminer ce conte ?

Je découvre

1. Relève, dans la lecture, les mots **ou** et **où**. Justifie pour chacun leur orthographe.

2. Relève, dans la lecture, les mots **se** et **ce**. Justifie pour chacun leur orthographe.

3. Lis ce texte en le complétant avec **ou**, **où**, **ce** ou **se**. Épelle ces mots.

… … cache … coquin de chat ? Est-il sous le buffet … derrière … fauteuil ? Quand va-t-il … montrer ? Décidément, … chat est trop rusé … trop peureux !

ou est une conjonction. Elle peut être remplacée par **ou bien**.
où est un adverbe ou un pronom relatif. Il indique le plus souvent une idée de lieu.
Exemple : Où avez-vous trouvé la perle ? Dans un fleuve <u>ou</u> dans la mer ?
                                              ou bien

se est un pronom toujours placé devant un verbe. Il peut être remplacé par **me** ou **te** lorsque l'on change de personne. Il peut être précédé par **il(s)**, **elle(s)** ou **on**.
Exemple : Le garçon se met en marche. ▶ Je me mets en marche, tu te mets en marche.

Dans tous les autres cas, on écrit **ce**.
Exemples : Je n'aime pas <u>ce</u> bijou. Je crois <u>ce</u> que tu dis.
                   déterminant   pronom

Je m'entraîne

4. Recopie et complète les phrases avec ou ou où.

- … sont rangées mes chaussures ?
- Pierre est-il encore là … est-il déjà reparti ?
- Je prendrai du fromage … un yaourt.
- Nous viendrons vous voir samedi … dimanche.
- Cette ville … je suis née est près de la rivière.
- Mes parents ont acheté un terrain … nous passerons nos vacances en camping et … ils construiront plus tard une maison.

5. Recopie et complète avec ce ou se.
À chaque fois que tu écriras **se**, conjugue le verbe à la 3ᵉ personne du singulier du présent de l'indicatif.

Exemple : ce médicament – se soigner (elle se soigne).

… promener – … crayon – … livre – … bijou – … laver – … gâteau – … déguiser – … précipiter – … chien – … tordre.

6. Recopie et complète les phrases avec ce ou se, puis réécris-les au pluriel.

- … cerisier … couvre de fleurs.
- Je ne sais pas … que cherche … promeneur.
- … tee-shirt … salit très vite.
- Mon frère est long à … préparer … matin.
- Mais pour qui … prend … monsieur ?
- J'aime beaucoup … que ma mère cuisine. On voit bien qu'elle … fait plaisir en préparant … joli plat.

7. Recopie et complète les phrases avec ou ou où.

- Qui peut me dire … se trouve Caracas ? Au Venezuela … en Colombie ?
- Cette réunion … se pressent les journalistes sera présidée par le directeur … le directeur adjoint.
- Je retournerai en mars … en avril dans ce village … j'ai passé mes dernières vacances.
- Dans la ville … vous habitez, êtes-vous locataire … propriétaire ?
- La foudre est tombée tout près de la maison … ils habitent.
- Le vent … la pluie, la neige … la grêle, rien n'arrête ce passionné de vélo.

8. Écris deux phrases dans lesquelles tu emploieras à la fois ce et se.

9. Recopie et complète le texte avec ou, où, ce ou se.

Dans … hangar, les hommes … pressent. … soir … demain matin, ils doivent finir d'assembler … grand pantin qui, dimanche, … trouvera en plein centre de la place … … déroule la fête. … sera la grande attraction du défilé.

À TOI DE JOUER…

10. Construis des phrases amusantes selon l'exemple.

Exemple : Où sont passés mes amis les poissons ?
Sont-ils à l'Opéra ou cachés sous le paillasson ?

ces ou ses – mais ou mes

📖 Le repas des souris

Pendant que la reine coupait, de ses blanches mains, des tranches de lard, très fines, et qu'elle s'apprêtait à les jeter dans la casserole, une petite voix se fit soudain entendre à ses côtés :

« Ma belle amie, disait la voix, j'ai bien faim. Ne m'oubliez pas et laissez-moi grignoter quelques petits morceaux de votre lard. »

En entendant ces mots, la bonne Lisbeth tourna ses regards vers l'angle du fourneau et aperçut une petite bête, couverte d'un beau manteau, qu'elle reconnut aussitôt pour la princesse Trotte-Menu, la reine des souris.

« Je ne puis pas te refuser l'aumône, reine des souris, fit-elle. Mange à ta faim.

– Grand merci, princesse Lisbeth, répondit la souris. Tu es aussi bonne que tu es belle et adroite, mais cette première faveur n'est pas la seule que j'aie à te demander. Permets-moi encore, quand je serai rassasiée, d'inviter quelques-uns de mes enfants à profiter de la bonne aubaine qui s'offre à moi. L'année est dure, vois-tu. Notre récolte de noix n'a pas été abondante et bien des petites souris sont mortes parce que personne n'a voulu leur faire la charité. »

La princesse Lisbeth fut émue de ces plaintes qui n'étaient pourtant pas sincères. Car, vous l'avez deviné, mes petits enfants, Trotte-Menu était une bête méchante et menteuse. Hélas, Lisbeth ne le vit pas et accorda à cette souris tout ce qu'elle voulut. La reine Trotte-Menu ne se le fit pas dire deux fois. Elle commença par apaiser son appétit, puis elle appela ses frères, ses fils, ses cousins et une partie de son peuple. Tous ces gourmands, sans se gêner, dévorèrent une grande partie du lard, pendant que Lisbeth était occupée dans une pièce voisine. À son retour, elle ne trouva plus que la moitié de ses tranches fines, et dut se débrouiller pour cuisiner son saucisson avec les restes du festin de mesdames les souris !…

E.T.A. Hoffmann, *Casse-Noisette*, Bibliobus n° 4, Hachette Éducation.

a. Quel est le nom de la reine des souris ?
b. Qui celle-ci a-t-elle invité ?
c. Qu'est-ce que Lisbeth devait préparer avec le lard ?

🔍 Je découvre

1. Relève, dans la lecture, les mots ces et ses.
Justifie à chaque fois leur orthographe.

2. Relève, dans la lecture, les mots mes et mais.
Justifie à chaque fois leur orthographe.

ces est un **déterminant démonstratif**; il est le pluriel de **ce**, **cet** ou **cette**.
Exemple : Dans ces saucissons, il y a beaucoup de gras.
　　　　　　ce saucisson

ses est un **déterminant possessif**; il est le pluriel de **son** ou **sa**.
Exemple : Elle appelle ses frères.
　　　　　　　　son frère

mes est un **déterminant possessif**; il est le pluriel de **mon** ou **ma**.
Exemple : Je range mes casseroles dans le tiroir.
　　　　　　　　ma casserole

mais est un **mot invariable** qui marque une **idée contraire** à ce que l'on vient de dire. Il peut être remplacé par **pourtant**, **par contre**...
Exemple : J'aime les animaux, mais j'ai peur des souris.
　　　　　　　　　　pourtant

Je m'entraîne

3. Écris les groupes nominaux au singulier.

- ses animaux favoris
- ces garçons bruyants
- ses vieilles armoires
- ses pianos droits
- ces hautes montagnes
- ses lèvres abîmées
- ces arbres centenaires
- ses oreilles fines

4. Écris les phrases en mettant les mots en bleu au pluriel. Attention aux accords !

- Sa camarade téléphone souvent.
- Océane a jeté ce livre, car il était déchiré.
- Mon oncle a acheté son ordinateur.
- Dans cette classe, dix élèves sont malades.
- Est-ce du blé qui pousse dans ce champ ?
- Nous mangeons des fruits grâce à ce pommier.
- Idriss doit accorder sa guitare.
- Pourquoi cet avion a-t-il du retard ?
- Cet encadrement est très réussi.

5. Recopie et complète les phrases avec ces ou ses.

- Souvent, … longs cheveux noirs sont tressés.
- Alexis est content ; … résultats s'améliorent.
- J'aime me promener dans … vieux villages.
- Dans … grandes salles, nos pas résonnent.
- Où as-tu pris … pièces ?
- Henri aime raconter … anciens voyages dans … régions où vivent les phoques.

6. Recopie et complète les phrases en tenant compte du début proposé et en exprimant une opposition ou une restriction.

Exemple : On était en été, mais la nuit était fraîche.

- Il a dit qu'il viendrait, mais … .
- Le trimaran va prendre le départ, mais … .
- Pedro aurait bien acheté un autre CD, mais … .
- La pluie vient de s'arrêter, mais … .
- J'accepte ton offre, mais … .
- Les chocolats belges sont délicieux, mais … .
- L'Indien avançait en se cachant, mais … .

7. Recopie et complète les phrases avec mais ou mes.

- Yanis et Quentin sont … amis depuis longtemps.
- Il vit à Paris, … il est d'origine bretonne.
- « Où as-tu rangé … rollers ? » demande Pauline à sa mère.
- Quand il y a du vent, … volets claquent.
- « … enfin, es-tu certaine de ce que tu dis ? » s'inquiète Charlotte.
- Ce n'est pas un léopard, … une once.
- … prochaines vacances seront en juillet.
- La grêle a abîmé … fleurs préférées.
- Le bruit l'effrayait, … , courageux, il s'élança.
- … grands-parents habitent une ferme.

L'accent circonflexe – Le tréma – La cédille

La chasse aux bisons

Au milieu de la matinée, la conque résonna, appelant tous les chasseurs. Le ciel était pâle. Le temps froid et triste. De la neige couvrait le sol et l'air humide et glacé en annonçait d'autre. Ash et Arkla, qui se trouvaient déjà dans les parages, escaladèrent la colline qui surplombait le piège, juste à temps pour voir le troupeau émerger de la forêt. Les bisons devaient passer devant les cavernes. Tous les habitants avaient reçu la consigne de rester à l'intérieur et d'éteindre les feux. Rien ne devait effrayer les animaux et les détourner de leur route. […]
– S'il se met à neiger abondamment, nous les prendrons plus vite au piège, remarqua Balafre depuis le sommet de la colline en considérant le ciel gris et bas.
Dans la grotte située en contrebas, un petit feu brûlait auprès duquel s'entassaient des combustibles destinés à être jetés dans le feu au moment voulu – ainsi que de nombreuses torches en pin. Ash observait les bisons. C'était la première fois qu'il participait au rabattage en tant que chasseur. Ce nouveau rôle l'excitait. Arkla gémissait d'impatience en voyant les animaux approcher.
Les bisons suivaient résolument la piste des migrations entre les collines et la rivière. Ils avançaient à vive allure, pressés sans doute de laisser derrière eux cet interminable passage à travers la forêt. Les traînards – les faibles, les malades et les vieux – étaient abandonnés à leur triste sort : la solidarité familiale, qui faisait partie de la vie dans les plaines, n'existait plus. Les hyènes – des bêtes que Ash haïssait – les loups et les panthères, qui les talonnaient, se chargeaient de ceux qui ne pouvaient suivre. […]
Arkla jappait d'excitation sans quitter Ash des yeux ; il attendait désespérément l'ordre de foncer sur les bisons. Regarder toutes ces proies sans rien faire allait vraiment contre son instinct.
– Pas encore, répétait Ash qui refrénait sa propre impatience, sachant que le moment propice n'était pas venu.

A. Fon Eisen, *Ash et la bête-qui-parle*, trad. C. Cazier,
© 1965 by Anthony Fon Eisen.

a. Quand cette histoire se déroule-t-elle ? Relève les éléments qui te permettent de répondre.
b. Qui est Arkla ?
c. Qui sont les traînards du troupeau ?

Je découvre

1. Relève, dans la lecture, les mots qui contiennent un accent circonflexe.
Sur quelles lettres peut-on le trouver ?
De quelle lettre modifie-t-il le son ?

2. Relève des mots contenant un ç.
À quoi sert la cédille sous le c ?

3. Relève un mot contenant un tréma.
À quoi sert le tréma ?

L'accent circonflexe
– Placé sur la voyelle **e**, il donne le son [ɛ] : la forêt.
– On peut aussi le trouver sur les voyelles **a**, **i**, **o** et **u** : pâle, un traîneau, le pôle, mûr.
– Il remplace parfois un **s** disparu (l'ho**s**pital / l'hôpital), **prolonge un son** (un bol / un rôle) et distingue des homonymes (un lieu sûr / des traces sur la neige).

Le **tréma** indique qu'il faut prononcer séparément chacune des voyelles : haïr.

La **cédille** placée sous le **c** devant les voyelles **a**, **o** et **u** permet de conserver le son [s] : un glaçon.

Je m'entraîne

4. Recopie les mots en rétablissant les trémas et accents circonflexes oubliés.

des dégats – un chene – flaner – hair – un caiman – Noel – un hotel – un trone – la machoire – un glaieul – un symptome.

5. Certains de ces mots sont mal orthographiés : il leur manque un accent circonflexe ou un tréma. Effectue les corrections nécessaires et classe les mots dans un tableau de trois colonnes :
– mots avec un accent circonflexe ;
– mots avec un tréma ;
– mots sans accent circonflexe ni tréma.

un élève – égoiste – une boite – une piqure – déjà – une école laique – un homme célèbre – la légèreté – un garçon naif – un guépard – un résultat inoui – un traitre – une tasse en faience – un mélèze – allo ! – la crème – l'ainé de la famille.

6. Recopie et complète les mots avec **c** ou **ç**.

une le…on – une balan…oire – un commer…ant – une far…e – un gla…on – un rempla…ant – une fau…ille – soup…onner – un mer…enaire – un o…éan.

7. Conjugue aux 1res personnes du singulier et du pluriel du présent de l'indicatif, puis aux mêmes personnes de l'imparfait de l'indicatif.

- Forcer le passage.
- Lacer ses chaussures.

8. Écris un texte de quelques lignes dans lequel ces quatre mots figureront.

(un) canoë – (la) taïga – (un) glaçon – (la) hâte.

9. Avec chacun de ces homonymes, rédige une phrase montrant que tu as compris leur sens. Tu peux utiliser ton dictionnaire.

- un mur – mûr
- une tâche – une tache
- sur – sûr

10. Recopie les phrases et complète les mots avec **c** ou **ç**.

- On ne trouve pas cette espè…e animale sur le territoire fran…ais.
- Je te remer…ie pour le joli cale…on que tu m'as offert.
- Nous fron…ons les sour…ils devant ses fa…ons de faire aga…antes et dépla…ées.
- Nous commen…ons un travail qui demande de la pré…ision.
- Saloua est dé…ue par sa performan…e.

À TOI DE JOUER...

11. Charades

Mon 1er est la 2e syllabe de « décoration ».
Mon 2e est inférieur à deux.
Mon 3e est un outil denté.
Mon 4e peut être un slow, un rock, une valse.
Mon tout se dit de deux choses qui arrivent par hasard en même temps.

Mon 1er est le contraire de « haut ».
Mon 2e est le département 89 et la rivière qui arrose Auxerre.
Mon 3e est au milieu de la figure.
Mon tout est un verbe signifiant « réduire au silence, interdire de parler ».

tout – chaque – quelque

Émile, un garçon modèle

Émile n'avait plus son père. Sa mère avait beaucoup à faire ; chaque jour, elle ondulait ses clientes, lavait des têtes blondes et des têtes brunes, et travaillait infatigablement pour subvenir à sa nourriture et à celle de son fils, et pour pouvoir payer la note du gaz, le charbon, le loyer, les vêtements, les livres et l'école. Mais quelquefois elle était souffrante et obligée de rester couchée. Le docteur venait et prescrivait des médicaments. Émile alors préparait quelques compresses chaudes et il faisait la cuisine pour sa mère et pour lui. Et même, pendant qu'elle dormait, il passait sur le plancher la serpillière humide afin qu'elle ne dise pas : « Il faut que je me lève ; tout va à l'abandon chez nous ! »

Allez-vous me comprendre et ne pas sourire, si je vous dis maintenant qu'Émile était un garçon modèle ? Voyez-vous, il aimait beaucoup sa mère, et il serait mort de honte s'il était resté à ne rien faire tandis qu'elle travaillait, faisait ses comptes et recommençait à travailler. Pouvait-il bâcler ses devoirs ou les copier sur ceux de Richard Naumann ? Pouvait-il faire l'école buissonnière avec tous les autres ? Il voyait quel mal elle se donnait pour ne le laisser manquer de rien et pour lui assurer tout ce que ses camarades de l'école professionnelle recevaient ou possédaient. Alors pouvait-il la tromper ou lui donner du souci ?

Émile était donc un garçon modèle. Mais il n'appartenait pas à ce genre de garçons modèles qui ne le sont que par lâcheté ou par intérêt, ou parce qu'ils sont vieux avant l'âge. C'était un garçon modèle parce qu'il voulait en être un. Il s'était promis cela, comme on se promet par exemple de ne plus aller au cinéma ou de ne plus manger de bonbons. Il s'était donc promis d'être un garçon modèle, et souvent cela lui paraissait très difficile.

E. Kästner, *Émile et les détectives*, trad. L. Faisans-Maury, Éditions Stock.

a. Quelle peut être la profession de la maman d'Émile ?
b. Qu'est-ce qui aurait pu faire qu'Émile soit mort de honte ?
c. Pourquoi Émile veut-il être un garçon modèle ?

Je découvre

1. Relève, dans la lecture, un groupe nominal contenant chaque. Ce groupe est-il au singulier ou au pluriel ?

2. Relève un groupe nominal contenant quelque. Ce groupe est-il au singulier ou au pluriel ? Pourquoi ?

3. Relève les différentes écritures de tout. Quand tout est placé devant un nom, que remarques-tu ?

4. Lis ces deux listes et constitue des groupes nominaux.

- toute
- tout
- toutes
- tous

- les nuits
- ce bruit
- les jours
- la vie
- les gens
- la musique
- le monde
- les feuilles

Quand **tout** est placé devant un nom, il s'accorde en **genre** et en **nombre** avec ce nom.
Exemples : **tout** le jour (masculin, singulier) ; **tous** les jours (masculin, pluriel) ; **toute** la nuit (féminin, singulier) ; **toutes** les nuits (féminin, pluriel).
Lorsque **tout** signifie « entièrement, tout à fait, l'ensemble », il est **invariable**.
Exemple : Émile est **tout** content.

chaque détermine toujours un nom singulier.
Exemple : **chaque** matin.

quelque détermine le nom devant lequel il est placé ; il prend la marque du pluriel quand il a le sens de plusieurs.
Exemple : **quelques** enfants.
Certaines expressions restent au singulier : **quelque** part, **quelque** chose, **quelque** temps.

Je m'entraîne

5. Écris et complète les phrases avec **tout**, **tous**, **toute** ou **toutes**.

- La voiture roule à … vitesse.
- Certains Américains déménagent … les deux ans.
- Le couvreur a posé … les tuiles du toit.
- Romain a terminé … son puzzle.
- … les mots de la langue française appartiennent à une classe.
- Marine a rangé … ses peluches.
- Nos voisins ont plié … leur matériel de camping.
- J'aime … les fruits exotiques.

6. Réécris les phrases en utilisant **chaque**. Attention aux accords !

Exemple : Les murs sont peints en blanc
▶ Chaque mur est peint en blanc.

- Les artisans fabriquent de belles œuvres.
- Les sportifs s'entraînent intensément.
- Les photographies étaient exposées au public.
- Les crêpes se mangent avec du sucre.
- Nos voyages nous laissent de superbes souvenirs.
- Les ordinateurs fonctionnent avec une imprimante.
- Les incendies détruisent un peu de notre planète.
- Les ours cherchent un abri dans la forêt pour passer l'hiver.

7. Écris les phrases en accordant **quelque** avec le nom qu'il détermine.

- Peux-tu me prêter … crayons de couleur ?
- Il fait très froid depuis … temps.
- Nabil est parti … part, mais où ?
- On a ressenti … secousses dans le sol.
- Je voudrais lui offrir … chose pour sa fête.

8. Écris et complète les phrases avec **tout**, **toute**, **tous**, **chaque**, **quelque** ou **quelques**. (Fais attention au sens des phrases.)

- Romane assiste à … les concerts de Renaud.
- Axel a murmuré … chose à l'oreille de Clara.
- … fois qu'on ouvre la porte, le froid entre.
- Dans … années, j'irai au lycée.
- … le carrefour est bloqué par un accident.
- Mathilde a navigué sur Internet … la soirée.

À TOI DE JOUER…

9. Passe du mot **chaque** au mot **roller** en changeant une lettre à chaque fois et en t'aidant des définitions.

Adjectif indéfini.	CHAQUE
Elle fait mal sur la joue.	…………
Elle est provoquée par une brûlure.	…………
Enfoncer une pointe pour fixer.	…………
Pousser une chose en la faisant tourner sur elle-même.	…………
Chaussure montante munie de roulettes alignées.	ROLLER

Synthèse 1

1. Retrouve les noms terminés par le son [j] illustrés ci-dessous.

2. Recopie les phrases en complétant les noms avec le son [œR]. Attention aux exceptions !

- Ma dem… domine la vallée.
- l'Équat… est un pays d'Amérique du Sud.
- Alexandre met trop de b… sur sa tartine.
- Charlemagne fut sacré emper… d'Occident en l'an 800.
- Les pêch… se servent parfois de l… pour appâter les poissons.
- Le plan… tourne au-dessus de la montagne.

3. Recopie et complète les mots avec é ou ée.

une corv… – la chicor… – la légèret… – l'acidit… – une poign… – la dur… – une drag… – la pât… – la bont… – la mar… .

4. Recopie les phrases et complète les mots inachevés.

- Mars est le mois des giboul… .
- Nous avons trouvé une bou… échouée sur la plage.
- L'humidit… de la nuit embrumait la vall… .
- J'ai acheté cette pendule dans un magasin d'antiquit… .
- Au cours de la randonn…, le guide nous a montré des orchid… .
- La devise de notre République est « libert…, égalit…, fraternit… ».
- Amel indique avec fiert… qu'elle n'a fait qu'une faute dans la dict… .
- Comportons-nous avec loyaut… et humanit… vis-à-vis de notre entourage.

5. Recopie les phrases en complétant les mots inachevés.

- L'entraîneur adjoin… appelle un remplaçan… .
- Mon instin… me dit que nous avons trouvé un vrai paradi… .
- Ton refu… me place dans l'embarra… .
- Ton texte est un peu confu… mais intéressan… .
- N'ouvrez pas l'enclo… sans mon accor… .
- Valentin est très bavar…, on n'entend que lui.
- Romain fut un excellen… candida… à ce jeu télévisé.
- Cet athlète a réalisé un véritable exploi… : un sau… de plus de neuf mètres.

6. Recopie et trouve la lettre finale de chaque nom en proposant un mot de la même famille.

- le chahu…
- un brigan…
- un abu…
- un frian…
- un poignar…
- un écla…
- un dra…
- l'univer…
- un ron…
- un débri… .

7. Recopie et complète les phrases par a ou à.

- Pierre … demandé … sa mère de nous accompagner … la piscine.
- … la fin du match, les deux équipes étaient … égalité.
- Le réparateur … l'intention de réparer la machine … laver sur place.

8. Recopie et complète les phrases avec a ou à.

- L'écureuil … fait sa provision de noisettes pour l'hiver.
- Je peux aller au spectacle … ta place.
- Moi, … ta place, j'irai … la plage … pied.
- Tout l'été, le berger … des moutons … garder.
- Léanne … bien écouté tes conseils et … vraiment progressé en planche … voile.

9. Recopie le texte et remplace les mots en gras par était, quand c'est possible.

J'ai oublié de vous dire que moi, je m'appelle Yann, **et** que je suis en CM1 dans la classe de mademoiselle Sausson, que tout le monde appelle Chausson, mais ça, ce n'**est** pas très drôle.
Dans ma classe, il y a aussi Ronan et Goulven, **et** Tanguy qui me gagne toujours des billes, **et** Gaëlle (c'**est** ma copine) **et** Anne et Hervé, **et** plein d'autres. Mais il **est** temps que je raconte mon histoire.
Donc, ce jour-là, tout le monde **est** présent, à part Katell, qui a la scarlatine.
Mon voisin de table, Ronan, **est** en train de me dire que lui aussi aimerait bien attraper la scarlatine, pour rester au lit **et** avoir plein de cadeaux, quand Guillaume, qui **est** derrière nous, me tape sur l'épaule :
– Hé ! Yann !

É. BRISOU-PELLEN, *Le monstre du CM1*, © Casterman S.A.

10. Recopie et complète les phrases avec on ou ont.

- … lit bien le problème, ensuite … répond aux questions posées.
- Les nuages … envahi le ciel, alors … se presse de rentrer.
- … a enfin identifié ceux qui … causé l'accident.
- Les jardiniers … étalé la terre qu'… avait entassée hier.
- Mes cousins … de la chance, ils … une piscine dans leur jardin !
- Les services de la commune … débarrassé les plages des déchets que certains touristes … abandonnés au cours de l'été.

11. Recopie et complète les phrases avec ou ou où.

- Pendant les vacances … étiez-vous, au bord de la mer … à la montagne ?
- … Marion est-elle montée ?
- Au petit déjeuner, je prends du thé … du chocolat.
- Le menu de ce restaurant propose fromage … dessert.

12. Recopie et complète les phrases avec ce ou se (s').

- … samedi, Tommy … rendra en Suisse.
- Qui a lu … roman ?
- Le chat … glisse sous une barrière.
- Sacha … dit qu'il connaît … garçon, mais … qui le gêne, c'est qu'il ne … rappelle plus son nom !
- Les moutons sont passés de … côté de la montagne.
- Maman … fait un chignon, puis … maquille.
- Au loin, la mer … étend à l'infini.

13. Recopie et complète les phrases avec ces ou ses.

- « … fleurs sont superbes ! » dit Aline en apercevant les parterres du parc.
- Élisa et … frères sont allés au cinéma voir le dernier film de Walt Disney.
- Tu t'es encore trompé ! … vêtements ne t'appartiennent pas !
- Le berger emmène chaque année … moutons dans … montagnes que l'on aperçoit au loin.

14. Recopie et complète les phrases avec mes ou mais.

- … cahiers sont toujours bien tenus et … livres sont toujours en très bon état.
- J'aimerais bien aller me promener, … le temps ne le permet pas.
- … amis sont venus me voir, … je n'étais pas là.
- « … ce n'est pas possible, … affaires ont disparu ! »
- J'irais bien avec … parents faire des courses, … il faut que je termine mes devoirs.

15. Recopie ces phrases en rétablissant les trémas et les accents circonflexes oubliés.

Benoit tira sur la chaine et pénétra dans la grande salle du chateau. Une grande mosaique couvrait le sol. Face à lui, un tableau représentait l'un de ses aieuls. Soudain, un drole de bruit le fit se retourner. Il voulait etre héroique, mais il ne put s'empecher de blemir : un fantome le regardait en souriant…

Le nom : variation en genre

Un gros paquet blanc

Les Établissements Bartolotti et Cie se réduisaient à Mme Bartolotti, mais elle avait ajouté sur sa carte de visite les mots « Établissements » et « Compagnie » pour lui donner meilleure allure. Mme Bartolotti tissait les tapis les plus beaux et les plus colorés de toute la ville. Les marchands de tapis et de meubles qui les vendaient disaient toujours à leurs clients :

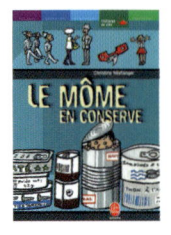

« Mme Bartolotti est une artiste, une vraie. Ses tapis sont de petites œuvres d'art. C'est d'ailleurs ce qui justifie leur prix. »

Les marchands de tapis et de meubles revendaient les tapis de Mme Bartolotti trois fois le prix qu'elle leur en avait demandé. Telle était en fait la vraie raison de leur coût élevé.

On sonna. Le facteur ? Non, c'était le livreur de la SNCF. Il soufflait comme un phoque asthmatique et essuyait la sueur qui perlait à son front en maugréant : « Maudit paquet ! » Puis il désigna un gros colis, soigneusement ficelé et bougonna : « Ça pèse au moins vingt kilos, ce machin-là ! »

Il le traîna dans la cuisine où Mme Bartolotti signa un récépissé et lui donna deux euros de pourboire.

« Au revoir, dit alors le livreur.
– Au revoir », répondit Mme Bartolotti en le raccompagnant jusqu'à la porte d'entrée.

Puis elle revint s'asseoir sur une chaise dans la cuisine face à ce gros paquet blanc. Elle fourragea dans ses cheveux teints en blond, dérangea de ses ongles vernis bleu ciel l'ordonnance de quelques mèches raidies par la laque et se mit à réfléchir.

« De la laine ? Non, ce n'est certainement pas de la laine, se dit-elle. La laine ne pèse pas si lourd. Un paquet de laine de cette taille ne dépasserait pas cinq ou six kilos. »

C. NÖSTLINGER, *Le môme en conserve*, trad. A. ROYER, coll. « Le livre de poche jeunesse. Histoires de vies », Hachette Jeunesse.

a. Quelles sont les deux raisons évoquées pour justifier le prix des tapis ?
b. Pourquoi Mme Bartolotti pense-t-elle d'abord à de la laine ?
c. Où peux-tu trouver une indication qui te renseigne sur le contenu possible du paquet ?

Je découvre

1. Relève, dans la lecture, cinq noms masculins et cinq noms féminins. Comment vas-tu les identifier ?

2. Relève quatre noms masculins que tu peux mettre au féminin. Quel est leur point commun ?

3. Relève un nom qui est identique au masculin et au féminin.

4. Indique le genre de ces noms de la lecture.

pourboire – ordonnance – mèche – ongle.

Un nom est du genre **masculin** quand il peut être précédé de **un** ou **le**.
Exemples : un tapis, le meuble.

Un nom est du genre **féminin** quand il peut être précédé de **une** ou **la**.
Exemples : une cuisine, la porte.

Le féminin des noms se forme généralement en ajoutant un **e** au nom masculin.
Exemple : un employé ▶ une employée.
Certains noms masculins en **e** font leur féminin en **esse** : le prince ▶ la princesse.

Le féminin de certains noms (les êtres animés : humains, animaux) se forme en transformant la fin du nom masculin.
– **Doublement de la consonne finale** : le musicien ▶ la musicienne ; le lion ▶ la lionne.
– **Changement de la consonne finale** : sportif ▶ sportive ; le loup ▶ la louve.
– **Noms en er** : le pâtissier ▶ la pâtissière.
– **Noms en eur** : l'acheteur ▶ l'acheteuse ; l'instituteur ▶ l'institutrice.

Dans certains cas, le nom féminin est différent du nom masculin.
Exemples : un frère ▶ une sœur ; un cheval ▶ une jument.

Certains noms sont identiques au masculin et au féminin.
Exemple : un enfant ▶ une enfant.

Je m'entraîne

5. Mets les groupes nominaux au féminin.

un coiffeur – un Finlandais – le maître – un nageur – le roi – un chat – un ours – un ami – un menteur – un frère.

6. Reproduis le tableau. Mets les noms au féminin et classe-les dans le tableau. Tu peux t'aider de ton dictionnaire.

enfant – Espagnol – lion – chanteur – cheval – joueur – élève – champion – ouvrier – marchand – vendeur – oncle – éléphant – équipier – sportif – campagnard – parrain – fermier – paysan – acteur.

noms qui prennent un **e**	
noms qui doublent la consonne finale	
noms dont la terminaison est différente	
noms qui ne changent pas	
noms qui ont un féminin différent	

7. Mets les groupes nominaux au masculin. Tu peux t'aider de ton dictionnaire.

une aviatrice – une sorcière – une pharmacienne – une boulangère – une louve – une princesse – une spectatrice – une Écossaise – une épouse – une chèvre – une employée – une commerçante – une institutrice – une acrobate – une poule.

8. Ces noms sont-ils masculins ou féminins ? Fais-les précéder de un ou une pour le savoir. Tu peux t'aider de ton dictionnaire.

oasis – après-midi – écrevisse – pétale – hibiscus – orque – appui-tête – ocelot – écharde – iris.

9. Ces noms ont deux genres. Emploie chacun d'eux dans une phrase au masculin, puis dans une phrase au féminin.

manche – tour – voile – poêle – moule – livre – vase – crêpe.

10. Recopie le texte en remplaçant chaque groupe nominal en bleu par le groupe nominal féminin correspondant. Attention aux accords !

L'écuyer était debout sur son cheval. Le tigre avait l'air féroce lorsque le dompteur faisait claquer son fouet. Le trapéziste se balançait au bout de son trapèze en attendant son partenaire. Le dresseur était fier de ses chiens.

11. Écris les groupes nominaux au féminin.

un concurrent – un ennemi – un présentateur – un camarade – un Tahitien – un ogre – le lapin – un comte – un héritier – un homme – un masseur – le plongeur – un rouquin – un apprenti – un naïf – un cuisinier – un héros – un frileux – un passant – un inconnu.

Le nom : variation en nombre

Quand les rêves rient…

Un jeune esquimau
Rêvait d'un bateau
Qui l'emmènerait
Pêcher des coraux.

Un très vieil hibou
Sur le cou d'un gnou
Rêvait d'un bocal
Plein de gros cachous.

Un chemin de fer
Rêvait d'univers
En tissant ses rails
Autour de la terre.

Une affreuse sorcière
Sous sa cape de lierre
Rêvait d'éventail
Et de fraîche rivière.

Une perdrix rousse
Rêvait de nuit douce
Bien loin des fusils
Dans un creux de mousse.

Tous un soir de bal
Se sont rencontrés
Et rien d'anormal :
C'était carnaval !

J.-C. Lucas

Je découvre

1. Relève les noms de cette poésie. Lorsqu'ils sont au singulier, donne leur pluriel ; lorsqu'ils sont au pluriel, donne leur singulier.

2. Donne le pluriel de ces groupes nominaux. Épelle la lettre finale.

un prix – un noyau – un bouleau – un hibou – un caribou – le cristal – un neveu – un nez – un clou – un travail – un milieu – un rouleau – un fossé – un piano – une journée – un détail – une qualité – un adieu.

Le **pluriel des noms** se forme généralement en ajoutant un **s** au nom singulier.
Exemples : un jour ▶ des jour**s** ; une journée ▶ des journée**s**.

Cas particuliers
– Les noms terminés au singulier par un **s**, un **x** ou un **z** ne changent pas au pluriel.
Exemples : un puits ▶ des puits ; une perdrix ▶ des perdrix ; un gaz ▶ des gaz.
– Les noms terminés par **eau**, **au** ou **eu** au singulier prennent un **x** au pluriel.
Exemples : un bateau ▶ des bateau**x** ; un tuyau ▶ des tuyau**x** ; un cheveu ▶ des cheveu**x**.
Exceptions : un landau ▶ des landau**s** ; un pneu ▶ des pneu**s**…
– Les noms terminés par **al** au singulier s'écrivent **aux** au pluriel.
Exemple : un bocal ▶ des boc**aux**.
Exceptions : des bal**s**, des festival**s**, des carnaval**s**, des chacal**s**, des régal**s**, des récital**s**.
– Les noms terminés par **ou** au singulier prennent un **s** au pluriel.
Exemple : un fou ▶ des fou**s**.
Exceptions : des bijou**x**, des caillou**x**, des chou**x**, des genou**x**, des hibou**x**, des joujou**x**, des pou**x**.
– Les noms terminés par **ail** au singulier prennent un **s** au pluriel.
Exemple : un rail ▶ des rail**s**.
Exceptions : des corau**x**, des émau**x**, des travau**x**, des vitrau**x**, des bau**x**…

Je m'entraîne

3. Reproduis le tableau et classe chaque groupe nominal dans la bonne colonne.

un abricot – un palais – un agneau – un caillou – un vœu – une vis – un rail – un œuf – un verrou – un métal – un permis – une perdrix – un camp – un bal – un pieu.

pluriel avec un **s**	
pluriel avec un **x**	
pas de changement	

4. Écris les groupes nominaux au pluriel.

un mouton – un tableau – une usine – un pruneau – une noix – un escargot – un essai – une proie – un sirop – un berceau – une bouteille – un crapaud.

5. Possèdes-tu un petit (ou un grand) jardin ? Décris-le en précisant les plantes, les fleurs ou les arbres qui poussent dans ce jardin. Si tu n'en possèdes pas, imagine ce que tu aimerais y trouver.

6. Écris les phrases en accordant chaque nom en bleu avec son déterminant.

• Le couscous préparé par Aïcha contient des (morceau) de bœuf, des (brochette) de veau et des (merguez).
• Au mois de février, des (carnaval) ont lieu dans beaucoup de pays.
• Les (maçon) utilisent des (niveau) pour monter des murs droits.
• De leur cachette, les gros (matou) guettent les (souris).
• Dans les (château) et les (palais), les (escalier) sont très larges.
• Les (kangourou) sont des (animal) de la famille des (marsupial).
• Ces (demeure) mobiles étaient reliées aux (réseau) de distribution d'électricité et d'eau et aux (égout).

À TOI DE JOUER…

7. Dans chaque liste, relève l'intrus. Pour chacun, explique ton choix.

• des corps
• des puits
• des tas
• des brebis
• des chandails
• des bois

• un écrou
• un verrou
• un fou
• un sou
• un bijou
• un biniou

• un animal
• un général
• un canal
• un festival
• un cheval
• un hôpital

L'adjectif qualificatif : variation en genre

La princesse Nathalie

Depuis des mois la princesse Nathalie dépérissait. Le roi, son père, avait convoqué les médecins les plus savants du monde, mais ils y perdaient tous leur latin. La princesse était jeune, elle était belle et ne paraissait souffrir d'aucune maladie particulière. Simplement, elle refusait de manger. Tous les mets qu'on lui présentait, disait-elle en soupirant, lui soulevaient le cœur. C'est tout juste si elle acceptait parfois de tremper ses lèvres dans le verre de lait que lui apportait sa vieille nourrice. Cela suffisait à peine à la maintenir en vie. De semaine en semaine, elle devenait plus pâle, plus diaphane. On n'osait même plus la faire asseoir devant sa fenêtre de peur qu'un coup de vent ne l'emporte.

« C'est de l'anorexia pertinax », disaient les médecins en hochant leurs bonnets pointus, ce qui ne les avançait pas beaucoup puisque cela voulait tout bonnement dire qu'elle manquait d'appétit. La vérité, c'est que la princesse Nathalie était très gourmande et très entêtée…

R. ESCARPIT, *Les contes de la Saint Glinglin*, coll. « Le livre de poche jeunesse. Contes et merveilles », Hachette Jeunesse.

a. Pourquoi la princesse Nathalie refuse-t-elle de manger ?
b. Que signifie anorexia pertinax ?
c. De quoi la princesse se nourrit-elle ?

Je découvre

1. Relève, dans la lecture, trois adjectifs qui qualifient la princesse et dont l'orthographe resterait la même au masculin.

2. Relève cinq autres adjectifs au féminin et donne leur masculin.

3. Indique le genre de chacun de ces adjectifs qualificatifs. Que remarques-tu ?

fier – solide – inquiète – haut – comestible – inventif – salutaire – sociable – gentille – frileux – gelée – amusant – aiguë – publique – grand – doué – pâle – singulière – fatal – favorite.

Le féminin des adjectifs qualificatifs se forme généralement en ajoutant un **e** au masculin.
Exemple : un garçon gourmand ▶ une fille gourmand**e**.

Les adjectifs qui se terminent par un **e** s'écrivent de la même façon au masculin et au féminin.
Exemple : un visage pâle ▶ une figure pâle.

Le féminin de certains adjectifs se forme en transformant la fin de l'adjectif masculin.
- **Doublement de la consonne finale :** bo**n** ▶ bo**nne** ; habitue**l** ▶ habitue**lle**.
- **Changement de la consonne finale :** radieu**x** ▶ radieu**se** ; blan**c** ▶ blan**che** ; vi**f** ▶ vi**ve**.
- **Changement de la terminaison :** vi**eux** ▶ vi**eille** ; mo**u** ▶ mo**lle** ; b**eau** ▶ b**elle**.
- **Adjectifs en eur :** flatt**eur** ▶ flatt**euse** ; *ou bien* produc**teur** ▶ produc**trice**.
- **Adjectifs en er :** particuli**er** ▶ particuli**ère**.
- **Adjectifs en et :** viol**et** ▶ viol**ette**. *Exceptions :* compl**ète** ; discr**ète**…

Parfois, la différence entre le masculin et le féminin ne s'entend pas à l'oral.
Exemple : un pull bleu ▶ une jupe bleu**e**.

Je m'entraîne

4. Recopie et accorde, si nécessaire, les adjectifs qualificatifs entre parenthèses.
- la (premier) fois
- une affiche (coloré)
- une feuille (roux)
- un élève (satisfait)
- un exercice (correct)
- la (dernier) séance
- un taxi (jaune)
- un fruit (juteux)
- de l'eau (gelé)
- une entrée (discret)

5. Recopie et complète la deuxième colonne, comme dans l'exemple.

Exemple : un petit garçon ▶ *une petite fille.*

- un archer adroit ▶ une jongleuse …
- un animal malin ▶ une bête …
- un athlète agile ▶ une gymnaste …
- un beau cadeau ▶ une … fête
- un père attentif ▶ une mère …
- un copain coléreux ▶ une amie …
- un hibiscus bleu ▶ une fleur …
- un joli jouet ▶ une … poupée
- un volet ouvert ▶ une porte …

6. Écris les adjectifs qualificatifs au masculin. Dans chaque liste, trouve l'intrus et souligne-le.
- fertile – agile – utile – civile – docile.
- rousse – grosse – grasse – basse – épaisse.
- riche – chiche – blanche – étanche.
- critique – publique – élastique – magique.

7. Écris chaque phrase en remplaçant le nom en gras par le nom féminin entre parenthèses. Fais les accords nécessaires.
- Quel **temps** pluvieux ! (journée)
- La police a arrêté cet **homme** suspect. (femme)
- J'ai parlé à un **garçon** timide et sérieux. (fille)
- Julie a cueilli un bel **œillet** bleu. (fleur)
- J'aime marcher dans ce **jardin** désert. (rue)
- Jade a de longs **cheveux** bruns. (chevelure)

8. Recopie et complète le texte avec les adjectifs qualificatifs suivants :
ancienne – haute – vieux – forte – longue – vertigineux – usée.

Le … quartier de la ville a été rénové récemment. La façade … de la … maison à colombages a été conservée ainsi que son escalier … qui mène à une cave … . La rénovation nécessitera une … somme d'argent ainsi qu'une … année.

9. Recopie et accorde, si c'est nécessaire, tous les adjectifs qualificatifs entre parenthèses.
- un sommet (abrupt)
- une montagne (enneigé)
- une bête (craintif)
- une avenue (principal)
- une (nouveau) robe
- une plante (vénéneux)
- une bête (cruel)
- une amie (loyal)
- une heure (précis)
- un fruit (amer)
- une mare (profond)
- une chienne (noir).

L'adjectif qualificatif : variation en nombre

Le Ladakh

Les hivers sont particulièrement rudes au Ladakh. Dans cette région désertique et isolée du nord de l'Inde, les températures polaires du mois de janvier figent la rivière Zanskar pour tout l'hiver.
Le fleuve tumultueux se tait ; il ne forme plus qu'une longue artère de glace.
Le marcheur intrépide ne peut plus suivre l'itinéraire normal. Il doit affronter des passages parfois délicats, dans une vallée oubliée car c'est l'une des régions habitées les plus glaciales de la planète.
Les versants de la gorge sont impressionnants.
Les fréquentes variations de température modifient l'état de la glace qui, par endroits, est tellement transparente qu'on peut distinguer les rochers du lit de la rivière.
Durant sept mois de l'année, cet ancien royaume est isolé du reste du monde. Les communautés zanskari conservent un mode de vie traditionnel depuis des générations. Mais la région s'ouvre peu à peu au touriste avide de nouvelles rencontres.

S. MANKELOW, *Trekkings autour du monde : aventures et découvertes*, Ouest-France.

a. Où se situe le Ladakh ?
b. Pourquoi l'état de la glace change-t-il souvent ?
c. Comment peut-on aller découvrir cette région ?

Je découvre

1. Relève, dans la lecture, les adjectifs qualificatifs au pluriel et les noms qu'ils qualifient. Mets-les au singulier.

2. Relève les adjectifs qualificatifs au singulier et les noms qu'ils qualifient. Mets-les au pluriel.

3. Lis chaque phrase en la complétant avec l'un des adjectifs qualificatifs suivants :

aquatiques – prochain – grandioses – tropical – escarpés – expérimentés.

- Nous recherchons des plantes … .
- Les chemins sont parfois … .
- La météo annonce un cyclone … .
- Les guides doivent être … .
- Nous découvrons dans ce film des paysages … .
- Le … village est à deux heures de marche.

L'adjectif qualificatif s'accorde en **genre** et en **nombre** avec le nom (ou le pronom) qu'il qualifie.

Le pluriel des adjectifs qualificatifs se forme généralement en ajoutant un **s** à l'adjectif singulier.
Exemple : de**s** région**s** habitée**s** ; elle**s** sont glaciale**s**.

Cas particuliers
– Les adjectifs terminés par **eau** au singulier s'écrivent **eaux** au pluriel.
Exemple : un b**eau** paysage ▶ de b**eaux** paysage**s**.

– Les adjectifs terminés par **s** ou **x** au masculin singulier restent invariables au masculin pluriel.
Exemple : un fleuve tumultueu**x** ▶ des fleuves tumultueu**x**.

– Les adjectifs terminés par **al** au singulier s'écrivent souvent **aux** au pluriel.
Exemple : un itinéraire norm**al** ▶ des itinéraires norm**aux**.
Exceptions : fatal, natal, naval… qui font leur pluriel en **s**.

– Quand l'adjectif qualifie deux noms de genres différents, il s'accorde au masculin pluriel.
Exemple : **un** peuple et **une** région appauvris.

Je m'entraîne

4. Recopie les phrases en accordant les adjectifs qualificatifs entre parenthèses.

- Les règles de ce jeu sont très (simple).
- N'attends pas les (dernier) minutes !
- Ces sketches sont vraiment (distrayant).
- Ce nouveau moteur est très (silencieux).
- Il y a de moins en moins de peuples (nomade).
- Jules achète deux (nouveau) CD.
- Célia achète une robe (blanc) pour l'été.
- Une musique (mélodieux) charme les spectateurs.

5. Recopie et complète en accordant les adjectifs qualificatifs entre parenthèses.

(froid / humide)
- des saisons … et …   • des climats … et …

(bon / généreux)
- des femmes … et …   • des gens … et …

(pur / transparent)
- des liquides … et …   • des eaux … et …

(long / haut)
- des murs … et …   • des murailles … et …

(divers / varié)
- des résultats … et …   • des questions … et …

6. Écris les groupes nominaux au pluriel.

- une fête annuelle
- un paysage industriel
- un jeu dangereux
- un menu oriental
- un fruit amer
- un trait vertical
- un repas familial
- un lac artificiel
- une règle métallique
- un combat naval

7. Écris les groupes nominaux au singulier.

- des soirs brumeux
- des gens originaux
- des sourires gracieux
- des chemins boueux
- des fleuves impétueux
- des chats gris
- des plats régionaux
- des murs épais
- des cadeaux royaux
- des regards doux

8. Recopie et complète en accordant les adjectifs (ou les participes passés) entre parenthèses.

- une émission et un journal (quotidien)
- les joues et le nez (rougi)
- les mains et les jambes (noirci)
- une tasse et un verre (plein)
- une revue et un livre (instructif)
- un conte et un roman (intéressant)
- un pantalon et une veste (usé)
- un garçon et une fille (joyeux)

L'accord dans le groupe nominal

📖 L'alezan blessé

«Idiot, cruche, imbécile», cria l'individu et il frappa méchamment le cheval sur la joue avec le manche d'une lourde cravache. Le cheval fit entendre un grognement de douleur et se cabra de nouveau.

«Oh! Ne faites pas cela!» Sans réfléchir, Andy avait sauté de sa monture et courait vers l'alezan.

L'odieux personnage se retourna lentement. Il avait un visage large et mal rasé, de gros muscles sous une chemise sale et un chapeau cabossé.

«Qu'est-ce que ça peut te faire?» demanda-t-il.

Andy s'arrêta court : ce n'était pas à lui de dire à cet habitant de l'Ouest comment il devait traiter son cheval.

«Oh! rien, fit-il. Seulement, ce poney a peur et… sa bouche est en sang.

– Et alors?» L'homme posa sur Andy son regard froid. «Ce cheval est à moi, pas vrai?

– Bien sûr, dit Andy. Mais… que diable! cela ne vous donne pas le droit de le battre! […]»

Il regarda la robe luisante de l'alezan, la crinière argentée, le large front marqué d'une flamme blanche. Alors, il vit le sang sur la bouche, l'enflure de la joue. C'était plus qu'il n'en pouvait supporter…

H. V. Larom, *Un poney dans les Rocheuses*, trad. C. et M.-L. Pressoir, Hachette Jeunesse.

a. Où la scène se déroule-t-elle?
b. Cherche quelle est la couleur d'un alezan.
c. Quelle est la réaction du cheval quand il souffre?

🔍 Je découvre

1. Relève, dans la première phrase de la lecture, un groupe nominal ainsi constitué : déterminant + adjectif + nom.

2. Relève les groupes nominaux qui décrivent le propriétaire du cheval.
Relève les groupes nominaux qui décrivent l'alezan.

3. À ton tour, constitue des groupes nominaux à partir des noms suivants.
- prairie
- enfant
- cheveux
- peur
- animal

Le groupe nominal est constitué d'un **nom principal** accompagné d'un (ou plusieurs) **déterminant(s)** ; ils s'accordent entre eux en genre et en nombre.
Exemple : une cravache ▶ **des** cravaches

À ces constituants peuvent s'ajouter des éléments facultatifs (un ou plusieurs **adjectifs qualificatifs**) qui s'accordent également avec eux.
Exemple : une lourde cravache ▶ **de** lourdes cravaches.

Je m'entraîne

4. Recopie les groupes nominaux en les complétant avec l'adjectif qualificatif qui convient.

blanc – blanches – blanche – blancs
- des chemises …
- un caillou …
- une jument …
- des nuages …

neuf – neuve – neufs – neuves
- une selle …
- des bottes …
- un imperméable …
- des pulls …

court – courte – courts – courtes
- des cheveux …
- un … chemin
- des branches …
- une veste …

5. Recopie les trois listes de mots et trace des flèches pour constituer des groupes nominaux.

une •	• plantes •	• précieuses
des •	• numéro •	• aquatiques
le •	• planète •	• longue
les •	• touristes •	• affectueux
un •	• attente •	• italiens
quelques •	• dents •	• gagnant
la •	• animal •	• bleue
des •	• pierres •	• saines

6. Écris les phrases en choisissant les noms et les adjectifs qui conviennent.

- La (pièce / pièces) (principale / principales) donnait sur le jardin.
- Aux (question / questions) (stupide / stupides), on ne répond pas.
- Depuis quelques (longue / longues) (heure / heures), nous l'attendons.
- Ce (chat / chats) (bizarre / bizarres) a les yeux de deux (couleur / couleurs) (différente / différentes).
- Du haut de l'arbre, des (merle / merles) (siffleur / siffleurs) observent les alentours.

7. Écris les groupes nominaux au féminin.
- l'âne têtu
- un cheval gracieux
- le loup affamé
- un ours velu
- un méchant tigre
- un singe agressif

8. Écris les groupes nominaux au pluriel.
- un roman captivant
- une histoire réelle
- un vieux récit
- une triste aventure
- un conte étranger
- une légende ancienne

9. Réécris les phrases en remplaçant le nom en gras par le nom placé entre parenthèses. Accorde les autres mots du groupe nominal.

- Le petit **bateau** lutte contre le vent. (barque)
- Je te prête ma **bicyclette** neuve. (vélo)
- Les **comtes** écoutaient le roi. (comtesse)
- J'envoie des **cartes** postales à Théo. (colis)
- Le cortège suit plusieurs **étendards** brodés d'or. (bannière)
- Deux mille soldats armés gardaient cet impressionnant **château**. (forteresse)

À TOI DE JOUER…

10. Trouve, à partir des charades suivantes, un groupe nominal.

1. Mon 1er et mon tout viennent après zéro.

2. Mon 1er est la 2e note de musique de la gamme.
Mon second sert à couper le bois.
Mon tout est une histoire racontée.

3. Mon 1er est la 9e lettre de l'alphabet.
Mon deuxième est de la prestidigitation.
Mon troisième conduit les ordres du cerveau au corps.
Mon tout n'existe pas réellement.

Synthèse 2

1. Écris le féminin de ces noms.

un âne – un lapin – un pharmacien – un agriculteur – un infirmier – un aviateur – un ambassadeur – un mouton – un libraire – un connaisseur.

2. Écris ces noms au pluriel.

le milieu – un meuble – un antiquaire – un corbeau – un pruneau – un adieu – une pelle – une sirène – un enjeu – un clou – un perdreau – un parc – un caribou – un genou.

3. Écris ces noms au pluriel.

un escabeau – un jeu – un flambeau – un bambou – un hibou – un chevreuil – un cerceau – un visage – une boîte – un museau – un coteau – un voyou – un matelas – un tonneau – un pantalon.

4. Écris ces noms au pluriel.

un tribunal – un végétal – un récital – un rival – un éventail – un attirail – un travail – un chandail – un caporal – un festival – un général – un bal.

5. Écris au pluriel chacun des noms représentés ci-dessous.

6. Recopie les phrases en accordant chaque nom en bleu avec son déterminant.

• Vous penserez à fermer les (portail).
• Ces (tapis) viennent d'Irak.
• Mes (neveu) arriveront demain matin.
• Les (pompier) combattent les (incendie) depuis trois (jour).
• Les (troupeau) de (mouton) quittaient les (étable).
• Ces (radeau) boliviens sont fabriqués avec des (roseau).

7. Recopie ce texte en écrivant correctement les noms en bleu.

La mer, sous le ciel noir, avait pris une étrange teinte grise. Et l'orage montait toujours, poussé par un petit vent chaud. Les (oiseau) se taisaient. Seul, le bruissement de l'eau sur les (rocher), au pied de la falaise, troublait le silence.
Soudain, au moment même où ils débouchaient sur la lande, un éclair déchira le ciel et la pluie se mit à tomber.
Louison sentit la peur monter en lui. Il pressa le pas.
– Vite, Théo !
Le petit ne disait plus rien. La nuit semblait être venue en quelques (minute). La pluie martelait les (pierre) comme des (grêlon), et le vent, bientôt, se mit à coucher les (buisson) d'ajoncs. Louison serrait fort la main de Théo. Il courait, sans se soucier des (pleur) du petit qui trébuchait sur les (caillou).

J.-M. ROBILLARD, *Jean des oiseaux*, Lire c'est partir.

8. Complète, comme dans l'exemple.

Exemple : un joli bonnet
▶ *une jolie écharpe, des jolis bonnets*

• un faux billet ▶ des ... billets, des ... pièces
• des garçons sérieux ▶ un garçon ..., des filles ...
• un meuble ancien ▶ des meubles ..., des armoires ...
• un public nombreux ▶ une foule ..., des spectateurs ...
• le gel hivernal ▶ des pluies ..., une sortie ...
• un marché local ▶ des marchés ..., des cultures ...
• un journal quotidien ▶ une émission ..., des programmes ...

9. Écris ces groupes nominaux au pluriel.

- un vieux berceau
- un drapeau coloré
- un vœu irréalisable
- un rideau noir
- un instrument précis
- un ciel lumineux
- une tâche aisée
- un chapiteau bleu
- un médicament suspect
- un feu tricolore

10. Accorde les adjectifs qualificatifs en bleu.

- une ménagère (soigneux)
- une adresse (personnel)
- des tartes (excellent)
- une couturière (créatif)
- une soirée (automnal)
- des amis (fidèle)
- des aventures (incroyable)
- des (nouveau) élèves
- des excursions (exceptionnel)
- des villes (idéal)

11. Recopie ce texte en accordant, si nécessaire, les noms et les adjectifs qualificatifs.

Les (haut plateau) de la Chartreuse s'étendent entre Grenoble au sud et Chambéry au nord suivant une ligne (droit) d'une vingtaine de (kilomètre). La faune et la flore de ces (plateau) sont (exceptionnel). Dans cet espace classé en réserve (naturel), les (chien), la (cueillette), les (feu) sont (interdit). Ces (espace) de montagne sont (fragile) et doivent être préservés.

12. Recopie ce texte en accordant, si nécessaire, les mots en italique.

Avant de commencer les (travail), les (corail) et les (éponge) sont (déplacé) avec soin. Le sable et les (morceau) de coraux (mort) qui recouvrent le secteur de fouille sont (aspiré) par la suceuse. Deux (plongeur) (expérimenté) examinent le sable et les (tesson) de vaisselle ou de verre sont déposés dans des sacs en plastique (distinct) et (numéroté). En cas de découverte de (gros) (pièce), on réalise sur place des (dessin) (détaillé). Ces (vestige) seront ensuite remontés avec d'(infini) (précaution).

13. Combien de ces noms font leur pluriel en leur ajoutant un s ?

un détail – le gouvernail – un rail – un biniou – un épieu – un aveu – un lac – un corbeau – une idée – un rideau – un niveau – un genou – un vitrail – un râteau – une palme.

14. Emploie chacun de ces adjectifs avec un nom masculin, puis avec un nom féminin.

spécial – essentiel – principal – annuel – central – naturel.

15. Écris un petit texte à partir de l'un des titres proposés. Tu devras obligatoirement utiliser dans ton texte les adjectifs suivants. Tu les accorderas évidemment avec les noms qu'ils qualifient.

royal – radieux – complet – gourmand – nerveux.

- Dîner au château du prince Decrabe
- Un gâteau explosif
- Le défilé des sorcières

Participe passé en é ou infinitif en er ?

Agression dans la Rome antique

«Qui donc t'a attaqué ?
— On a voulu te tuer ?
— As-tu reconnu l'agresseur ?
— Un peu de silence ! je vous en prie ! croassa Xantippe dont la voix était encore rauque. Voici ce qui s'est passé : au milieu de la nuit, j'ai été réveillé par un bruit de pas dans la salle de classe. J'ai crié : "Qui va là ?" et comme je ne recevais pas de réponse, je me suis levé pour aller voir. C'était évidemment très imprudent de ma part, et j'aurais tout d'abord dû faire de la lumière, car je me trouvais dans l'obscurité complète. Soudain, je me suis senti empoigné par deux bras robustes ; j'ai tenté de saisir mon agresseur à la gorge, mais il était nettement plus grand et plus fort que moi. J'ai roulé à terre, et j'ai reçu sur la tête un coup terrible qui m'a fait perdre connaissance.
— Passionnant ! » s'écria Antoine au comble de l'excitation.
Xantippe lui jeta un regard chargé de réprobation, puis il poursuivit :
«Quand je revins à moi, j'étais ligoté et bâillonné dans cette armoire. J'entendis mon agresseur fouiller longuement dans toutes mes affaires, comme s'il cherchait quelque chose. Puis il s'en alla. Les heures me parurent interminables, jusqu'au moment où je vous entendis enfin arriver dans la salle de classe. Mais il m'était impossible de vous appeler. Si vous aviez tardé à me délivrer, je serais mort étouffé. »
Il tâta de nouveau sa bosse avec inquiétude.
«Cette affaire est inexplicable, reprit-il. Que me voulait cet homme ?

H. WINTERFELD, *L'affaire Caïus*, trad. O. SÉCHAN, coll. «Le livre de poche jeunesse. Roman historique», Hachette Jeunesse.

a. Xantippe est maître d'école dans la Rome impériale. Pourquoi s'est-il rendu dans la salle de classe au milieu de la nuit ?
b. Comment Xantippe a-t-il perdu connaissance ?
c. Que voulait son agresseur ?

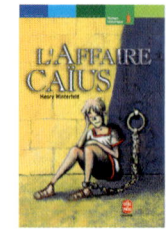

Je découvre

1. Relève, dans la lecture, les verbes du 1er groupe à l'infinitif. Relis les phrases qui les contiennent en les remplaçant par des verbes du 2e ou du 3e groupe.

Exemple : On a voulu te tuer ?
▶ *On a voulu te prendre ?*

2. Relève les participes passés en é (ée, és, ées) des verbes du 1er groupe. Relis les phrases qui les contiennent en les remplaçant par des participes passés de verbes du 2e ou du 3e groupe, ou par un adjectif qualificatif.

Exemple : Je me suis levé.
▶ *Je me suis endormi.*

Il ne faut pas confondre l'infinitif en **er**, invariable, et le participe passé en **é** (ou **ée**, **és**, **ées**).

Un verbe à l'**infinitif** peut toujours être remplacé par un autre verbe à l'infinitif.
Exemple : Il faut le délivrer. ▶ Il faut le vendre, le prendre, le sortir.

Le **participe passé** s'emploie avec les auxiliaires **avoir** ou **être**. Il est aussi utilisé seul, comme un **adjectif qualificatif**.
Exemples : La nuit était tombée. ▶ La nuit était venue.
Un cri étouffé. ▶ Un cri sourd.

Je m'entraîne

3. Recopie et complète les phrases à l'aide de l'infinitif ou du participe passé.

parler / parlé
- Nous avons parl… de toi hier soir.
- Le français est aussi parl… en Belgique.
- Je préfère agir plutôt que parl… .

lancer / lancé
- La police a lanc… un avis de recherche.
- Qui a lanc… cette mode ?
- Nous ne pourrons jamais lanc… le boomerang aussi loin !

manquer / manqué
- L'archer a manqu… la cible.
- Vous nous avez beaucoup manqu… .
- Katia déteste manqu… l'école.

4. Recopie les phrases et complète les mots avec l'infinitif en er ou le participe passé en é. Justifie la terminaison er en écrivant entre parenthèses un verbe du 2e ou du 3e groupe.

- Que désirez-vous mang… ?
- Nous aimerions survol… cette région.
- Maintenant, il te faut vraiment travaill… !
- Le malade opér… recommence déjà à march… .
- Léo reste allong… pour se repos… .

5. Recopie les phrases et complète les mots avec l'infinitif en er ou le participe passé en é. Attention aux accords dans ce cas. Justifie la terminaison er en écrivant entre parenthèses un verbe du 3e groupe.

- Une fois ton devoir not…, il faudra le rang… .
- Le géomètre vient mesur… le terrain.
- La forêt brûl… mettra des années à repouss… .
- La façade illumin… a émerveill… les passants.
- Les athlètes médaill… sont invit… à une soirée.

6. Modifie selon le modèle.

Exemple : décorer la chambre
▶ la chambre décorée.

- Ranger le matériel.
- Laver la vaisselle.
- Gonfler le ballon.
- Décoller des timbres.
- Presser une orange.
- Allumer une bougie.
- Découper la tarte.
- Bitumer une route.
- Apporter le colis.
- Commencer des travaux.

7. Recopie les phrases et complète les mots avec l'infinitif en er ou le participe passé en é. Attention aux accords !

- Le volant était bloqu… et refusait de tourn… .
- Arnaud était vex… et ne voulait plus rien écout… .
- Nous avons décid… d'organis… une petite fête et tu es invit… .
- Il n'était pas question pour Éva de remont… sur son vélo, ni de demand… de l'aide mais elle ne voulait pourtant pas abandonn… .
- Le public voulait félicit… l'athlète qu'il avait tant admir… .

8. Recopie les phrases et complète les mots avec l'infinitif en er ou le participe passé en é. Attention aux accords !

- Les photos présent… sont de toute beauté.
- Est-ce que je peux retourn… me couch… ?
- Non, maintenant tu dois all… te lav… .
- Ton goûter termin…, tu pourras jou… .
- Mélissa a étudi… la guitare pendant cinq ans.
- J'aimerais regard… le film que tu as lou… .
- Alexandre s'est lev… en retard. Il ne pourra arriv… à l'heure à l'école.

Les mots invariables

Les chemins forestiers

On a toujours une forêt pas très loin de chez soi et beaucoup de gens ont déjà goûté au plaisir d'une promenade tranquille le long d'un sentier forestier. La plupart de ces voies ont été ouvertes il y a fort longtemps. À l'origine, ces chemins et ces sentiers étaient destinés au transport du bois d'œuvre ou du bois de chauffe. Certaines voies ont été tracées pour permettre aux paysans de mener leur bétail, notamment leurs cochons, à travers bois. Ces sentiers reliaient jadis des communautés rurales isolées. Ils permettaient le passage de larges carrioles tirées par des chevaux ou de chariots transportant le bois ; certains présentaient des croisements et des embranchements où l'on pouvait manœuvrer de longs convois de bois.

Les forêts modernes sont elles aussi coupées par des chemins, mais ceux-ci sont souvent plus larges pour permettre le passage de véhicules forestiers beaucoup plus gros. Les chemins forestiers sont des lieux agréables où l'on se promène volontiers, mais ces voies sont également empruntées par d'autres grands mammifères. De même que les humains évitent d'avoir à se frayer un chemin à travers broussailles de ronces et d'épine noire, les cerfs empruntent le chemin le plus facile, pourvu qu'ils s'y sentent en sécurité. […]

Les chemins forestiers nécessitent un entretien régulier, particulièrement dans les forêts aménagées où il faut couper l'herbe sur la bande centrale et débroussailler sur les côtés afin de limiter la prolifération des espèces envahissantes. Quand l'entretien est effectué avec soin, de nombreux petits habitats essentiels sont préservés, et la faune et la flore en retirent un bénéfice immédiat. La méthode d'entretien employée généralement consiste à tailler un bord une année et l'autre bord l'année suivante, ce qui laisse des zones de végétation épaisse où insectes, oiseaux et petits mammifères peuvent trouver refuge.

La vie paisible auprès des arbres, Atlas.

a. À l'origine, à quoi servaient les chemins forestiers ?
b. Pourquoi les chemins sont-ils plus larges dans les forêts modernes ?
c. Comment entretient-on généralement les chemins forestiers ?

Je découvre

1. Qu'est-ce qu'un mot invariable ? Relève, dans la lecture, le plus possible de mots invariables différents.

2. Parmi les mots invariables, tu as dû relever des adverbes terminés par ment. Comment sont-ils formés ?

Les mots invariables sont des mots qui **s'écrivent toujours de la même façon** : ils ne s'accordent ni en genre ni en nombre.
Exemple : Il se promène **volontiers**. ▶ Ils se promènent **volontiers**.

Les adverbes qui se terminent par **ment** sont généralement formés à partir de l'adjectif au féminin.
Exemple : lente ▶ lentement.

De nombreux mots invariables sont très souvent employés. Il n'y a pas de règle particulière pour apprendre leur orthographe.

afin de	avant	dans	envers	malgré	pourtant	souvent
ailleurs	avec	davantage	et	mieux	pourvu que	sur
ainsi	beaucoup	debout	exprès	moins	près	surtout
alors	bien	dedans	guère	naguère	presque	tandis que
après	bientôt	dehors	hélas	néanmoins	puisque	tant
assez	car	déjà	hier	or	quand	tantôt
à travers	ceci	demain	hors	parce que	que	tard
au-dessous	cela	depuis	ici	parfois	quelquefois	tôt
au-dessus	celle-ci	dès que	jadis	parmi	qui	toujours
aujourd'hui	celui-ci	désormais	jamais	partout	quoi	toutefois
auparavant	cependant	devant	jusque	pas	rien	très
auprès	certes	donc	là-bas	pendant	sans	trop
aussi	chaque	dont	la plupart	peut-être	sauf	vain
aussitôt	chez	dorénavant	loin	plus	selon	vers
autant	combien	durant	longtemps	plusieurs	si	vite
autour	comme	enfin	lorsque	plutôt	sinon	voici
autrefois	contre	ensuite	maintenant	pour	sitôt	voilà
autrement	d'abord	entre	mais	pourquoi	soudain	volontiers

Je m'entraîne

3. Écris les phrases au pluriel. Souligne les mots qui n'ont pas changé.

- Combien coûte ce croissant ?
- Ce fruit est bien mûr.
- Je suis venu à travers bois.
- Le clown fut très applaudi.
- Aujourd'hui, ta lettre est enfin arrivée.
- Quand l'enfant joue, il est calme.
- Le cycliste est presque arrivé.
- Viens immédiatement, sinon tu monteras dans ta chambre.

4. Écris les adverbes qui correspondent aux adjectifs.

léger – gentil – heureux – patient – fier – superbe – sage – complet – sportif – ancien – chaud – poli.

5. Recopie et complète les phrases avec les mots invariables suivants :

parmi – rapidement – chaque – mais – autant – pendant – que – sur.

… que Maxime fait du vélo, son frère, Damien, se promène. … les animaux de la basse-cour, il y a … de poules … de canards. … fois qu'il veut leur donner à manger, ils s'éloignent, … très … ils se jettent … la nourriture.

6. Remplace les mots en gras par leur contraire. Aide-toi d'un dictionnaire.

- Il pleuvait et nous sommes restés **dehors**.
- Ma mère a déposé son tricot **sous** la chaise.
- Je me suis installé **près** de la fenêtre.
- Alice a **plus** de billes que son copain Jules.
- Il faut se laver les mains **avant** le repas.
- Suivant le temps, je sors **avec** mon manteau.
- Benjamin mange **peu** de fruits.
- Tu réponds toujours trop **vite**.

7. Lis le texte et relève tous les mots invariables.

J'ai treize ans, mais je suis petit pour mon âge. La plupart des garçons de la classe sont déjà grands et efflanqués, avec des jambes interminables et des pieds immenses. Moi, j'ai l'air d'un oisillon timide, avec mes joues rouges, ma mèche rebelle et mon énorme cartable.
Dès le début de l'année, j'ai remarqué Pauline, non pas à cause de sa beauté ou parce qu'elle joue de la guitare en fredonnant après les cours, assise contre les grilles du collège, mais parce qu'elle est constamment perdue dans un rêve.

R. Detambel et C. Féret-Fleury, N. Wintz,
Premier galop, © Gallimard Jeunesse.

8. Recopie et complète les phrases avec les mots invariables suivants :
tard – debout – ensuite – pour – presque – pendant – chez.

Je suis resté … … toute la cérémonie. … nous sommes allés … les parents de la mariée … le vin d'honneur. … toute la famille était présente. La fête s'est terminée très … dans la nuit.

9. En t'aidant de la liste de la page 135, remplace chacune des expressions en gras par un mot invariable.

• Je t'accompagnerai **avec plaisir** chez le fleuriste.
• **D'un seul coup**, il a éclaté de rire.
• **Dans un premier temps**, vérifions la batterie de la voiture.
• Louis a fait beaucoup d'efforts, mais en **pure perte**.
• Tu ne réponds jamais la même chose : c'est **une fois** « oui » et **une fois** « non » !
• **La grande majorité** des touristes était toujours dans le bus.

10. Recopie et complète les phrases avec les mots invariables suivants :
vers – pourquoi – bien – pour – peut-être – avant – pourtant.

… les oiseaux s'en vont-ils … l'hiver ? … pour aller … les pays chauds. … tous les oiseaux ne partent pas, certains restent et se mettent … à l'abri … affronter les temps froids.

11. Recopie et complète chaque phrase avec un mot invariable qui convient. Propose autant de solutions que le nombre indiqué en début de ligne. Tu peux t'aider de la liste de la page 135.

• (3) …, les châteaux avaient très peu d'ouvertures.
• (4) J'arriverai vendredi, … je ne serai pas là de bonne heure.
• (3) Jusqu'à présent, mon cours de guitare avait lieu le mardi, … il aura lieu le jeudi.
• (2) Tu sortiras … tu auras fini ton travail.
• (2) Passe à table, mais … lave-toi les mains.
• (3) Je prendrai le TGV plutôt que l'avion … en définitive, je gagnerai du temps.

À TOI DE JOUER…

12. Retrouve tous les mots invariables suivants dans la grille :

maintenant – tantôt – dorénavant – tant – soudain – toutefois – tôt – dehors – parmi – dont – donc – ici – or – et – sinon – quand.

Avec les cinq lettres restantes, tu pourras former un nouveau mot invariable.

M	D	D	T	T	O	I	T	D
A	O	O	A	Ô	R	I	O	O
I	N	N	N	T	E	C	U	R
N	C	T	T	E	T	I	T	E
T	T	A	N	T	O	T	E	N
E	P	A	R	M	I	U	F	A
N	S	I	N	O	N	X	O	V
A	D	E	H	O	R	S	I	A
N	M	Q	U	A	N	D	S	N
T	S	O	U	D	A	I	N	T

Synthèse générale

1. Écris les groupes nominaux au féminin.

un prince – un jongleur – un professeur – un ami – un animateur – un poissonnier – un directeur – un patineur – un écuyer – un avocat.

2. Écris les groupes nominaux au pluriel.

un râteau – un portail – un genou – un vantail – un pneu – un oiseau – un cheveu – une fillette – un clou – une noix.

3. Recopie les noms en gras. Indique leur genre et leur nombre. Réécris-les ensuite au pluriel s'ils sont au singulier et au singulier s'ils sont au pluriel.

Basile tira sur l'**anneau** avec la résolution d'un parachutiste en **chute** libre et, sans attendre l'habituelle **explosion** gazeuse, il colla sa boîte de Coca-Cola à ses **lèvres**. Il en vida la moitié d'un trait et avala le **gaz** carbonique sans faire la grimace. Au bout de quelques **secondes**, il émit un rot sonore qui faillit l'effrayer.
« Ça alors ! Ils mettent de plus en plus de **bulles** ! »
Ses **yeux** revinrent sur le **manuel** et sur les **notes** de maths éparpillées sur son **bureau**. Il était désespéré. Les phrases, les formules et les dessins formaient une série de **hiéroglyphes** qu'il ne saurait jamais déchiffrer pour le contrôle du **lendemain**.

F. LALANA et J.-M. ALMARCEGUI, *Règlement de comptes à la télé…*, trad. C. BLETON, Hachette Jeunesse.

4. Reproduis le tableau, puis écris dans la bonne colonne chaque nom en gras du texte avec son déterminant. Complète ensuite le tableau comme le montre l'exemple.

GN au singulier	GN au pluriel
une souris	des souris

C'était une bien jolie **souris**, le **museau** rose, les **moustaches** grises, le **corps** allongé et les **pattes** fines. Elle avait la **queue** frétillante, le **poil** luisant, les **yeux** brillants. Elle paraissait très à son aise et profitait du soleil qui venait juste de sortir, après trois longues **journées** de pluie. C'est bon un **rayon** de soleil quand on est restée trois **jours**, trois **nuits** dans un **trou** gris…

G. LARAMÉE, *Les malheurs d'un pâtissier*, coll. Ratus Poche, Hatier.

5. Recopie et complète chaque phrase avec un nom de la liste suivante :
clé, riz, koala, doigt, tonneau, logiciel.
Attention aux accords !

- Le vin est mis à vieillir dans des … .
- De nouveaux … nous permettent de travailler plus vite sur l'ordinateur.
- Audrey a oublié ses … ; elle ne peut pas rentrer chez elle.
- Les … vivent dans des arbres, en Australie.
- En Asie, on cultive plusieurs … différents, plus ou moins parfumés.
- Titouan joue aux billes ; il a les … très sales.

6. Écris ces groupes nominaux au pluriel. Réécris ensuite chaque groupe nominal en remplaçant le nom en gras par le nom en bleu.

- un **animal** craintif (une souris)
- un **carnaval** somptueux (une fête)
- un **vitrail** monumental (une statue)
- un **acte** criminel (une vengeance)
- un **orage** torrentiel (une pluie)
- un **festival** culturel (une manifestation)

7. Recopie les adjectifs qualificatifs en gras. Indique leur genre et leur nombre.

La nuit est tombée. Yeren observe la lumière des feux au milieu du campement. C'est la **première** fois que le **jeune** yéti voit des étoiles **rouges** posées sur le sol : c'est sûr, ces lueurs ont quelque chose de magique. Il se rapproche. Les tentes se découpent à contre-flammes comme des pyramides **noires**. Parfois, une **faible** clarté vacille à l'intérieur, révélant des formes qui bougent. La toile, alors, paraît devenir **transparente**. Les feux finissent par s'éteindre un à un, les Remuants cessent de remuer, et bientôt un silence **glacé** s'étend sur le camp. Seul un **dernier** foyer brûle.

A. SURGET, *L'abominable gosse des neiges*, Rageot.

8. Recopie le texte en accordant les adjectifs qualificatifs entre parenthèses.

Les deux (joli) chanteuses (breton) sont accompagnées par des musiciens (espagnol).
Les (premier) chansons, (vif) et (entraînant), déchaînent les bravos du public. La suite du concert est plus (mélodieux), avec des airs empruntés aux musiques (traditionnel).

9. Recopie les phrases en accordant les adjectifs qualificatifs entre parenthèses.

- Nous empruntons des routes (départemental).
- Attention, tu as des gestes (brutal) !
- Ma tante a acheté à cet artiste deux dessins (original).
- Voilà des réussites (exceptionnel) !
- Je ne me lancerai pas dans des poursuites (infernal).
- Nous avons visité des châteaux (médiéval).

10. Recopie et complète les phrases avec les adjectifs qualificatifs entre parenthèses. Attention aux accords !

- (gros) De … rats infestaient les quais.
- (prudent) Le directeur du personnel prononça des paroles … .
- (immobile) Les deux garçons attendaient, … .
- (phénoménal) Les deux sauteurs réussirent des bonds … .
- (heureux) Nous avons passé ici des jours … .
- (éternel) Je te dois des remerciements … .

11. Recopie et complète avec l'adjectif proposé en gras.

- **inventif** ▸ un garçon … , des femmes … , des savants … .
- **joyeux** ▸ un défilé … , des jeunes filles … , des spectacles … .
- **national** ▸ une route … , des compétitions … , des drapeaux … .

12. Réécris le texte en accordant les adjectifs qualificatifs entre parenthèses avec les noms qu'ils accompagnent.

Beaucoup de Canadiens apprécient le tennis et les sports (aquatique). […]
Les sports (pratiqué) sont surtout la voile, la natation et le surf. Les gens moins (actif) jouent au golf ou pratiquent la pêche.
Les (principal) sports (pratiqué) l'hiver sont le hockey sur glace et le basket-ball. Les équipes de hockey sur glace jouent aussi bien à l'extérieur que sur des patinoires (couverte).
Les Canadiens comptent parmi les meilleurs joueurs (mondial). Le pays compte de nombreux champions du monde et de nombreux champions (olympique).

L. BENDER, *Canada*, Hachette Éducation.

13. Recopie et accorde les adjectifs qualificatifs.

- une idée (original)
- une voiture (rouge)
- une piste (noir)
- une chanson (entraînant)
- une glace (italien)
- une fusée (spatial)
- une île (grec)
- une pensée (génial)
- une femme (exceptionnel)
- une farine (complet)
- une (bon) table

14. Recopie et complète les phrases avec é ou er. Attention aux accords !

- Ses vêtements déchir… le faisaient ressembl… à un épouvantail !
- Le bateau a quitt… le quai. Il part navigu… pour deux mois.
- Le travail est termin… : il est désormais inutile de te cach… !
- Les éléphants domestiqu… peuvent rest… difficiles à mani… , surtout s'ils sont affam… .
- Il se mit à détal… comme un lapin effray… .

15. Complète les phrases avec é ou er. Attention aux accords !

- Il faut rentr… .
- Nous pouvons parl… .
- Tu voudrais pass… .
- Nous aimons march… .
- Elles étaient sauv… .
- J'étais arriv… .
- Elle peut rest… .
- Il est rentr… .
- Je peux y arriv… .
- Je t'ai parl… .

16. Lis le texte et relève tous les mots invariables.

Julie jeta sa serviette, s'engouffra en courant dans le couloir et claqua la porte de sa chambre. Là, elle s'effondra sur son lit, enfouit sa tête sous l'oreiller en plumes et se mit à pleurer à chaudes larmes.
« Je déteste ce qu'ils me font manger ! gémit-elle entre deux sanglots. Je déteste le potiron ! Ils n'ont pas le droit de me forcer à l'aimer ! Pas le droit ! Ils ne me comprennent pas ! »
Elle pleura ainsi longtemps sur son lit, le nez à moitié bouché par l'oreiller en plumes d'oie. Et c'était doux de se vider de sa peine et de faire beaucoup de bruit.

M. SAINT-DIZIER et V. PASCAL,
Histoires à croquer sous la dent, Hachette Jeunesse.

Vocabulaire

Vocabulaire

Expression écrite

Lecture

Chercher un mot dans le dictionnaire

Dictionnaire Hachette Junior, Hachette Éducation.

🔍 Je découvre

1. Range chaque liste de groupes de lettres dans l'ordre alphabétique.

- mi – me – pa – lo – mu.
- bre – bul – bac – but – bal.
- escr – erre – esco – espa – esca.
- perp – perm – perr – peri – pers.

2. Utilise ton dictionnaire pour trouver, dans cette liste, le mot qui n'existe pas.

troglodyte – stigmate – incognito – lignoter – échancrure – houspiller.

3. Classe chaque liste de mots dans l'ordre alphabétique.

- film – finir – file – fixe – fiole – fille – finesse.
- œillet – octave – occuper – oiseau – obus – œuf.

4. Classe tous les mots dans l'ordre alphabétique.

semestre – olive – bûcheron – roue – semelle – rue – quart – scolaire – objet – ruelle.

5. Parmi ces mots, lesquels sont placés avant radeau dans le dictionnaire ?

radiateur – rabattre – racine – radar – ballon – radical – quotient – rafale.

6. Parmi ces mots, lesquels sont placés après droit dans le dictionnaire ?

durée – eau – drap – douloureux – dromadaire – masque – azalée – donner – drame – duvet.

Dans un dictionnaire, les mots sont classés par **ordre alphabétique**.

On effectue la recherche en fonction de la première lettre du mot, puis de la deuxième, de la troisième, etc.

Des **mots repères**, en haut des pages, indiquent le premier et le dernier mot de la double page.

Dans le dictionnaire, les noms sont écrits au singulier, les adjectifs qualificatifs au masculin singulier et les verbes à l'infinitif.

Je m'entraîne

7. Si tu dois vérifier le sens de ces mots dans un dictionnaire, indique à quel mot tu chercheras.

enverrons – pensive – ont repeint – factrice – marécageuse – amicaux.

8. Les mots repères t'indiquent à quelle page Alice a ouvert son dictionnaire pour chercher les mots. Reproduis et complète le tableau en indiquant par une croix si elle doit revenir en arrière ou aller plus loin.

mot cherché	mots repères	revenir en arrière	aller plus loin
couvent	cribler / critique	X	
flan	ficher / fil		
barge	barrage / bas		
mortier	mouche / mourir		
moufle	madame / magasin		

9. Lis le texte, puis cherche dans ton dictionnaire la définition des mots en gras. Recopie-la.

Grands sommets et **alpages** souriants, lacs d'altitude, torrents et cascades, flore colorée et faune sauvage… Tout est là, à portée de main, il **suffit** de mettre un pied devant l'autre !
Ici, l'homme a su protéger montagnes, faune, flore et tracer des sentiers **balisés** pour randonner en plaine, en moyenne et haute montagne. Il a aussi bâti un **patrimoine** et un **terroir** comme autant de rencontres au fil de vos itinéraires !

Promenades et randonnées,
Agences touristiques Savoie et Haute-Savoie.

10. Cherche dans ton dictionnaire la définition des mots suivants, puis écris une phrase avec chacun d'eux.

mets – rade – pâlot – luire.

11. En t'aidant de ton dictionnaire, complète les mots suivants avec :

• **a** ou **â**

un p…turage – un p…té – un p…vé – un r…bot – une b…che – un ch…teau – t…ter – un t…tou – un ch…le – un ch…let.

• **f** ou **ph**

un sca…andrier – une dé…ection – la péri…érie – un pro…ète – un …énomène – une fan…are – du ra…ia – un sa…ir – un …éculent.

12. En respectant l'ordre alphabétique, un seul des trois mots entre parenthèses peut se placer entre les deux mots proposés. À toi de l'identifier.

• troupeau … trouver
(trousse – tromper – tropique)
• question … quinzaine
(quantité – quitter – quille)
• nuit … nuque
(nucléaire – obéir – numéro)
• équateur … équipage
(équipe – équerre – érable)
• conversion … convocation
(convulsion – contusion – convier)

À TOI DE JOUER…

13. Qui aura le plus vite trouvé les trois mots correspondant à ces définitions ?

a. Je suis un oiseau cousin du canard et de l'oie. Tu me trouveras dans le dictionnaire entre une **tactique** et un **taillis**.
b. Je suis un crabe coincé entre le verbe **être** et le verbe **étudier**.
c. Je suis un âne sauvage vivant en Iran et en Inde. Tu peux me trouver sous l'**ombrelle** mais au-dessus de l'**ongle**.

Lire un article dans le dictionnaire

1 courant, ante (adjectif)
Que l'on rencontre ou que l'on fait fréquemment. *Cette espèce d'oiseaux est très **courante** en Europe.* (Syn. commun, ordinaire, répandu. Contr. rare.) • **Eau courante** : eau qui circule dans des tuyaux et qui coule d'un robinet.

2 courant (nom masculin)
1. Mouvement de l'eau. *Les feuilles mortes sont emportées par le **courant**.* **2.** Électricité qui passe dans les fils. *Une prise de **courant**. Une coupure de **courant**.* • **Au courant** : informé de quelque chose. *Nous ne sommes pas **au courant** de son départ.* • **Courant d'air** : air en mouvement dans un espace resserré. • **Dans le courant de** : pendant une période. *Clément viendra certainement **dans le courant de** la semaine prochaine.*

courbature (nom féminin)
Douleur musculaire. *Le lendemain du match, il était plein de **courbatures**.*

courbaturé, ée (adjectif)
Qui ressent des courbatures. *Après un après-midi de vélo, elle est rentrée toute **courbaturée**.*

courbe (adjectif)
Qui a une forme arrondie. *L'arc-en-ciel dessine une ligne **courbe** dans le ciel.*
■ **courbe** (nom féminin) **1.** Ligne courbe. *Le sentier faisait de larges **courbes** à travers le bois.* **2.** Ligne d'un graphique représentant une évolution. *Une **courbe** de température.*
◉ Famille du mot : courber, courbette, recourbé.

courber (verbe) ▶ conjug. n°3
1. Donner une forme courbe à ce qui était droit. *Le poids de la neige **courbait** les branches.* **2.** Incliner une partie du corps. *Son dos **se courbe** sous le poids de son sac. Il **s'est courbé** devant le roi.*

courbette (nom féminin)
• **Faire des courbettes** : être d'une politesse exagérée. *C'est un hypocrite qui **fait des courbettes** à tout le monde.*

coureur, euse (nom)
Personne qui participe à une course. *Un **coureur** à pied. Un **coureur** cycliste.*

courge (nom féminin)
Plante à fruits comestibles, comme le potiron ou la citrouille.

courgette (nom féminin)
Variété de petite courge.

courir (verbe) ▶ conjug. n°16
1. Se déplacer avec rapidité. *Elle a couru pour nous rattraper.* **2.** Participer à une course. *Courir un 100 mètres, un marathon.* **3.** Se propager. *Le bruit **court** que cet homme n'est qu'un escroc.* **4.** Aller un peu partout à la recherche de quelque chose. *Elle a passé sa journée à **courir** les libraires, à la recherche d'un livre introuvable.* **5.** Tenter ou affronter quelque chose. *Courir sa chance. Courir un danger.*
◉ Famille du mot : accourir, coureur, course, coursier.

courlis (nom masculin)
Oiseau échassier, à long bec, migrateur, qui vit près de l'eau.

*un **courlis***

couronne (nom féminin)
1. Cercle de métal qui se porte sur la tête comme symbole de pouvoir. *Pour la cérémonie, le souverain apparut coiffé de la **couronne** royale.* **2.** Cercle de fleurs ou de feuilles tressées. *Une **couronne** de lauriers.* **3.** Morceau de métal ou de céramique qui entoure une dent abîmée. *Il va chez le dentiste pour se faire poser une **couronne**.*
◉ Famille du mot : couronnement, couronner.

271

Dictionnaire Hachette Junior, Hachette Éducation.

Je découvre

1. En t'aidant de ton dictionnaire, indique la nature (nom, verbe, adjectif qualificatif, adverbe) de chaque mot.

rêche – génisse – rauque – selon – soute – susciter.

2. En t'aidant de ton dictionnaire, indique le genre (masculin ou féminin) de chacun de ces noms.

… grive – … fennec – … anniversaire – … apostrophe – … pétale – … dynamo – … doute – … dague.

3. Pour chacune des expressions, indique à quel mot tu penses la trouver dans le dictionnaire. Effectue ensuite ta recherche et recopie la définition.

- Faire une queue de poisson.
- Être aux anges.
- Être cousu de fil blanc.
- Monter sur ses grands chevaux.
- Faire des pieds et des mains.

4. En t'aidant de ton dictionnaire, indique la nature (nom, verbe, adjectif qualificatif, adverbe) de chaque mot.

surplus – tellement – plein – exemplaire – nécessaire – devant.

5. Ces quatre noms ont la même particularité. Utilise ton dictionnaire pour l'identifier.

les festivités – des agrumes – des fiançailles.

6. Utilise ton dictionnaire pour identifier, dans cette liste, les noms de bateaux. Recopie-les.

un bac – une caravelle – un canyon – un esquif – un fiacre – le centuple – un galion – une jonque – un latex – un mirador – un youyou – une frégate – un catamaran.

7. Associe chaque définition des mots avec la phrase exemple correspondante.

Cascade
1. Chute d'eau qui tombe de rocher en rocher.
2. Numéro périlleux d'un acrobate, d'un coureur automobile.

a. L'une des cascades de ce film était vraiment impressionnante !
b. Nous avons découvert de superbes cascades dans les montagnes d'Islande.

Dépendre
1. Décrocher.
2. Être le résultat de…

a. Marie et Aubin ont dépendu les rideaux de leur chambre.
b. La date de la moisson dépendra du temps prévu.

Carrière
1. Terrain d'où l'on extrait des matériaux de construction.
2. Le métier, la profession.

a. Mon père a fait toute sa carrière dans les assurances.
b. Cette ancienne carrière est maintenant un terrain de cross.

Dans un dictionnaire, chaque mot est suivi :

– d'une **abréviation** qui précise sa **nature** (nom : **n.** ; verbe : **v.**) ainsi que son genre pour les noms (masculin : **m.** ; féminin : **f.**) ;

– d'une **définition**, souvent illustrée d'un **exemple**. Si le mot a plusieurs sens, il y a plusieurs définitions numérotées ;

– éventuellement, de **renseignements complémentaires** (synonyme, contraire…).

On utilise donc un dictionnaire pour connaître l'orthographe d'un mot, sa nature et ses différents sens.

Je m'entraîne

8. Qui suis-je ? À l'aide de ton dictionnaire, retrouve les mots cachés.

- Je suis un nom masculin désignant un arbrisseau sauvage et je me cache entre **générosité** et **génie**.
- Je suis un adverbe synonyme de *évidemment* et je me cache entre **cerise** et **cervelle**.
- Je suis un verbe du 1ᵉʳ groupe signifiant *couper* et je me cache entre **incendie** et **inclinaison**.
- Je suis un adjectif signifiant *qui peut se dissoudre* et je suis caché entre **solo** et **sombrero**.

9. Recopie chaque phrase en remplaçant la partie de phrase en gras par l'une des expressions suivantes :
en face de – face à face – de face – fait face au – perd la face – se voile la face.
Aide-toi de ton dictionnaire.

- Les deux adversaires sont **à 10 cm l'un de l'autre** et se regardent droit dans les yeux.
- La façade de notre maison **est tournée vers le** mont Blanc.
- On a découvert le mensonge de Romain : il sait qu'il **est déshonoré**.
- Je préfère le cliché où je suis photographié **avec le visage tourné vers l'objectif**.
- Ma voiture est stationnée juste **devant** la mairie.
- Nadia refuse de voir la vérité et d'admettre **son erreur**.

10. Ces dessins illustrent différents sens du mot **bois**. Peux-tu les retrouver ?

11. En te servant de la page de dictionnaire reproduite page 142, associe chaque phrase avec le numéro correspondant au sens du verbe **courir**.

a. Avec une telle attitude, tu cours au-devant des ennuis !
b. Depuis quelque temps, une étrange rumeur court le quartier.
c. Tous les enfants coururent se mettre à l'abri.
d. Ma mère m'a fait courir tous les magasins de vêtements pour me trouver une chemise orange.
e. Enzo a couru son premier 100 mètres en moins de 13 secondes.

12. En te servant de la page de dictionnaire reproduite page 142, associe chaque phrase avec le numéro correspondant au sens du nom **couronne**.

a. Une couronne de roses a été déposée au pied de la statue.
b. Regarde ma belle couronne ! Grâce à elle, je ne souffre plus du tout !
c. La couronne était ornée de diamants et de saphirs.

13. Associe chaque phrase avec le numéro correspondant au sens du mot **base**.

> BASE : nom féminin **1.** Partie inférieure d'une chose. *La base d'une tour.* **2.** Côté d'un triangle opposé à l'angle pris comme sommet. **3.** Principal ingrédient d'un mélange. *Un gâteau à base de chocolat.* **4.** Ensemble d'installations militaires. *Une base aérienne.* **5.** Ensemble des membres d'un syndicat ou d'un parti politique. **6.** Ce qu'il est important de connaître dans une matière. *Avoir de bonnes bases en mathématiques.*
> *Dictionnaire Hachette Junior*, Hachette Éducation.

a. Pendant les manœuvres, presque tous les soldats avaient quitté leur base.
b. Quand Souad est entrée en 6ᵉ, elle avait des bases solides en français et en mathématiques.
c. La base de ce mur est en granit.
d. La crème renversée est à base de lait, d'œufs et de sucre.

14. Associe chaque phrase avec le numéro correspondant au sens du mot **bouquet**.

> BOUQUET : nom masculin **1.** Assemblage de fleurs coupées. *David a offert un **bouquet** de fleurs à Myriam.* **2.** Dernière partie d'un feu d'artifice où l'on tire les plus belles fusées. **3.** Parfum d'un vin. *Ce vin manque de **bouquet**.* **4.** Grosse crevette rose. • **Bouquet d'arbres** : groupe d'arbres. • **C'est le bouquet !** : cela dépasse les limites, c'est le comble.
> *Dictionnaire Hachette Junior*, Hachette Éducation.

a. Nous avons dégusté des huîtres, des bigorneaux et quelques bouquets.
b. En se promenant dans la campagne, Émilie a composé un joli bouquet.
c. Nous n'irons pas nous coucher avant d'avoir vu le bouquet final.
d. Ce bordeaux avait un bouquet particulier.

15. Cherche dans le dictionnaire trois sens du mot **case**, puis écris trois phrases qui illustreront chacun de ces sens.

16. Cherche dans le dictionnaire les deux natures du mot **tendre**, puis écris une phrase qui illustrera chacune des natures.

17. Écris une phrase en utilisant le nom ou l'adjectif **courant**, puis recopie ensuite le morceau d'article de dictionnaire de la page 142 qui correspond au sens du mot **courant** que tu as utilisé.

18. Recopie chacune des expressions en gras. Ensuite, cherche dans le dictionnaire et recopie sa signification.

• Antoine **a vu rouge** quand on lui a annoncé la nouvelle.
• Tu m'as fait **une peur bleue** !
• Nous **avons reçu le feu vert** pour notre projet.
• Bientôt tu vas **rire jaune**.
• Je vous **donne carte blanche**.
• Ne reste pas ici à **broyer du noir** !

19. Recopie les noms, puis indique leur genre (masculin ou féminin) en plaçant devant chacun d'eux **un** ou **une**.

… amarre – … autoroute – … clameur – … crépuscule – … calvaire – … barrique – … joute – … formulaire.

À TOI DE JOUER…

20. Un **licormoran** – une **pharmacuterie**. Ces mots sont fantaisistes. Chacun a été inventé à partir de deux autres mots (**licorne** et **cormoran**, **pharmacie** et **charcuterie**) qui permettent d'imaginer des définitions amusantes.

Exemples :

▶ Licormoran : nom masculin – Oiseau de mer possédant une grande corne sur la tête qu'il utilise comme un harpon.
Le licormoran avait pêché une belle brochette de sardines.

▶ pharmacuterie : nom féminin – boutique où l'on fabrique et vend des spécialités culinaires réputées guérir certaines maladies.
À la pharmacuterie, maman a acheté du saucisson à l'aspirine et du pâté de bandelettes.

À ton tour de rédiger l'article de dictionnaire pour deux des mots suivants :
gribouillir – une carabinocle – un rhinocodile – matraquiller.

Tu peux continuer avec d'autres mots de ta composition.

Les familles de mots

📖 La classification des animaux

Il existe un très grand nombre d'espèces animales ; on en a actuellement dénombré plus de 1,7 million ! Ce n'est pas très simple de s'y retrouver… En 1801, le savant Lamarck a proposé de répartir tous les animaux en deux grandes classes : les vertébrés (les animaux qui possèdent une colonne vertébrale) et les invertébrés (les animaux sans colonne vertébrale). À l'intérieur de chaque groupe, de nouveaux classements ont permis d'organiser les animaux en différentes familles. Ainsi, dans la famille des vertébrés, on trouve les poissons, les oiseaux, les amphibiens, les reptiles et les mammifères. Si ces derniers sont les plus connus, ils sont aussi les moins nombreux : environ 4 200 espèces… dont un quart serait menacé de disparition ! Chaque espèce possède des caractères particuliers en commun. Les mammifères, par exemple, sont des animaux au corps couvert de poils qui nourrissent leurs petits grâce au lait de leurs mamelles.

La classification de Lamarck est aujourd'hui abandonnée par les scientifiques qui préfèrent classer les animaux en se fondant davantage sur leur anatomie et leur développement.

Si tu t'intéresses au monde animal, pourquoi ne pas rédiger des fiches sur les animaux que tu connais ? Il te suffira ensuite de les ranger dans un classeur en respectant une méthode de classement.

a. Qui a proposé le classement des animaux en vertébrés et invertébrés ?
b. Quelles familles composent le groupe des vertébrés ?
c. Combien d'espèces dénombre-t-on chez les mammifères ?

🔍 Je découvre

1. Relève, dans la lecture, les mots de la famille de **classe**.
Comment vas-tu les reconnaître ?

2. À partir de quel radical est formé le mot **vertébrale** ?
Peux-tu trouver, dans la lecture, deux autres mots de la même famille ?

3. Dans chaque liste, cherche le radical.
- aligner – interligne – lignée – surligner.
- laver – lavable – laveur – laverie.
- long – longer – longueur – allongé.

4. Cherche, dans chacune des listes, le mot qui n'est pas de la famille.
- rouge – rougeoyant – rougeâtre – rogner.
- digital – digestion – digitigrade – doigt.
- porter – emporter – portuaire – porteur.
- nageoire – nage – natalité – natation.

À partir d'un **radical**, on peut former d'autres mots appelés **mots dérivés**.
Exemple : radical ▶ **lait** ;
mots dérivés ▶ al**lait**er, un **lait**age, une **lait**erie.

Le radical et les mots dérivés constituent une **famille** ; ils contiennent tous la même idée.

Mais le radical n'est pas toujours aussi visible ; il peut apparaître sous une autre forme.
Exemple : **doigt** ▶ une empreinte **digi**tale.

Je m'entraîne

5. Classe les mots en deux colonnes, selon leur famille.

plantation – plat – planter – replanter – plateau – platitude – plantoir – plate-forme – plate – plant – plantule – platée – platement.

6. Retrouve et recopie la famille de mots.

sommaire – sommeil – somnoler – sommeiller – sommier – sommet – somme – sommation – ensommeillé – sommeilleux – sommelier – somnolent.

7. Recopie et complète les phrases avec les mots suivants, de la famille de charge :
décharger – chargement – décharge – charger – recharge – chargeur.

• Le chasseur a rempli son ... de cartouches.
• Mon père a emporté tous ces vieux cartons à la ... municipale.
• Le ... de ce camion se composait de fruits et de légumes.
• Avant de partir à l'aventure, les chercheurs d'or devaient ... leur âne avec tout ce dont ils auraient besoin pendant un an.
• Mon grand-père m'a demandé de lui acheter une ... pour son réchaud de camping.
• Les déménageurs attendaient le camion pour ... tous les meubles.

8. Trois familles de mots ont été mélangées. Classe les mots en trois colonnes, et indique leur famille.

chantage – souterrain – chant – camp – atterrir – chanson – terre – campeur – terrestre – chanteur – enchanté – camping – parterre – chansonnette – campement – terrier – terrasse – décamper – camping-car – déchanter.

9. Recopie et complète les phrases avec les mots suivants, de la famille de mont :
montagnardes – surmonter – montagneux – monter – montée – montagnards – monticule – montagne.

• L'arrivée de l'étape a lieu en pleine ... .
• Dans les Alpes, on trouve un relief ... .
• Le jardinier a édifié un petit ... de terre pour isoler le terrain de la route.
• J'aime me promener en ... et rencontrer de vieux ... qui nous apprennent beaucoup de choses sur les traditions ... .
• Tristan doit ... sa peur pour ... plus haut.

10. Écris le verbe correspondant à chacun de ces mots.

blanc – creux – saut – neige – bain – noir – pas – ordre – couleur – bond – débarras – jardin.

11. Recopie et complète les phrases avec les mots suivants, de la famille de balle :
emballer – ballot – emballage – ballon – déballer.

• Les enfants jouent au ... dans la cour.
• Mes parents doivent ... toute la vaisselle pour le déménagement.
• Les jeux que mon parrain m'a offerts sont encore dans leur ... d'origine.
• Il reste un ... de linge à déposer à la Croix-Rouge.
• Tu devrais ... toutes tes affaires pour les laver.

À TOI DE JOUER...

12. Devinettes

Trouve ces mots de la même famille.

• Guerrier à cheval du Moyen Âge : ...
• Support en bois utilisé par le peintre pour poser sa toile : ...
• Ensemble des chevaliers : ...
• Personne qui monte à cheval : ...
• Aller à cheval : ...

Les préfixes – Les suffixes

Les étages forestiers des Alpes du Nord

Sous un climat **océanique** aux pluies **estivales** abondantes et aux hivers relativement doux et très **enneigés**, les Alpes du Nord se distinguent par leurs forêts à essences mixtes, riches en espèces. Dans les gorges, sur sols humides et riches en substances **nutritives**, nous trouvons, jusqu'à 1 200-1 300 m, les forêts de frênes et d'érables aux troncs très **moussus**, avec fougères et **nombreux** arbustes à grandes feuilles. Dans la zone **montagnarde** moyenne, entre 1 000 et 1 200 m environ, à l'exception de quelques endroits particuliers, le hêtre l'emporte sur toutes les autres espèces, formant même des populations pures, auxquelles succèdent plus haut des forêts de pins et de sapins. Les forêts riches en hêtres se trouvent fréquemment au-dessus des **sapinières**, car les hauteurs d'une montagne subissent souvent moins de gelées **printanières** et **automnales** que sa base, où les vents descendants provoquent des courants froids. […]
Au-dessus de l'étage montagnard des Alpes du Nord, entre 1 400 et 1 800 m environ, nous rencontrons le plus souvent la forêt **subalpine** d'épicéas, généralement aérée et riche en myrtilles. Les arbres à la cime **pointue** sont ramifiés jusqu'en bas ; le sorbier s'y mélange souvent. […]
Au-dessus des diverses forêts subalpines **s'enchaînent** les pins nains ou pins couchés, sur sol **perméable**, et les buissons d'aulnes verts sur sol **argileux** humide.

T. Schauer, C. Caspari, *Flore et faune des Alpes*, trad. Th. Althaus, D.R.

a. Retrouve tous les noms d'arbres cités dans la lecture. La feuille d'un de ces arbres est représentée ci-contre. Sauras-tu l'identifier ?
b. Quels arbres se rencontrent le plus fréquemment entre 1 200 et 1 300 m d'altitude ?
c. Pourquoi y a-t-il plus de gelées précoces ou tardives à la base des montagnes qu'en altitude ?

Je découvre

1. Observe les mots en gras dans la lecture. Retrouve, pour chacun de ces mots, son radical. Indique ensuite quelle(s) partie(s) on a ajoutée(s) à ce radical et trouve un autre mot formé de la même manière.

Exemple : océanique
▸ *radical « océan »*
▸ *on a ajouté « ique »*
▸ *énergique, typique, historique*

2. Dans chaque mot, identifie le préfixe.
- maladroit
- anormal
- dégel
- paratonnerre
- illégal
- inexact
- mésaventure
- automobile

3. Dans chaque mot, identifie le suffixe.
- marchandise
- camionnette
- renardeau
- boucherie
- peureux
- ferraille
- marocain
- chaton

À partir d'un mot simple, le **radical**, on forme d'autres mots, les **mots dérivés**, en ajoutant un **préfixe**, un **suffixe**, ou les deux à la fois.

- Le préfixe est un élément placé **au début** du mot simple et qui en modifie le sens.

Exemples :
im (préfixe) + poli (radical) ▶ impoli (mot dérivé)
para (préfixe) + pluie (radical) ▶ parapluie (mot dérivé)

- Le suffixe est un élément placé **à la fin** du mot simple et qui en modifie le sens.

Exemples :
hêtre (radical) + aie (suffixe) ▶ hêtraie (mot dérivé)
climat (radical) + ique (suffixe) ▶ climatique (mot dérivé)

- Un mot peut avoir un préfixe et un suffixe.

Exemple :
a (préfixe) + douc (radical) + ir (suffixe) ▶ adoucir

Je m'entraîne

4. Dans chaque famille, relève le mot qui n'a pas de préfixe.

a. contenir – soutenir – tenir – détenir – retenir.
b. replanter – plantation – transplantation – implanter – déplanter.
c. médire – redire – dédire – dire – prédire.
d. échauffement – préchauffer – surchauffer – réchauffer – chauffage.
e. enlèvement – prélèvement – levier – relève – soulever.

5. Recopie uniquement les mots qui ont un préfixe. Souligne-le et trouve un autre mot contenant le même préfixe.

Exemple : défaire ▶ démonter.

revoir – dangereux – maladroit – connaître – triangle – lumière – transplanter – hivernal – imprudent – enfermer.

6. Recopie chaque mot et souligne le préfixe. Forme un nouveau mot en remplaçant le préfixe par un de ceux proposés : **ap** – **sur** – **pré** – **tri** – **dé**.

Exemple : disparaître ▶ apparaître.

relever – multicolore – emporter – souligner – accrocher.

7. À partir des noms, forme des verbes en utilisant le préfixe **dé** (ou **dés**).

graisse – arme – gel – chaussure – terre.

8. Avec chaque mot entre parenthèses, forme un adjectif qualificatif à l'aide des suffixes : **al** – **ois** – **if** – **u** – **eux**.

- un homme (pensée)
- un plat (Suède)
- un ciel (automne)
- un temps (orage)
- un garçon (chance)
- un chien (poil)
- un enfant (crainte)
- un roi (barbe)

9. À partir des verbes, forme des noms en utilisant les suffixes **tion** ou **age**.

former – élever – tenter – chauffer – préparer – virer – illustrer – noter – porter – cirer.

10. Recopie seulement les mots qui ont un suffixe. Souligne-le et trouve un autre mot contenant le même suffixe.

Exemple : rougeâtre ▶ noirâtre.

blancheur – courageux – bureau – ourson – coiffure – éléphant – royal – canapé – cerisier – cheveu.

11. Reproduis le tableau et décompose les mots, comme dans l'exemple.

mot	préfixe	radical	suffixe
déranger	dé	rang	er

finir – réchauffer – embouchure – souterrain – muraille – rondelle – malchanceux – profond.

Les synonymes

L'incendie

Un soir que je commençais à m'endormir, je fus réveillé par des cris: *Au feu!* Inquiet, effrayé, je cherchai à me débarrasser de la courroie qui me retenait. Mais j'eus beau tirer, me rouler à terre, la maudite courroie ne cassait pas. J'eus enfin l'heureuse idée de la couper avec mes dents: j'y parvins après quelques efforts. La lueur de l'incendie éclairait ma pauvre écurie; les cris, le bruit augmentaient; j'entendais les lamentations des domestiques, le craquement des murs, des planchers qui s'écroulaient, le ronflement des flammes. La fumée pénétrait déjà dans mon écurie, et personne ne **songeait** à moi; personne n'avait la charitable pensée d'ouvrir seulement ma porte pour me faire échapper… Je sentais une chaleur incommode qui commençait à me suffoquer.

« C'est fini, me dis-je, je suis condamné à brûler vif; quelle mort affreuse! Oh! Pauline! ma chère maîtresse, vous avez oublié votre pauvre Cadichon. » À peine avais-je, non pas prononcé, mais pensé ces **paroles**, que ma porte s'ouvrit avec violence, et j'entendis la voix terrifiée de Pauline qui m'appelait.

Comtesse de Ségur, *Les mémoires d'un âne*.

a. Qui raconte l'histoire?
b. Pourquoi ne peut-il pas se sauver?
c. Quel nom montre que cela se passe dans une famille riche?

Je découvre

1. Relève, dans la 2ᵉ phrase de la lecture, deux mots qui ont à peu près le même sens. Quelle est leur nature?
Peux-tu trouver d'autres synonymes de ces mots?

2. Donne la nature des mots en gras. Trouve ensuite un synonyme pour chacun.

3. Forme des couples de mots synonymes.

- avaler
- ornement
- garder
- catalogue
- flexible
- tranquille

- souple
- répertoire
- paisible
- décoration
- absorber
- surveiller

Les mots synonymes ont à peu près le **même sens**.
Ils sont de **même nature**.
Exemples: couper ▶ trancher, sectionner, cisailler (verbes).
une courroie ▶ une sangle, une bandoulière, une lanière (noms).
incommode ▶ inconfortable, gênant (adjectifs qualificatifs).

Pour remplacer un mot par un synonyme, il faut tenir compte du **contexte** (le sens de la phrase).
Exemples: une heureuse idée ▶ une idée excellente
une fillette heureuse ▶ une fillette ravie

Je m'entraîne

4. Recopie et remplace le verbe faire par un des synonymes suivants :
composer – réussir – allumer – rouler – construire – pratiquer.

- Faire du vélo.
- Faire un bouquet.
- Faire carrière.
- Faire du tennis.
- Faire une maison.
- Faire du feu.

5. Recopie le texte en remplaçant chaque mot en gras par un des mots suivants :
terre – personnes – bâti – ressources – camps – cités – oublié – coutumes – récentes.
Attention aux modifications !

Des **hommes**, venus du **monde** entier, ont **construit** des **villes** modernes dans le Grand Nord, pour exploiter les **richesses** du sous-sol ou pour installer des **bases** militaires. Les peuples du Grand Nord se sont adaptés à ces **nouvelles** conditions de vie, mais ils ont **perdu** beaucoup de leurs **traditions**.

J. Fijalkow, J. Garcia, P. Cayré, *Le Grand Nord*, p. 27, coll. « Magnard documents », Éditions Magnard, 1993.

6. Recopie les phrases en remplaçant les mots en gras par des synonymes.

- Justine a la taille **fine**.
- À midi, les randonneurs ont fait une **halte**.
- Le fermier **clôture** son champ avec du fil de fer.
- Ce spectacle est **comique** ; nous sommes ravis.
- Le médecin a prescrit un **médicament** à Tom.
- Nous nous trouvons juste en dessous de la **cime** de la montagne.

7. Recopie les phrases en remplaçant le verbe mettre par un synonyme.

- Paul met la clef dans la serrure.
- Où ai-je mis mon mouchoir ?
- Les enfants ont mis un vêtement de pluie.
- En automne, nous mettons des bulbes en terre.
- Ce texte est à mettre en français.
- Mon père met la table.

8. Recopie les phrases en remplaçant le mot verre par un des synonymes suivants :
gobelet – lunettes – glace.
Attention aux modifications !

- Les verres qu'il porte sont teintés.
- Pierre a bu plusieurs verres d'eau.
- Le verre du miroir est rayé.

9. Recopie les phrases en remplaçant le mot tête par un des synonymes suivants :
chevelure – chevet – crâne – vie – début.
Attention aux modifications !

- Il avait la tête rasée.
- Près de la tête du lit était posé un verre d'eau.
- Le meurtrier risque sa tête.
- Elle a une tête toute frisée.
- Les dirigeants de la manifestation marchent en tête du défilé.

À TOI DE JOUER...

10. En observant les dessins, trouve deux synonymes.

Les contraires

📖 Les marées

Deux fois par jour, le long de nos côtes, la mer monte et descend. Ce sont les marées. Ce phénomène est dû à l'attraction de la Lune et du Soleil **sur** les masses d'eau du globe terrestre. Mais c'est la Lune qui est la principale responsable des marées, car, même si elle est plus **petite**, la Lune est beaucoup plus **proche** de la Terre que le Soleil. Le pouvoir d'attraction du Soleil ne représente que la moitié de celui de la Lune.

Les marées rythment la vie des populations côtières et la vie de la faune et de la flore du littoral.

Il est **impossible** aux randonneurs des bords de mer, aux pêcheurs à pied, aux adeptes des sports nautiques ou aux marins qui **posent** des casiers de partir sans consulter l'horaire des marées pour évaluer leur importance. Sur ce document, on trouve le nom des ports, les heures des marées basses et hautes (ou pleines), leur coefficient (nombre entre 20 et 120 : 20 pour les marées les plus faibles, 70 pour les marées moyennes, 120 pour les marées les plus fortes).

M. Cariou, *Chroniques bretonnes au fil des saisons*, Éditions Équinoxe.

Camaret-sur-Mer à marée haute.

Camaret-sur-Mer à marée basse.

a. Combien y a-t-il de marées en 24 h ?
b. Pourquoi la Lune joue-t-elle un rôle plus important que le Soleil dans ce phénomène ?
c. Où peut-on trouver des renseignements sur les marées ?

🔍 Je découvre

1. Dans la première phrase de la lecture, trouve deux mots de sens contraire. Quelle est leur nature ?

2. Dans la dernière phrase, trouve deux adjectifs qualificatifs de sens contraire.

3. Cherche le contraire des mots en gras.

Les mots de **sens opposé** sont appelés des mots **contraires** (ou **antonymes**).
Des mots contraires sont **toujours de même nature**.
Exemples : le calme ▶ l'excitation (noms).
attirer ▶ repousser (verbes).
faible ▶ fort (adjectifs qualificatifs).

Certains **préfixes** permettent de former le contraire d'un mot.
Exemple : possible ▶ **im**possible.

La **négation** permet également d'exprimer une idée contraire.
Exemple : Je pêche. ▶ Je **ne** pêche **pas**.

Attention ! Si un mot a **plusieurs sens**, il a **plusieurs contraires**.
Exemples : une grande planète ▶ une petite planète.
un grand homme ▶ un homme inconnu.

Je m'entraîne

4. Forme des couples en associant chaque nom avec son contraire.

l'été – le rêve – un synonyme – l'enfer – le travail – le repos – l'hiver – le paradis – la fin – la réalité – un antonyme – le début.

5. Forme des couples en associant chaque verbe avec son contraire.

finir – rater – bloquer – assombrir – parler – inquiéter – dégager – éclairer – réussir – rassurer – débuter – se taire.

6. Écris les groupes nominaux en remplaçant chaque adjectif qualificatif par son contraire.

Exemple : un trait fin ▶ un trait épais.
- un ciel dégagé
- un poids léger
- un résultat positif
- des caractères semblables
- un satellite artificiel

7. Écris des phrases de sens contraire en changeant les préfixes des mots en gras.
- Nous avons **accroché** le cadre.
- Monsieur Bon est un homme **sympathique**.
- Les deux matelots ont **débarqué** à Saint-Malo.
- Les ouvriers **enroulent** les tapis.
- Cet article de journal évoque les problèmes de l'**émigration**.

8. Forme le contraire des mots à l'aide d'un préfixe.

possible – un accord – admissible – attendu – actif – avantager – intéressant – patient – enfler – former.

9. Transforme chaque phrase pour exprimer le contraire de deux façons différentes, comme dans l'exemple.

Exemple : C'est un animal sauvage.
▶ Ce n'est pas un animal sauvage.
▶ C'est un animal domestique.

- Papa a maigri.
- Nous avons eu de la chance.
- Victor est un garçon robuste.
- Nous avons bien répondu.
- Est-ce un mensonge ?

À TOI DE JOUER...

10. Reproduis la grille et complète-la avec le contraire des mots :

1. divorce – 2. gentil – 3. réussir – 4. paresse.

Avec les lettres des cases jaunes, écris un contraire du mot joie.

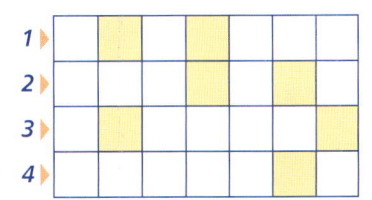

Les homonymes

Départ pour l'île de Molène[1]

Cinq heures et quart. Il a plu toute la nuit. L'aurore semble hésiter et, au bout du jardin, les arbres se cachent encore sous un voile humide. Anton ferme doucement la porte de la maison. En sautillant pour éviter la boue du chemin, il se dirige vers son vieux pick-up[2], jette son sac marin sur le plateau et s'installe derrière le volant. Dix minutes tout au plus et il aura rejoint l'aber.

Glizit. En passant devant la ferme de Gwenn – un si joli nom ! – il maudit une nouvelle fois sa timidité maladive. Pourquoi ne pas lui avoir proposé de venir ce matin ? Il avait pourtant l'impression qu'elle en brûlait d'envie…

Le parking du port. Même sans les phares, il aurait reconnu sa silhouette. Elle est adossée à sa voiture. Elle lui sourit.

– Anton, j'ai pensé qu'à deux on hisserait plus vite la voile… Ça ne t'embête pas ?

Anton sent qu'il est écarlate, qu'il n'est plus du tout grand et costaud.

– Bien sûr que non, Gwenn ! Au contraire ! parvient-il à articuler.

– Alors, en avant ! La marée n'attendra pas. Et Molène est tellement belle dans la lumière du petit matin…

Anton en est certain : au loin, le phare du Four vient de lui faire un clin d'œil…

J.-C. Lucas.

(1) île de Molène : elle se situe à la pointe ouest de la Bretagne.
(2) pick-up : véhicule à plateau découvert.

a. Pourquoi a-t-il fallu se lever si tôt ?
b. Pourquoi Anton n'a-t-il pas proposé à Gwenn de l'accompagner ?
c. **Vrai ou faux ?** Anton est un homme petit et maigre.

Je découvre

1. Relève, dans la lecture, des mots qui se prononcent de la même façon mais qui ont des sens différents.
Exemple : nom / non.
Quelle remarque peux-tu faire sur leur écriture ?

2. Essaie de trouver un homonyme pour au moins deux autres mots de la lecture.
Exemple : il / île.

3. Trouve un homonyme pour chacun des noms suivants. Aide-toi de ton dictionnaire.

Lyon – Troyes – Paris – Rennes – Mantes.

4. Retrouve les homonymes qui se cachent dans chaque groupe de phrases. Écris-les.
a. • « Le … est bon » est un jeu de chiffres.
• *Le … de Monte-Cristo* est un livre d'Alexandre Dumas.
• La bibliothécaire lit un … aux enfants tous les mercredis après-midi.
b. • La … de Thomas nous a accompagnés à la piscine.
• Le … de la ville a inauguré l'exposition de peinture.
• Avec ce vent, la … est déchaînée.

Les homonymes sont des mots qui se prononcent de la même façon, qui ont parfois la même orthographe, mais dont le sens est différent.

Exemple : une glace à la fraise – se regarder dans une glace.

Je m'entraîne

5. Recopie les phrases en choisissant le bon mot.

- La (cane/canne) de mon grand-père est superbement sculptée.
- Le (cou/coup) de la girafe est immense ; elle peut ainsi manger des feuilles d'acacia.
- Les bateaux sont amarrés dans le (porc/port) du Havre.
- Les alpinistes ont franchi difficilement le (colle/col) de la montagne.
- La (date/datte) est affichée tous les jours au tableau.

6. Recopie et complète les phrases avec les mots suivants :
prêt – bon – toit – bond – près – toi.

- Ce sauteur en longueur a réussi un très grand … ; il est champion du monde.
- Il fait … vivre dans cette maison au fond des bois.
- Le … de la maison est recouvert de chaume.
- Depuis que tu es parti, nous pensons bien fort à … .
- Ce sauteur en longueur est … à s'élancer.
- Le cheval est tout … de la ligne d'arrivée.

7. Recopie et complète chaque phrase avec un homonyme du mot cher.
Tu peux utiliser ton dictionnaire.

- Un animal carnivore est un animal qui mange de la … .
- L'évêque est resté dans sa … pendant toute la durée de la messe.
- Dans ce restaurant gastronomique, nous avons fait excellente … ; c'était un vrai régal.

8. Trouve un homonyme pour chacun des mots et emploie cinq d'entre eux dans une phrase.
soi – encre – sol – gaz – mètre – signe – chant – ton – cours.

9. Recopie et complète chaque phrase avec l'homonyme qui convient :
seau – sot – sceau – saut.

- Que mon frère est … , il ne comprend jamais rien !
- Ce champion du triple … a battu le record olympique.
- Le jardinier transporte l'eau avec un grand … .
- Le roi a appliqué son … en bas de la lettre.
- Ce parachutiste a effectué un … de plus de trois mille mètres.

10. Recopie et complète les phrases avec les mots suivants :
vert – fer – verre – vers – faire.

- La grille du château est en … forgé.
- Il faut … de gros efforts pour avoir de meilleurs résultats.
- Ali se dirige tout droit … la porte de sortie.
- Antoine a mis son maillot de football … pour le match de cet après-midi.
- Pendant le goûter d'anniversaire, Virginie a bu un … de grenadine.

À TOI DE JOUER...

11. Recopie et remplace les numéros en choisissant, dans chaque série de mots, celui qui convient.
Aide-toi du dictionnaire.

À trois heures moins le (1), je (2) avec (3) ami Romain. Nous allons (4) la (5) chez Julie. Sa (6) nous a préparé (7) de bonnes choses : des tartines de (8), de la gelée de (9), des (10) et du (11) à la vanille. (12) formidable parce que nous avions (13) (14).

1. quart – car
2. pars – part
3. mont – mon
4. faire – fer
5. fête – faite
6. maire – mère
7. plein – plaint
8. pain – pin – peint
9. coing – coin
10. amandes – amendes
11. flanc – flan
12. ses – ces – sait – c'est
13. très – trait
14. fin – feint – faim

Sens propre et sens figuré

📖 L'inconnu

– Je vais vous raconter. Venez vous installer avec moi sur le banc.

Les petits chenapans, tout à coup bien obéissants, ne se firent pas prier. L'attrait de la balançoire ne résistait jamais au plaisir d'écouter les histoires de leur grand-mère. Un enfant blotti sous chaque bras, Marthe commença son récit :

– Un hiver, alors que je devais avoir votre âge, le froid fut si vif qu'il n'épargna ni gens, ni choses. Rien que chez les Amailloux, il **mordit** les reins du grand-père, gonfla le vin – qui à son tour fit éclater les barriques –, **écrasa** les poumons de la mère et fendit sur pied les arbres de la sapinière.

Ce frisson du Nord répandit une épidémie blanche qui alla jusqu'à faire tousser la plus résistante santé du village, celle de Coup-de-Fer, le maréchal-ferrant, qui était pourtant une forteresse d'homme. C'est alors qu'un inconnu arriva d'on ne sait où et s'imposa partout, si bien que, ne voyant plus que lui, on ne parlait plus que de lui. Il faut dire qu'il avait une allure bizarre. C'était un homme âgé et si maigre que l'on aurait dit un fagot d'os dans un habit crevé de déchirures tel un traverse-les-ronces. Il n'avait plus de cheveux, ni de dents, et sa peau était ravagée par les **labours** successifs de vilaines maladies qui lui avaient laissé tant et plus de cicatrices et de pustules superposées. Bref, mes enfants, une vraie « fleur de cimetière », comme on appelle chez nous ces vieux frôleurs de mort. Mais on oubliait bien vite son allure d'homme pas ordinaire au profit de ce qu'il brandissait d'une main : une perche de bouleau recouverte de sa **chemise** d'écorce, usée seulement à l'endroit de la prise. Un bois raide, grand d'au moins trois mètres et **couronné** en haut par un cercle de tonnelet, tenu ballant avec quatre courtes ficelles. Et tout autour du cercle pendaient des rats…

C. Seignolle, *Histoires sorcières*, adaptation M.-C. Delmas, Syros Jeunesse.

a. Qui est Marthe ?
b. Quel surnom les paysans donnaient-ils à ces vieux frôleurs de mort ?
c. Quelle expression indique que l'homme était très maigre ?

🔍 Je découvre

1. Observe le premier mot en gras dans la lecture. Est-ce que le froid peut réellement mordre les reins de quelqu'un ?
Que signifie alors cette expression ?
Comment est ici utilisé le verbe mordre ?

2. Explique pourquoi les quatre autres mots en gras sont aussi utilisés au sens figuré.

3. Indique à chaque fois si le mot en gras est employé au sens propre ou au sens figuré.

- une tranche **fine**
- un sourire **glacial**
- une **larme** de chagrin
- **faire** ses dents
- une **descente** de police

- une réponse **fine**
- un temps **glacial**
- une **larme** de vin
- **faire** du pain
- une **descente** à la cave.

Un mot peut avoir plusieurs sens.
Le **sens propre** est généralement le **premier sens** d'un mot.
Exemple : Le loup **dévore** la brebis.
Le **sens figuré** est le sens qu'on donne à ce mot en l'utilisant dans un **autre contexte**.
Exemple : Baptiste **dévore** un nouveau roman. (Il ne le dévore pas concrètement.)

Je m'entraîne

4. Recopie chaque phrase, puis indique si le mot en gras est employé au **sens propre** ou au **sens figuré**.

- Sur l'estrade, quelques personnes **dansent** encore.
- Un gros **pépin** l'a empêché de venir.
- La poule **couve** ses œufs.
- Les flammes **dansent** dans la cheminée.
- Boris lave les **pépins** d'orange et les fait sécher.
- Cela faisait trois jours que Paulo **couvait** une bronchite.

5. Associe chaque expression de **sens figuré** à son explication.

a. Avoir un cheveu sur la langue.
b. Prendre ses jambes à son cou.
c. N'y voir que du feu.
d. Faire grise mine.
e. Mettre la clé sous la porte.

1. Ne pas comprendre.
2. Quitter définitivement un endroit.
3. Avoir un défaut de prononciation.
4. Partir très vite.
5. Avoir l'air triste.

6. Explique le sens des expressions en gras.

- Il **tient tête** à ses parents.
- Geoffroy semble **tombé sur la tête**.
- Le joueur a **fait une tête** plongeante.
- J'en ai **par-dessus la tête** de ses mensonges.
- Jérémy fait **une drôle de tête**.

7. Utilise chacun des mots dans deux phrases : au **sens propre** dans l'une ; au **sens figuré** dans l'autre.

Exemple : pousser ▶ *Il pousse la voiture.*
▶ *Pauline pousse un cri.*

jouer – tourner – un œil – une étoile – profond – sale.

8. Indique, pour chaque phrase, si le mot en gras est employé au **sens propre** ou au **sens figuré**. Emploie-le ensuite dans une phrase en changeant de sens.

a. On utilise des **bouchons** de liège pour les bouteilles de vin.
b. Je ne peux pas sortir ; j'ai trop de **pain** sur la planche.
c. Mathis est **tombé** de sa chaise.
d. L'automobiliste a **brûlé** le feu rouge.
e. Le voleur est pris la **main** dans le sac.

À TOI DE JOUER…

9. Trouve les expressions illustrées par les dessins, puis donne leur signification.

1. Mettre…
2. Tendre…
3. Avoir…
4. Avoir…
5. Prendre…

Sigles et abréviations

L'association APCV
(Association pour la Promotion du Cinéma de Village)
propose

Ciné en Fête

Thème de cette année : le western

**du 15 au 28 septembre
tous les soirs à 20 h 45**

**14 grands classiques du cinéma
à voir ou à revoir en famille :**

**Alamo,
La prisonnière du désert,
Les sept mercenaires,
Rio Bravo...**

Et en plus

**Dimanche 15 septembre à 15 h :
conférence « Le cinéma et la télé »**

**Du 15 au 28 septembre :
expo « Le western et la BD »**

Salle des fêtes de Choisy-la-Rivière
Rens. : apcv@orange.fr - Tél : 06 19 33 27 42
Gare SNCF la plus proche : Millon

a. Quel est le point commun de tous les films proposés ?
b. Par quels moyens peut-on obtenir des renseignements supplémentaires ?
c. Vrai ou faux ? On pourra voir un film différent chaque soir.

🔍 Je découvre

1. Que signifie APCV ?
Comment appelle-t-on une suite de mots réduits à leurs initiales ?
Peux-tu en trouver d'autres dans l'affiche ?

2. Observe le titre de la manifestation. Quel mot, dans ce titre, est incomplet ? Peux-tu trouver d'autres mots abrégés dans l'affiche ?

3. Indique le mot complet correspondant à chaque abréviation.

- passer son bac
- un produit bio
- un hebdo
- une auto
- une photo

- la météo
- un kilo
- un pneu
- une moto
- un micro

Un **sigle** est une suite de mots réduits à leurs **initiales**.
Exemple : EDF ▸ **É**lectricité **D**e **F**rance.

Une **abréviation** est un **mot abrégé**, raccourci. On utilise souvent des abréviations dans le langage familier.
Exemple : la **télé** ▸ la **télé**vision.

Je m'entraîne

4. Retrouve la signification de chaque sigle. L'information entre parenthèses doit te mettre sur la piste.

- VTT   (deux roues pour les mauvais chemins)
- HLM   (logement)
- SVP   (marque la politesse)
- OVNI   (soucoupe volante)
- SNCF   (sur de bons rails)

5. Certaines abréviations, certains sigles viennent de mots étrangers. Peux-tu retrouver les mots d'origine de ceux-ci ?

un skate – la hi-fi – les W-C – un DVD – un PC.

6. Recopie les phrases en remplaçant chaque sigle par les mots correspondants.

- Combien de médailles les athlètes français ont-ils remportées aux derniers JO ?
- Les forêts domaniales sont gérées par l'ONF.
- Ce film est-il en VO ?
- Les chiens abandonnés sont recueillis dans les refuges de la SPA.
- L'ONU a envoyé des Casques bleus dans ce pays.
- De nombreuses personnes salariées gagnent le SMIC.

7. Le langage familier utilise souvent des abréviations. Retrouve quels mots se cachent derrière celles-ci.

un dico – une info – la gym – un prof – un resto – la sécu.

8. Invente un petit texte de quatre lignes où tu utiliseras ces abréviations.

la météo – les infos – la pub – la télé.

9. Recopie et complète les phrases avec le sigle qui convient. Écris entre parenthèses la signification de chaque sigle.

DOM-COM – UHT – SAV – OGM – UNICEF

- Je préfère le lait frais au lait … .
- Vous pourrez rapporter votre appareil en panne au … de ce magasin.
- Nous irons en vacances à la Guadeloupe ou à la Réunion ; en tout cas, dans les … .
- Ma mère achète toujours le calendrier de l' … , car elle s'intéresse beaucoup à la protection des enfants.
- Demain, est-ce que les … seront partout dans notre assiette ?

10. Recopie et complète afin de donner la signification de chaque sigle.

- La RATP :   la Régie Autonome des T… P… .
- L'ANPE :   l'Agence N… Pour l'E… .
- Le RMI :   le R… M… d'Insertion.
- Un SDF :   un S… Domicile F… .
- Le SMUR :   le S… Médical d'U… et de Réanimation.

À **TOI** DE JOUER…

11. Retrouve la signification des sigles et abréviations figurant sur cette carte de visite.

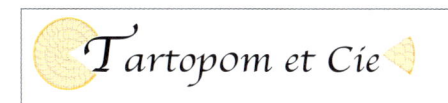

Tartopom et Cie

Mlle Chémamie Yvette
PDG

14 Bd du Pépin-Noir
29905 St-Cale-en-Bourg
Tél. : 01 89 76 10 14   Port. : 06 58 18 18 18

Vocabulaire

Expression écrite

Lecture

Mots génériques et mots particuliers

Le sage Li-Chi

Le premier visiteur venait pour une histoire de poule dévorée par le chien du voisin.

Le deuxième se plaignait de sa belle-mère qui le traitait comme un esclave.

Le troisième cherchait un moyen de devenir riche très vite.

Et le quatrième demandait comment se débarrasser des oiseaux qui venaient picorer dans son jardin.

Le sage les écouta patiemment tous les quatre.

Il savait que dans la vie, la tranquillité était rare et ne pouvait durer éternellement. Mais il se rendait compte également que, chaque jour, davantage de personnes viendraient le questionner.

On lui demanderait de se charger de toutes les situations difficiles. On le supplierait de donner son avis sur la moindre affaire, compliquée ou non.

Et c'en serait fini de ses douces journées à profiter de la montagne.

Or n'avait-il pas besoin de repos, lui, pour ses derniers jours ? N'avait-il pas déjà aidé des milliers de personnes durant toute sa vie ?

De plus, et il trouva cette réflexion particulièrement sage, les gens ne devaient-ils pas apprendre à résoudre leurs problèmes tout seuls ?

Au bout d'une heure, Li-Chi avait pris sa décision. Il se leva et s'adressa au premier demandeur :

– Pour que le chien de ton voisin n'attaque plus tes poules, peins-les en bleu et rouge. Le chien sera dégoûté et il n'y touchera plus.

Puis il se tourna vers le deuxième :

– Chaque fois que ta belle-mère te parlera durement, sors de la maison et imite le hurlement du cochon.

– Quant à toi, dit-il au troisième, va voir l'empereur et demande-lui mille pièces d'or, sans quoi tu lui casseras la tête. À coup sûr, l'empereur te les donnera !

Enfin, il s'occupa du quatrième :

– Détruis ton jardin et remplis-le de poubelles. Les oiseaux ne viendront plus te déranger.

Les quatre visiteurs se regardèrent, interloqués. Puis ils tournèrent les talons et s'éloignèrent en se tapant du coude, en pouffant de rire et en tapotant leur front de l'index.

N. DE HIRSCHING, *Malin comme un sage*, Rageot.

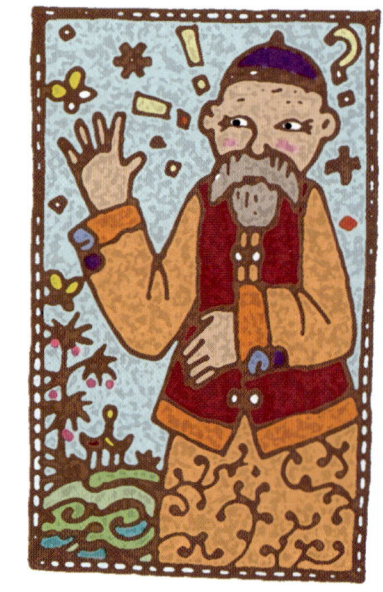

Je découvre

1. Retrouve, dans la lecture, tous les noms qui désignent des animaux.

2. Trouve trois mots qui pourraient illustrer le nom oiseaux.

3. Trouve un seul mot qui pourrait représenter tous ces mots de la lecture : sa, le, son, ses, un, les.

Un mot générique a un **sens général** ; il représente une classe d'objets, d'animaux ou de personnes.
Exemples : un jour, un mollusque, un commerçant.
Chaque élément de cette classe est un **mot particulier**.
Exemples : lundi, jeudi ▶ des jours ;
un escargot, une huître ▶ des mollusques ;
un boulanger, une libraire ▶ des commerçants.

Je m'entraîne

4. Écris, pour chaque liste de mots, le mot générique qui convient.

- des pinces – un marteau – un tournevis – un rabot.
- Paris – Madrid – Bruxelles – Londres – Oslo.
- des boucles d'oreilles – un collier – une bague – un bracelet.
- un thon – un merlan – une murène – une raie.
- Vénus – Neptune – Jupiter – Pluton.

5. Recopie le texte. Encadre le nom générique et souligne les noms de sens particuliers correspondants.

Les minéraux sont tantôt durs, comme le fer, l'or, le basalte, tantôt fluides, comme l'eau, le mercure. Le mercure ne comporte qu'un seul élément. Le pétrole est un ensemble de nombreux éléments.

6. Remplace chaque nom générique en gras par trois noms de sens particuliers.

Exemple : Émilie achète de la viennoiserie chez le boulanger.
▶ Émilie achète des croissants, une brioche et des pains au chocolat chez le boulanger.

- Les **instruments** à **vent** demandent beaucoup de souffle.
- Range les **couverts** dans le tiroir.
- Dans la forêt, on trouve quelques **arbres** centenaires.
- Avant, mon père pratiquait plusieurs **sports**.
- Benjamin aime l'histoire des **rois de France**.
- Il est utile d'étudier des **langues étrangères** pour voyager.

7. Recopie et complète soit avec un nom générique, soit avec trois noms de sens particuliers.

- Le Nil, l'Amazone, la Loire : …
- L'escarpin, la sandale, la bottine : …
- Le saphir, le diamant, l'émeraude : …
- Des livres : …
- Des métiers : …
- Des récipients : …

8. Remplace les noms de sens particuliers en gras par un nom générique.

- Avant le dessert, nous sortons le **roquefort**, le **camembert** et l'**emmenthal**.
- Lors du bal costumé, on a vu beaucoup de **capelines**, de **melons** et de **hauts-de-forme**.
- J'aime les **crevettes**, les **langoustines** et les **tourteaux**.
- Les enfants s'amusent aux **billes**, à la **marelle** ou à la **balle aux prisonniers**.
- Parfois, nous savons reconnaître les **cumulus**, les **stratus** et les **cirrus**.

À **TOI** DE JOUER...

9. Dans cette grille, relève les lettres qui ne sont pas en double et utilise-les pour écrire un nom générique. Cherche ensuite deux mots particuliers qui lui correspondent.

A	R	T	H	E
H	D	J	A	M
M	U	O	N	T
T	R	J	U	O

Vocabulaire

Expression écrite

Lecture

163

Les niveaux de langue

La nouvelle école

Dans quelques jours c'est la rentrée des classes. L'école ne l'a jamais **emballé**. Il s'est toujours débrouillé pour passer dans la classe supérieure un peu comme un passager clandestin. Dans son école d'avant il savait comment ne pas se faire remarquer, il avait ses habitudes, connaissait les **profs**, les bons coins dans la classe et dans la cour, il était presque invisible, ça passait. Mais à présent, dans cette nouvelle ville, tout va être à refaire. Depuis un mois qu'il est ici, il compte les jours comme un condamné à mort.

Le soir, quand ses parents rentrent du travail et qu'ils le trouvent si maussade, pour lui remonter le moral ils lui font un tableau idyllique de sa nouvelle école, des copains qu'il va se faire, des professeurs qui, à coup sûr, seront très gentils, etc.

Antoine **s'en fiche** complètement. Il aime ça, la solitude, il a toujours préféré jouer seul, inventer des jeux, se déguiser, lire, regarder la **télé**. Ils ont beau lui raconter ce qu'ils veulent, l'idée d'être « le nouveau dans une nouvelle classe » le terrorise chaque jour davantage. Ah, s'il pouvait zapper comme il zappe sur la télé !… **Il zapperait la rentrée**, il zapperait ce square minable, il zapperait cette ville horrible, il zapperait…

P. Garnier, Motus, Lire c'est partir.

a. Pourquoi Arthur est-il aussi triste ?
b. Arthur savait ne pas se faire remarquer dans son ancienne école. Il essayait tout simplement d'être… .
c. Pourquoi Arthur n'a-t-il pas envie de voir d'autres personnes ?

Je découvre

1. Observe les mots et expressions en gras dans le texte. Sont-ils tout à fait corrects dans un texte ?

2. Pourquoi l'auteur les a-t-il utilisés ? Par quels mots ou expressions pourrais-tu les remplacer ?

3. Lis ces trois phrases, puis indique lequel des trois personnages a prononcé chaque phrase.

a) J'aime pas ces cochonneries d'épinards !
b) Je n'aime pas les épinards.
c) Je n'apprécie guère les épinards.

1) un écrivain
2) maman
3) un garçon

On utilise des registres de langue différents **selon la personne** à qui l'on s'adresse ou **selon la situation** dans laquelle on se trouve. Ces registres de langue sont :
- **familier** ▶ Je suis vaseuse.
- **courant** ▶ J'ai mal au cœur.
- **soutenu** ▶ J'ai des nausées.

Je m'entraîne

4. Relève dans le texte les mots (ou expressions) de langage familier.

Elle, la fille, elle s'appelle Jane (pas Jeanne djène). Calamity Jane dit sa mère en rigolant. Comme chaque jour, donc, Jane s'installe dans la cuisine. Françoise sort les courses de son cabas, jette une salade dans l'évier, tasse quelques trucs au frigo, pose le pain sur la table. Jane pique un croûton.

M. Dorra, *En route pour hier*, Je bouquine, Publications SA, Bavard Jeunesse / Gallimard Jeunesse.

5. Réécris ce petit texte en remplaçant les expressions familières en gras par des mots ou expressions de langage courant.

Myrtille me **casse les pieds** ; elle vient toujours **fourrer son nez** dans mes affaires. **C'est pas ma frangine**. Je veux qu'elle me **fiche la paix**.

6. Ces phrases sont en langage familier. Réécris-les en langage courant.

- Il a du bol ; il gagne souvent au Loto.
- Lucas met souvent ses pompes à l'envers.
- Quelle trouille nous avons eue.
- Cette fois, l'équipe allemande a eu chaud.
- Nous casserons la croûte sous un arbre.
- Le groupe de musiciens que nous avons vu hier a fait un tabac.
- Les questions du contrôle étaient drôlement corsées.
- Antoine se la coule douce encore cette année.

7. Trouve le sens de ces mots qui appartiennent au langage soutenu. Tu peux t'aider du dictionnaire. **Cherche, pour chacun, un synonyme en langage courant.**

- le courroux
- une vocifération
- obtempérer
- primordial
- se consumer
- embraser
- laborieux
- courtois
- prestement
- néanmoins

8. Reproduis et complète le tableau. Tu peux t'aider du dictionnaire.

langage familier	langage courant	langage soutenu
…	un costume	…
bosser	…	…
…	…	échouer
…	peureux	…
…	…	pingre
moche	…	…

9. Indique quel personnage (1 à 3) a prononcé cette phrase (a à c).

a. Moins une et je m'étalais.
b. J'ai failli tomber.
c. Sans un prompt rétablissement, je chutais.

1. Un homme qui marche dans la rue.
2. Un homme en smoking dans une soirée élégante.
3. Un garçon qui fait du skate-board dans la rue.

10. Aide-toi du dictionnaire et réécris les phrases en remplaçant les mots en gras par des mots plus recherchés.

- Cette tarte aux myrtilles est absolument **délicieuse**.
- L'aiguille de la boussole **indique** le nord.
- Mes voisins **occupent** leurs vacances à tapisser leur maison.
- Ses notes en mathématiques sont plutôt **faibles**.
- Nous assistâmes le soir de cette fête à un énorme **repas**.

Synthèse

1. Si tu dois vérifier le sens de ces mots dans un dictionnaire, indique à quels mots tu chercheras.

Exemple : reviendra ▶ revenir.

capricieuse – absorberont – éternelle – nationaux – engageait – vitraux.

2. Complète chaque phrase avec l'un des mots suivants :
gamma – prodiguer – fanal – mousqueton – rassasier.
Tu peux t'aider de ton dictionnaire.

- Je ne sais pas si nous parviendrons à te … .
- L'alpiniste avait passé sa corde dans un … .
- … est la troisième lettre de l'alphabet grec.
- Sur le bateau, les hommes aperçurent enfin le … .
- Les secouristes vont lui … les premiers soins.

3. Lis le texte, puis cherche dans ton dictionnaire la définition des mots en gras. Recopie-la.

Heureuse nouvelle ! Cet automne, les routes de l'école **buissonnière** passent par le Val de Loire. Au programme, trois destinations : le Loiret, le Loir-et-Cher et la Touraine, véritables cours de récréation où les châteaux **rivalisent** de beauté et où la France ne cesse de revivre son enfance, dans un décor **renouvelé** de forêts, de jardins royaux et de films de cape et d'épée.
En bottes de sept **lieues** ou en carrosse, à cheval ou à vélo, croisez les chemins de l'**insolite**, de l'émotion, de la fête et de la mémoire. Le Val de Loire vous attend pour des instants précieux de bonheur à partager. Soyez les bienvenus.
Dépliant touristique du Val de Loire.

4. Cherche dans le dictionnaire trois sens du nom pic. Écris ensuite une phrase avec chacun des sens et illustre-la par un dessin.

5. Trouve, pour chaque adjectif qualificatif, un nom de la même famille.

Exemple : un animal rapide
▶ la rapidité de l'animal.

- un mur épais
- un frère intelligent
- un garçon gentil
- un oiseau gourmand
- un tissu doux
- un archer adroit
- une femme aimable
- un père inquiet

6. Lis le texte. Cherche ensuite un mot de la famille de chacun des mots en gras.

À propos de bouteilles, mon vœu me revient à l'esprit. Un vœu d'anniversaire. Je vais écrire mon **souhait** sur de petits morceaux de **papier** que je glisserai dans les bouteilles et je jetterai celles-ci à la **mer**.
Mais mon vœu est un **secret** et, de toutes mes forces, j'espère qu'il se réalisera. Tant qu'il ne sera pas exaucé, je n'en parlerai à personne. Surtout pas à Robert, il risquerait de se **moquer** de moi. Donc, je n'en dirai pas un mot.
J'enroule la **cordelette** autour de mon **poignet**, le vent se lève, les mouettes crient au-dessus de nos têtes, les vagues frappent la coque encore et encore… Le capitaine McClain hurle des ordres aux hommes d'**équipage**. Tenez bon la barre et dirigez-vous sous le **vent** ! Nous virons de **bord** !
A. MEAD, *Des bateaux plein la tête*, Castor poche-Flammarion.

7. Dans le texte suivant, relève les mots en gras et encadre leur suffixe. Trouve ensuite d'autres noms d'artistes de cirque contenant un suffixe.

Les Glumbos, **lanceurs** de couteaux, se partageaient le troisième rang, avec Marianna, la **dompteuse** d'éléphants, et Judy, le **dresseur** de chiens. Relégués tout en bas de l'affiche, car moins célèbres, le **prestidigitateur** Dalive, et Mario, l'Homme à l'Ours…
F. RIVIÈRE, *Mystère au cirque Reco*, Hachette Jeunesse.

8. Dans chaque liste de mots, constitue des couples de synonymes.

- oignon – débâcle – grenier – gardien – bulbe – royauté – surveillant – défaite – monarchie – mansarde.
- lire – se promener – aimer – envier – brouter – bouquiner – jalouser – flâner – paître – apprécier.

9. Classe les synonymes de chaque liste en allant du plus faible au plus fort.

- s'affaisser – tomber – s'écraser – s'étaler.
- peur – crainte – frayeur – terreur.
- splendide – magnifique – beau – ravissant.

10. À partir des noms, forme des verbes en utilisant le préfixe en (em).

buée – dos – portage – terre – bras – registre.

11. Écris chaque liste de mots sans l'intrus.

- bébé – nourrisson – poupon – adolescent – bambin.
- pâle – blanc – blafard – blême – pâlot – chevelu.
- éplucher – peler – geler – décortiquer – écosser – écaler.
- drôle – prudent – amusant – comique – divertissant.
- cruel – mauvais – méchant – dur – sans-cœur – étonnant.

12. Forme des couples en associant chaque adjectif qualificatif avec son contraire.

paresseux – séduisant – sédentaire – pessimiste – optimiste – intelligent – long – stupide – nomade – court – travailleur – repoussant.

13. Donne un contraire pour chacun des mots suivants.

l'humidité – coupable – refroidir – un ami – dessous – un compliment – rarement – la beauté – atterrir – mince.

14. Écris le texte en remplaçant chaque mot en gras par son contraire. Tu vas obtenir un texte complètement farfelu !

La souris **vit avec** nous, partout. Elle **fait** son nid **sous** le plancher ou dans un trou de mur, avec des bouts de papier qu'elle nous **chipe**. Elle a un **petit** appétit mais grignote tout, même le savon ou une bougie ! Elle **abîme** ainsi **beaucoup** d'aliments.

C. DE SAIRIGNÉ, *La vie sauvage dans la ville*,
© Gallimard Jeunesse.

15. Forme le contraire de chaque mot de deux façons différentes : 1. en utilisant un préfixe ; 2. en utilisant un autre mot.

Exemple : réel ▶ irréel, imaginaire.

habituel – nouer – la satisfaction – connu – approuver.

16. Recherche le sens des mots dans le dictionnaire, puis emploie chacun d'eux dans une phrase.

- flan / flanc
- pois / poids
- canot / canaux
- cap / cape

17. Quel est le point commun de tous ces mots ? Explique leurs différents sens. Emploie-les dans des phrases.

manche – tour – moule – voile – crêpe – page.

18. Retrouve les homonymes qui se cachent dans chaque groupe de phrases. Écris-les.

a. • Le boulanger fait sa première fournée de … très tôt le matin.
  • Le … des Landes et l'épicéa sont des arbres résineux.
  • Il … les murs de sa chambre.

b. • La … du film nous a franchement surpris ; on ne s'attendait pas à un tel rebondissement.
  • La … fait sortir le loup de la forêt.
  • David … d'être malade pour ne pas aller à la piscine.

19. Retrouve les homonymes qui complètent ces phrases.

- Peux-tu me passer le … et le poivre ?
- Le maçon … les briques entre elles.
- Préfères-tu cette illustration ou … qui est à côté ?
- Mathias graisse la … de son cheval.

20. Indique si le mot en gras est utilisé au sens propre ou au sens figuré.

- Clémence **dévore** le dernier chapitre de son roman.
- Mon grand frère aime les études ; il a **soif** de connaissances.
- Je **mange** un gros sandwich.
- La lune **éclaire** la nuit.
- Théo ne boit pas assez d'eau ; il **joue** avec sa santé.

21. Retrouve les mots qui se cachent derrière les abréviations.

une photo – une radio – la bio – un exo – un pneu.

La ville et la campagne

Chers mamie et papi,

Je me décide enfin à vous donner de mes nouvelles depuis notre départ de Marcelie, en août dernier.

Saint-Arnault n'est pas une ville trop importante ; elle est moins bruyante que je le craignais. Notre quartier, un peu éloigné du centre-ville, est assez paisible et notre appartement donne sur une placette où je vais jouer avec mes nouveaux camarades.

Bien sûr, je regrette parfois de ne plus pouvoir courir dans les chemins creux autour de notre vieux bourg blotti au pied de la colline. La moisson dans les champs, les promenades dans la forêt, tout cela me semble bien loin. Nous sommes maintenant des citadins (comme dit papa).

Je vous préviens également de ma venue aux prochaines vacances (si vous voulez bien !).

Dites-moi si je peux venir avec mon amie Céline pour lui faire découvrir la campagne…

Je vous embrasse de tout mon cœur.

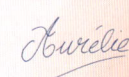

Aurélie

a. D'où vient Aurélie ? Où habite-t-elle maintenant ?
b. Quels sont ses regrets ? Qu'a-t-elle envie de faire ?
c. Quels mots (ou expressions) indiquent qu'elle ne se déplaît pas vraiment dans l'endroit où elle vit maintenant ?

Je découvre

1. Range ces noms d'agglomérations de la plus petite à la plus importante.

un village – un bourg – une capitale – une ville – un lieu-dit.

2. Qui vit où ?
- Le … vit dans une cité, une ville.
- Le … vit dans un village.
- Le … vit à la campagne.
- Le banlieusard vit en … .
- Le provincial vit en … .

3. Lis ces noms de voies de communication de la plus petite à la plus importante.

une avenue – un passage – une ruelle – un boulevard – une rue.

4. Quels sont les métiers de la ville et ceux de la campagne ?

- un cultivateur
- un conducteur de métro
- un banquier
- un horticulteur
- un ouvrier d'usine
- un viticulteur
- un avocat
- un maraîcher
- un chirurgien
- un éleveur.

Je m'entraîne

5. Écris chaque expression en remplaçant l'adjectif qualificatif par son contraire, choisi dans la liste suivante :
dégagée – désert – calme – rectiligne – dispersées – banale.

- un centre-ville animé
- un rond-point engorgé
- des habitations serrées
- une ruelle tortueuse
- une avenue encombrée
- une place magnifique

6. Classe dans un tableau à deux colonnes les adjectifs qualificatifs en rapport avec la campagne et ceux en rapport avec la ville.

campagnard – citadin – champêtre – bruyant – rustique – urbain – rural – commercial – pastoral – pollué – bucolique – animé.

7. Écris chaque phrase en remplaçant le verbe par un synonyme choisi dans la liste suivante (pense à les conjuguer) :
se réveiller – fourmiller – se garer – se hâter – contourner.

- Le piéton se presse de rentrer chez lui.
- L'automobiliste stationne le long du trottoir.
- La place principale s'anime le soir.
- Le quartier touristique grouille de monde.
- Le boulevard évite le centre-ville.

8. Lis le texte et trouve un contraire pour chaque mot ou expression en gras.

Aux XIIe et XIIIe siècles, les villes se développent. Entourées de remparts, elles deviennent **plus puissantes** que les châteaux forts. Les paysans produisent des récoltes **abondantes** qu'ils viennent vendre à la ville. Certains s'y installent et se font marchands ou artisans : orfèvres, tisserands, bouchers... Ils **s'enrichissent** et **s'associent** par métier pour se défendre contre l'autorité de l'évêque ou du seigneur. [...]
Quelques riches bourgeois ont de **belles** maisons de pierre.
Les autres habitants ont des maisons de bois qui prennent feu **facilement**. [...]
Les rues sont **étroites** et **rarement** pavées.

Vivre au temps jadis,
Encyclopédie Benjamin, © Gallimard Jeunesse.

9. Écris le nom des habitants de ces villes à l'aide des suffixes **iens**, **ois**, **ais**, **ains**.
Tu peux t'aider de ton dictionnaire.

- Nantes : les ...
- Lille : les ...
- Paris : les ...
- Grenoble : les ...
- Brest : les ...
- Lyon : les ...
- Toulouse : les ...
- Arles : les ...

10. Recopie chaque phrase en remplaçant **important** par le synonyme qui convient, choisi dans la liste :
grande – fier – essentiel – grave – utile.

- Millau est une importante ville de l'Aveyron.
- Le TER (Train Express Régional) est important pour les transports entre villes et campagnes.
- L'important pour notre cadre de vie, c'est que la préservation de l'environnement soit prioritaire.
- Heureusement, cette panne dans la chaufferie de notre immeuble n'est pas très importante.
- Ce n'est pas parce que tu vis désormais à la ville que tu dois faire l'important !

11. Trouve l'intrus de chaque liste et utilise-le dans une phrase.

- blotti – replié – pelotonné – serré – étalé – tapi.
- éloigné – retiré – reculé – écarté – proche – espacé.
- paisible – calme – agité – tranquille – reposant.

À TOI DE JOUER...

12. Retrouve, dans la grille, les noms de dix villes françaises. Tu peux lire de droite à gauche, de gauche à droite, de haut en bas ou de bas en haut.

A	D	U	X	R	X	P	N	Q	O	U
L	I	L	L	E	U	Y	O	V	C	N
Z	J	B	T	S	A	W	Y	L	A	T
M	O	N	T	P	E	L	L	I	E	R
A	N	C	O	E	D	F	K	M	N	E
D	Q	F	U	B	R	D	G	O	H	N
H	G	E	R	R	O	I	C	G	S	N
A	I	T	S	A	B	L	J	E	K	E
P	I	O	J	N	K	M	M	S	L	S

Vocabulaire

Expression écrite

Lecture

Les aliments et les repas

L'obésité

Pour les autorités sanitaires inquiètes de voir le tour de taille des petits Américains s'élargir inexorablement, les jeux vidéo sont un coupable idéal.

« Il y a un lien entre obésité et pratique outrancière des jeux vidéo », affirme Brian Wrotniak, médecin spécialisé dans la recherche sur l'obésité à l'hôpital pour enfants de Philadelphie.

« Ce n'est pas seulement la question d'être sédentaire. C'est aussi que, la plupart du temps, lorsque vous jouez à des jeux vidéo, vous grignotez en même temps. Et ces snacks ne sont en général pas diététiques », ajoute-t-il. [...]

Le ministère américain de la Santé conseille aux parents de limiter l'accès à la télévision, à l'ordinateur ou à la console à deux heures par jour, une recommandation que près de la moitié des petits Américains ne suivent pas, selon les estimations officielles.

Parallèlement, le nombre d'enfants obèses a doublé au cours des 20 ou 30 dernières années. « Le principal coupable est le même que pour les adultes : trop de nourriture et pas assez de mouvements », relève le docteur Carol Torgan dans un rapport de l'Institut national de la santé.

Article *Médecine. Obésité des enfants : les jeux vidéo montrés du doigt*,
28 septembre 2006, San Francisco, © AFP.

a. Dans quel pays l'enquête sur l'obésité a-t-elle eu lieu ?
b. Quelle recommandation le ministère de la Santé fait-il aux parents ?
c. **Vrai ou faux ?** Cette recommandation est suivie par un petit Américain sur deux.
d. Quel est le principal responsable de l'obésité des enfants et des adultes ?

Je découvre

1. Indique, pour chacun de ces plats, s'il s'agit d'une entrée, d'un plat, d'un fromage ou d'un dessert.

- pintade au chou rouge
- bleu d'auvergne
- salade de fruits exotiques
- terrine de langoustines
- tomme de brebis
- pâté de chevreuil aux olives
- nougat glacé
- sauté de veau aux petits légumes
- gratin d'abricots aux amandes
- ragoût de lotte aux épices
- crudités du marché
- chèvre fermier

2. Trouve l'horaire qui convient pour chacun des repas.

- dîner
- goûter
- déjeuner
- petit déjeuner

- 8 heures
- 12 heures
- 17 heures
- 20 heures

Je m'entraîne

3. Classe les noms en deux colonnes, selon qu'ils désignent des aliments d'origine végétale ou d'origine animale.

un yaourt – la bière – le pain – les pâtes – les frites – le jambon – la confiture – le beurre – les huîtres – la semoule – le pâté – le fromage – la compote – un œuf.

4. Voici une liste de légumes… mais il y a quelques erreurs. Relève les noms qui ne devraient pas y figurer.

le haricot – la carotte – le poireau – la nèfle – l'oignon – le petit pois – la fève – la noix – le chou – la betterave – le coing – la pomme de terre – le radis.

5. Recopie et associe chaque adjectif qualificatif avec son contraire, choisi dans la liste suivante :
frugal – raffiné – cuite – repue – gazeuse – rassis – épicé – vert.

- de l'eau plate ou … .
- un repas copieux ou … .
- un plat fade ou … .
- un menu simple ou … .
- du pain frais ou … .
- de la viande crue ou … .
- un fruit mûr ou … .
- une personne affamée ou … .

6. Indique la saveur de chacun de ces aliments : **sucrée, salée, acide** ou **amère**.

- des chips
- le citron
- la confiture
- le café
- le miel
- l'endive
- l'orange
- le gros sel
- le chocolat

7. Recherche dans ton dictionnaire ce que signifient les termes **glucides, lipides** et **protéines**. Cherche ensuite, pour chacun de ces aliments, ce qu'il contient majoritairement.

- les cacahuètes
- la viande
- l'huile
- le poisson
- le beurre
- le jus d'orange
- le pain
- le miel
- le riz
- le lait écrémé

8. Classe les repas en deux colonnes : repas légers, repas lourds.

un banquet – un pique-nique – un casse-croûte – un festin – un goûter – une collation – un lunch – un réveillon.

9. Classe les verbes en deux colonnes : les synonymes de **manger**, les synonymes de **boire**.

se nourrir – étancher sa soif – dévorer – trinquer – s'alimenter – déguster – se désaltérer – croquer – siroter – s'abreuver – grignoter – se restaurer.

10. Cherche dans ton dictionnaire le nom **buffet**, puis utilise-le dans deux phrases dans lesquelles il aura un sens différent.

11. Associe chaque expression contenant le nom **pain** avec son explication.

a. Avoir du pain sur la planche.
b. Enlever le pain de la bouche de quelqu'un.
c. Avoir mangé son pain blanc.
d. Vendre comme des petits pains.
e. Vendre pour une bouchée de pain.

1. Le priver de son travail.
2. Vendre très facilement.
3. Vendre très peu cher.
4. Avoir beaucoup de travail.
5. Avoir fait le plus facile.

À TOI DE JOUER…

12. Pour chacune des expressions suivantes, choisis la bonne explication.

1. Pendant trois ans, Pierre a mangé de la vache enragée.
a. Pendant trois ans, il a été très énervé.
b. Pendant trois ans, il s'est documenté sur la maladie de la vache folle.
c. Pendant trois ans, sa vie a été très difficile.

2. Dans son discours, il y a vraiment à boire et à manger.
a. Tout ce qu'il dit n'a pas le même intérêt.
b. Il explique qu'il faut boire en mangeant.
c. Il ne sait parler que de ses repas au restaurant.

Le sport

📖 Un but refusé

Smaïl est parti le long de la ligne de touche. Il a envoyé le ballon loin devant lui, si loin que c'était presque sans espoir. Mais je le connais Smaïl, et je sais que dans ce cas c'est chaque fois lui le plus rapide. Plus rapide que les défenseurs, et même plus rapide que le plus rapide des ballons. Alors moi, je me suis avancé au premier poteau, en faisant attention de demeurer malgré tout un peu en retrait pour ne pas me mettre en position de hors-jeu. Quand il est arrivé à centrer, car bien sûr il y est arrivé, j'étais là où je devais être, et je me suis jeté tête en avant.

J'ai coupé la course du ballon et je l'ai envoyé comme une fusée au fond de la cage. Le gardien n'a même pas eu le temps de bouger.

But. J'avais marqué.

Je me suis relevé aussi sec et j'ai attrapé la balle que le filet avait renvoyée vers moi. Nous étions encore menés à la marque et il restait peu de temps. J'ai couru ainsi vers Smaïl pour l'embrasser et le remercier.

J'ai deviné qu'il se passait quelque chose d'anormal quand j'ai vu que Smaïl ne m'attendait pas bras ouverts, mais regardait ailleurs, derrière moi, en faisant de plus une drôle de tête, pas la tête de quelqu'un qui est content.

Je me suis arrêté et je me suis retourné. Au lieu de courir vers le centre du terrain, comme c'est la mode quand un but est marqué, l'arbitre courait au contraire vers l'endroit où j'avais touché le ballon.

Je n'avais pas besoin d'un dessin. Il refusait tout simplement le but.

Pourquoi ? Je n'allais pas tarder à le savoir.

En général, quand il peut y avoir un doute, je ne proteste pas. J'étais certain d'avoir fait attention au hors-jeu, mais dans le feu de l'action, il est toujours difficile de juger.

Si l'arbitre avait dit hors-jeu, je n'aurais pas réagi. Les gros mots seraient restés dans ma tête, dans ma tête seulement.

Mais il n'a pas dit « hors-jeu ». Il a dit « main ».

En fait, il n'a même rien dit. Il a juste montré la sienne. Il a fait semblant de plonger, comme moi à l'instant, mais avec une main vers l'avant, une main vers le ballon.

Il n'a rien dit, mais j'ai compris. D'après lui, j'avais poussé la balle ainsi au fond des filets, et le but n'était donc pas valable.

J. Venuleth, *Carton rouge*, Flammarion, Castor Poche, 1998.

a. Retrouve les mots et expressions de la lecture se rapportant au football.
b. Pourquoi le héros va-t-il chercher rapidement le ballon lorsqu'il a marqué le but ?
c. Que doit faire l'arbitre quand un but est marqué ? Dans la lecture, que fait-il ?
d. Pourquoi le but est-il refusé ?

🔍 Je découvre

1. Indique, pour chacun de ces sports, s'il se pratique à la mer ou à la montagne.

surf – luge – ski nautique – bobsleigh – ski de fond – voile – biathlon – planche à voile – raquettes – beach-volley – alpinisme – plongée – descente.

2. Donne le féminin des noms de sportifs.

un aviateur – un sauteur en longueur – un athlète – un lanceur de poids – un golfeur – un plongeur – un joueur de tennis – un nageur – un cavalier.

3. Observe ces quatre dessins et relis le texte page 172.
L'un des dessins représente l'action que pense avoir vue l'arbitre. Lequel ?
Un autre dessin représente l'action réellement faite par le narrateur. Lequel ?
Justifie tes réponses en citant à chaque fois un passage du texte.

A

B

C

D

Je m'entraîne

4. Recopie et associe le sport à son matériel.

escrime • • témoin
hockey • • palmes
golf • • fleuret
haltérophilie • • planche
GRS • • club
plongée • • barre
surf • • cerceau
pétanque • • boules
water-polo • • rame
aviron • • but
4 x 100 m • • crosse

5. Reproduis le tableau et classe chaque sport dans la bonne colonne.

se pratique seul	contre un adversaire	en équipe

tennis – golf – badminton – volley-ball – saut en hauteur – patinage – rugby – jeu à treize – hockey – boxe – ski – 400 mètres natation – polo – escrime – judo – basket-ball – handball – parachutisme – jumping.

6. Recopie et complète les phrases avec les mots suivants :

équipe – dossard – carton – chronomètre – tournoi.

• L'… de France, championne du monde, participe chaque année à un … au Maroc.
• Pour sanctionner un joueur qui a commis une faute, l'arbitre peut sortir un … .
• Tous les concurrents du marathon ont retiré leur … . Dylan a fait un excellent temps : le … indique 2 h 50 min 12 s.

7. Vrai ou faux ? Tu peux t'aider de ton dictionnaire.

a. Le dojo est l'endroit où l'on pratique le judo ou les arts martiaux.
b. L'aïkido est un art martial japonais qui se pratique avec un sabre en bambou.
c. La barre fixe, le trapèze, les anneaux sont des agrès.
d. Le marathon est une course à pied qui fait 50 kilomètres.
e. Le triathlon est une épreuve sportive comprenant trois activités : natation, vélo, course à pied.

8. Recopie et complète les phrases avec les mots suivants, de la famille de saut :

sauteur – sautoir – sauteuse – saute-mouton – sauterelles – sautillé.

• Le … à la perche prend son élan, s'élance pour avoir le plus de vitesse possible à la fin du … .
• En gymnastique, pour nous échauffer, nous avons … sur place, puis nous avons joué à … .
• Papa a utilisé sa scie … pour découper les étagères de ma chambre.
• Lors de notre promenade dans les champs, nous avons vu beaucoup de … .

9. Retrouve le sens de ces expressions. Aide-toi de ton dictionnaire. Écris ensuite une phrase avec chaque expression.

• Courir ventre à terre.
• Prendre ses jambes à son cou.
• Être un as.

10. Écris le contraire des verbes.

ralentir – vaincre – grimper – démarrer – partir.

11. Lis ce texte, puis recopie les mots et les expressions ayant trait à la voile.

Après quelques heures de mer, l'Anglais Mike Golding, le Belge Patrick de Radigues et Roland Jourdain sont rentrés au port.
Plus sévèrement touché, l'Anglais a rejoint les Sables-d'Olonne sans mât et devait observer une halte de vingt-quatre heures, au moins, une pièce de secours devant arriver de Grande-Bretagne dans la journée de vendredi 10 novembre. Le Belge, qui pensait pouvoir reprendre la mer vendredi en milieu de matinée, devait réparer son pilote automatique, tandis que le Français, qui a eu affaire à une rupture de drisse, est reparti dans la nuit. Il a profité de ce retour impromptu pour se faire soigner une dent cassée lors d'une manœuvre.

B. Mathieu, *Le Monde*, samedi 11 novembre 2000.

12. Recopie et complète les phrases avec les mots suivants, de la famille de voile :

voilier – voilerie – voilure – voilages – se voiler – voiler.

• Il ne faut pas … la face ; le travail que nous avons fait n'est vraiment pas fameux.
• Charles a dû … sa roue de vélo à force de passer dans les chemins cailloux.
• Pour profiter pleinement du vent, ce bateau utilise toute sa … .
• Dès que nous avons emménagé dans notre nouvelle maison, nous avons installé les … aux fenêtres.
• Avant de prendre le départ de cette longue course, ce navigateur a fait vérifier les voiles de son … dans une … ; il ne s'agit pas de partir à l'aventure sans prendre toutes les précautions possibles.

13. Classe ces sports en trois colonnes, selon qu'ils se déroulent dans l'eau, dans l'air ou sur terre.

Si tu ne connais pas certains sports, tu peux t'aider des sources documentaires dont tu disposes : livres, Internet, CD.

le cricket – le rafting – l'alpinisme – le canyoning – le parapente – le kitesurf – le bodyboard – le deltaplane – le taekwondo – le bowling – l'hydrospeed – l'ultimate – le squash.

14. Explique en quoi consiste un triathlon.

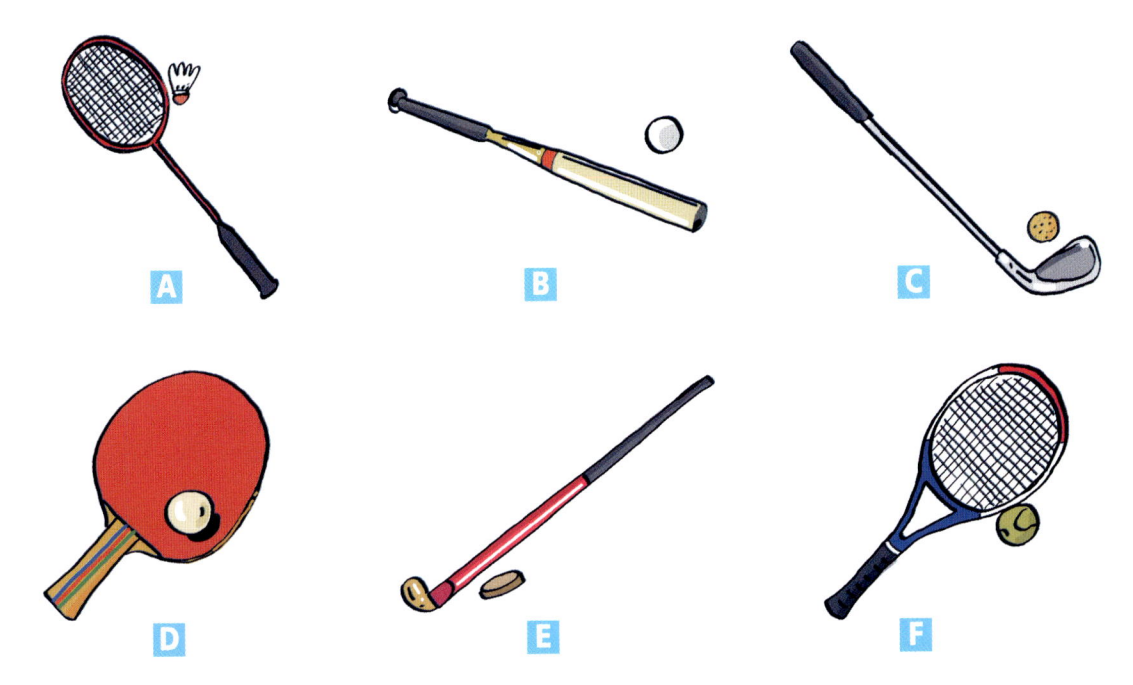

15. Retrouve les six sports évoqués par ces dessins.

A B C

D E F

16. Recopie le texte et remplace les mots en gras par les synonymes suivants :
une rencontre – déposant – formation – impressionnant – dissemblables – complexes – normes – excitant – le projetant.

Le football américain aime les contacts.
Sport d'équipe **passionnant** et **spectaculaire**, le football américain obéit à des **règles** tactiques **compliquées** au service d'un objectif simple : marquer des points en **plaçant** le ballon au-delà de la ligne de but adverse – cela s'appelle un essai ou un « touchdown » – ou en **l'envoyant** d'un coup de pied entre les poteaux. Le jeu, dont le principe est de gagner du terrain sur l'adversaire, oppose deux équipes de 11 joueurs mais leur nombre peut s'élever jusqu'à 40 par **équipe** pendant **un match**. Ce sport est apparu dans les collèges américains à la fin du siècle dernier. Le contact physique y tient une très grande place, d'où les casques et les impressionnantes épaulières des joueurs. Les règles du football canadien sont légèrement **différentes**.

T. HAMMON, *Des sports et des jeux*, © Gallimard.

À TOI DE JOUER…

17. Retrouve dans cette grille les noms de sport suivants :

athlétisme – lancer – gymnastique – trampoline – tennis – cricket – football – basket – handball – karaté – escrime – kendo – ski – sumo – surf – polo.

R	F	O	O	T	B	A	L	L	G
A	E	S	C	R	I	M	E	T	Y
T	K	A	R	A	T	E	H	R	M
H	L	A	N	C	E	R	A	A	N
L	T	S	K	I	B	U	N	M	A
E	E	G	K	S	A	P	D	P	S
T	N	S	E	U	S	O	B	O	T
I	N	U	N	R	K	L	A	L	I
S	I	M	D	F	E	O	L	I	Q
M	S	O	O	B	T	Y	L	N	U
E	C	R	I	C	K	E	T	E	E

Avec les lettres restantes, tu pourras former le nom d'un autre sport.

Les spectacles

📖 Musique !

Silence dans la salle de concert bondée. Sur le plateau, les musiciens se sont peu à peu installés devant leur pupitre. Le premier violon, à son tour, les a rejoints. Enfin, le chef arrive. Quelques secondes, encore, avant que la musique ne commence…

Le dos tourné au public, le chef, du regard, fait le tour des instrumentistes de l'orchestre symphonique qu'il va diriger d'une main de maître. À sa gauche, les violons et la harpe ; devant lui, les altos ; à sa droite, violoncelles et contrebasses. Les clarinettes, flûtes et bassons sont-ils prêts ? Bien. Derrière eux, les cors, trombones et trompettes. Au fond de la scène, le timbalier et la grosse caisse, les cymbales et le triangle. Parfait.

Le chef élève lentement les bras, regarde encore. Les exécutants l'observent, l'auditoire retient son souffle. Mouvement de la tête, geste soudain de la main tenant la baguette : enfin libérée, la musique monte des instruments, emplit la salle.

J. Féron, Un orchestre et ses instruments, D.R.

a. Dans un orchestre, qui se place au fond ?
b. Quels sont les instruments qui composent l'orchestre ?
c. Qui retient son souffle ? Explique cette expression.
d. De quel instrument le chef se sert-il ?

🔍 Je découvre

1. Relie chaque métier avec son travail.

- Le comédien • • dirige les acteurs.
- L'habilleuse • • règle les lumières.
- Le décorateur • • joue la pièce.
- Le souffleur • • invente les décors.
- Le metteur en scène • • change les décors.
- L'éclairagiste • • s'occupe des costumes.
- Le machiniste • • aide le comédien quand il ne se souvient plus du texte

2. Lis les phrases et donne le nom des spectacles.

- Spectacle donné par des clowns, des trapézistes, des jongleurs : …
- Spectacle dont les personnages sont animés à la main ou au moyen de fils : …
- Spectacle constitué par des images animées projetées sur un écran : …
- Spectacle joué par des comédiens et des comédiennes : …

Je m'entraîne

3. Recopie et complète les phrases avec les mots suivants :

interprètes – figurant – représentation – héros – acteurs – actrices – décors – répétitions – rôle.

- Le … du film est le personnage principal.
- Les personnes qui jouent un rôle dans un film ou dans une pièce sont les … : ce sont des … ou des … . Ils doivent apprendre leur … par cœur.
- La … d'une pièce de théâtre est précédée de nombreuses … .
- Mon père a décroché un rôle de … dans le film que l'on tourne au village.
- Ce film est tourné entièrement en … naturels.

4. Recopie les phrases et remplace chaque mot en gras par un synonyme choisi dans la liste suivante :

interpréter – acclamations – actrice – comble – comique – l'assistance – personnage.

Attention aux accords !

- Cette **comédienne** a eu un très grand succès en jouant ce rôle.
- Papa apprécie ce film **amusant**.
- Cet acteur doit **jouer** ce rôle avec le plus grand sérieux pour qu'il soit crédible.
- Ce **rôle** de méchant lui allait vraiment très bien.
- Le concert se termine sous les **applaudissements** du public.
- La salle est **pleine**, car le **public** est venu très nombreux.

5. Que veut dire le mot entracte ? Sur le même principe, retrouve, à partir des définitions, les mots formés avec le préfixe entre.

Si tu hésites pour certaines définitions, utilise ton dictionnaire.

a. Plat sucré que l'on sert entre le fromage et le dessert.
b. Morceau de viande coupé entre deux côtes.
c. Intervalle entre deux ponts dans un navire.
d. Étage à plafond bas entre le rez-de-chaussée et le premier étage.
e. Ornement constitué de motifs entrelacés.

6. Recopie les phrases en les complétant avec le nom des métiers.

- Un musicien qui joue de la harpe est un … .
- Une personne qui joue du violoncelle est un … .
- Un musicien qui joue d'un instrument de musique est un … .
- Une personne qui chante dans un chœur est un … .
- Un musicien qui joue de la trompette est un … .
- Un musicien qui joue des percussions est un … .

7. Recopie et complète les phrases avec des mots de la famille de danse.

Attention aux accords !

Les couples de … s'élancent sur la piste dès les premières notes de musique. Maman est une excellente … , contrairement à papa qui n'arrête pas de lui marcher sur les pieds. Pourtant, maman l'entraîne régulièrement à des soirées … , elle qui aime tant … .

8. À partir de quel verbe trouve-t-on chacun de ces noms ? Emploie cinq de ces verbes dans des phrases.

acclamation – enthousiasme – applaudissement – amusement – distraction – délassement – huées – divertissement.

9. Recherche les mots dans ton dictionnaire et emploie-les dans des phrases.

soliste – pupitre – orchestration – exécutant.

10. Indique quel est le rôle de chacun dans la réalisation d'un film.

- le scénariste
- le metteur en scène
- le décorateur
- l'éclairagiste
- la scripte
- la maquilleuse
- l'ingénieur du son

Les voyages

Si tu vas à la mer...

Si tu vas à la mer
Merci de lui chuchoter
Tes vagues la belle
Bêlent gentiment
Mens pas à l'océan
Entends-tu
Tu le regretterais
Raison ou pas
Passe ton chemin
Mains dans l'eau
L'eau à la bouche
Bouche bée
Bêche le vent
Vante l'air
Erre ainsi
Si tu vas à la mer
Merci de lui chuchoter...

P. Hure, dans *Jouer avec les poètes*, J. Charpentreau, coll. « Le livre de poche jeunesse », Hachette Jeunesse.

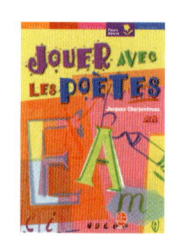

Observe attentivement le poème. Il est construit avec ce que l'on appelle des « vers enchaînés ». Saurais-tu expliquer cette construction ?

Je découvre

1. Redonne à chacun son moyen de transport.

- le cycliste
- l'automobiliste
- le plaisancier
- le routard
- le cavalier
- le motard

- à pied
- à cheval
- en voiture
- à moto
- en bateau
- à vélo

2. Pour chaque adjectif qualificatif, trouve deux synonymes dans la liste suivante :
périlleux – éducatif – palpitant – lassant – instructif – dangereux – monotone – intéressant.

- un voyage culturel
- un voyage ennuyeux
- un voyage passionnant
- un voyage risqué

Je m'entraîne

3. Groupe par trois les mots évoquant la même idée.

un paysage – un édifice – une escale – une malle – une destination – un explorateur – un panorama – un monument – un quai – une halte – un lieu – une jetée – un sac – une étape – un vacancier – un bâtiment – un point de vue – un voyageur – un but – un débarcadère – une valise.

4. Écris le texte en rétablissant la ponctuation. Pense aux majuscules.

la gare est pleine comme un œuf les locomotives de TGV ont un ronronnement de tigre enrhumé des messages de départ et d'arrivée retentissent pour la 21e fois ma mère me répète dépêche-toi Camille on va être en retard je marmonne on est déjà en retard tant mieux je ne veux pas aller en colo je ne connais personne.

Le Train de la colo, Bayard presse.

5. Recopie et complète chaque phrase avec un des mots suivants, synonymes de voyage :

traversée – excursion – croisière – randonnée – expédition – tournée – itinéraire.

- Mes grands-parents se sont offert une … sur le Nil pour leur anniversaire de mariage.
- Le groupe de chanteurs que nous sommes allés écouter part en … en Europe.
- Émeric a été malade pendant la … entre Brest et l'île d'Ouessant.
- Dimanche prochain, nous ferons une … en forêt de Fontainebleau.
- L'autocar emmène les vacanciers faire une … dans le marais poitevin.
- Les alpinistes préparent soigneusement une … dans l'Himalaya.
- Quentin et Bastien tracent leur … sur une carte.

6. Reproduis le tableau et classe les verbes selon le moyen de transport utilisé.

survoler – cheminer – se hâter – circuler – naviguer – décoller – jeter l'ancre – atterrir – embarquer – entrer en gare – rouler – flâner – cingler vers.

en bateau	à pied	en train	en voiture	en avion

7. À l'aide des suffixes eur, iste, ier, ateur, trouve le nom de celui qui :

- campe.
- navigue.
- explore.
- part à l'aventure.
- escalade les montagnes.
- porte les bagages.
- visite.
- part en vacances.
- découvre.
- utilise une caravane.
- contrôle les billets.
- organise un voyage.

8. Recopie les phrases en remplaçant le mot route par un des mots suivants :

chemin – avenue – itinéraire – chaussée – voyage.

- Mes compagnons de route sont peu bavards.
- La route est glissante ; attention aux accidents.
- Nous déplions la carte pour trouver notre route.
- La route principale est bordée de platanes.
- Il a préféré changer de route juste avant de partir.

9. Cherche les mots suivants dans le dictionnaire et utilise chacun d'eux dans une phrase.

un trekking – une croisière – un globe-trotter.

10. Recopie le texte en choisissant à chaque fois le mot qui convient.

Après deux (heures/ans) de descente sous le couvert des pins, les odeurs de (café/résine) s'estompent et l'horizon se (démène/dégage). Devant nous, l'Atlantique, écran panoramique aux eaux (vermeilles/turquoises). Un parfum de (jus/fleurs) d'orangers nous enveloppe, porté par la (pâleur/douceur) des alizés. Nous restons immobiles et muets, (trompés/saisis) par la (tristesse/beauté) du spectacle. Comme un signal, le (sifflement/hurlement) strident d'un oiseau jaillit dans le ciel clair. Nous reprenons notre (chanson/marche). Bientôt, le sentier serpente entre les (amandiers/amendes) et les figuiers de barbarie. De petits jardins apparaissent, nichés entre des haies d'agapanthes et des (tonnes/touffes) de bruyère. Après un (premier/ultime) détour, nous (nettoyons/découvrons) les premières maisons du village, (vernies/blanchies) à la chaux. Dans les ruelles pavées s'insinuent les fragrances (beurrées/salées) de l'océan. Nous nous engouffrons dans une taverne du (marché/port).

J.-C. LUCAS

11. À ton avis, de quelle île rêve ce garçon ? Aide-toi de ton dictionnaire ou d'un atlas.

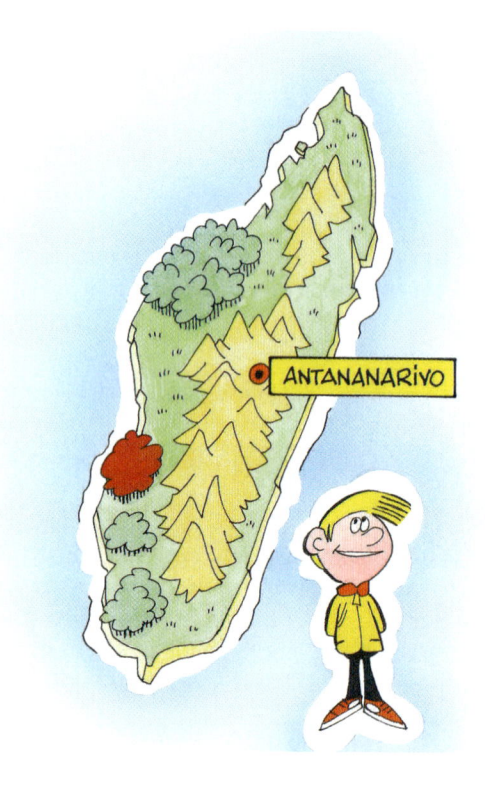

12. Observe l'annonce publicitaire et réponds aux questions.

- Quelle agence propose ces voyages ?
- Qu'est-ce qu'un safari-photo ?
- Qu'est-ce qu'un prix futé ?
- Sur quel continent se situent les pays présentés ?
- À ton tour, invente une annonce publicitaire donnant envie de partir avec une agence.

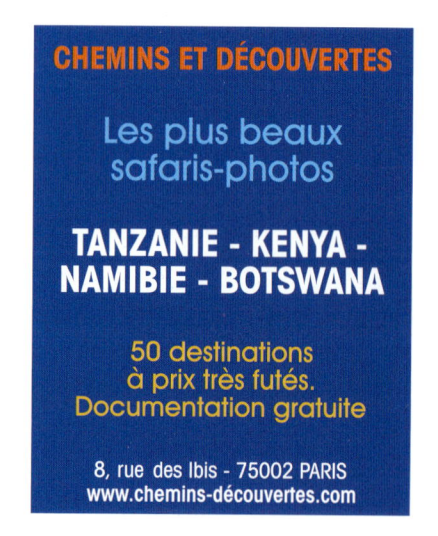

CHEMINS ET DÉCOUVERTES

Les plus beaux safaris-photos

TANZANIE - KENYA - NAMIBIE - BOTSWANA

50 destinations à prix très futés. Documentation gratuite

8, rue des Ibis - 75002 PARIS
www.chemins-découvertes.com

13. Observe ce billet de train.

a. Que signifie SNCF ?
b. À quelle date ce billet est-il valable ?
c. Quel est le trajet effectué ?
d. Quel est le numéro du train ?
e. Quel est le numéro du wagon ?
f. Est-ce un billet individuel ou collectif ? Pourquoi ?
g. Quel est le numéro de la place ?
h. Quel est le prix du voyage ?

14. La famille Globtrot prépare une exposition sur son tour du monde. Sauras-tu réunir chaque photo à son étiquette ?

Sur un planisphère, essaie de retrouver les différents lieux visités par la famille Globtrot.

- LA BANQUISE AU LARGE DU SPITZBERG
- LA SAVANE EN TANZANIE
- LA TAÏGA SIBÉRIENNE
- LA GARRIGUE ESPAGNOLE
- UNE RIZIÈRE AU LAOS
- UN ALPAGE AUTRICHIEN
- LA PAMPA EN PATAGONIE
- DANS LA JUNGLE BIRMANE

Les médias

📖 Qu'est-ce qu'un média ?

Les médias sont l'ensemble des moyens (journaux, radio, télévision, Internet…) qui traitent et diffusent l'information à travers le monde. Concurrents et complémentaires, les médias occupent une place très importante dans notre vie.

La presse écrite

Des milliers de journaux tirés à des millions d'exemplaires paraissent chaque jour. Ils sont complétés par des revues hebdomadaires, mensuelles, traitant de sujets divers. En France, le premier journal, *La Gazette de France*, de Théophraste Renaudot, est né le 30 mai 1631.

La diffusion radiophonique

C'est la plus facile à capter. Elle est partout présente. La radio est une invention récente. Les premières émissions eurent lieu aux États-Unis vers 1920.

La télévision

C'est un moyen d'expression et de communication privilégié. Cette invention récente s'est développée après la Seconde Guerre mondiale. Elle mobilise de gros moyens, mais l'image donne une dimension humaine à l'événement. L'information devient spectacle, elle a plus d'impact.

Internet

Grâce au développement considérable des réseaux téléphoniques, Internet représente une vraie révolution dans l'information et la communication d'aujourd'hui. Avec un ordinateur, un téléphone ou un poste de télévision, on peut maintenant chercher des informations sur des milliers de sites et communiquer avec le monde entier.

J.-P. Dupré, D.R.

a. Quels sont les grands médias d'aujourd'hui ? Peux-tu donner quelques exemples ?
b. Quels médias se trouvent dans ta famille ? Classe-les du plus souvent au moins souvent utilisé.
c. Explique ce que signifie l'expression concurrents et complémentaires.
d. Donne la définition des adjectifs hebdomadaire et mensuel.

🔍 Je découvre

1. Lis et complète les phrases avec les mots suivants :

courriel – fax – lettre – message.

• Si tu veux voir le plan que j'ai dessiné, je te passerai un … sur ton télécopieur.
• Notre grand-mère nous a adressé une longue … pour nous raconter son voyage.
• Je t'avais laissé un … sur ton répondeur téléphonique.
• Du Canada où il vit maintenant, mon grand frère nous donne régulièrement de ses nouvelles par … .

2. Voici des titres de la presse quotidienne. Cherche le prix de vente de chaque quotidien. Que constates-tu ?

France-Soir – Métro – Le Figaro – Le Monde – Libération – L'Équipe.

3. Tous ces mots sont en rapport avec Internet. Saurais-tu expliquer ce que représente chacun d'eux ?

un blog – « chater » – une adresse de messagerie – un moteur de recherche – un site – un SMS – contrôle parental.

Je m'entraîne

4. Quels médias sont illustrés ci-dessous ?

5. Classe les titres en deux colonnes : les titres de journaux, les titres de magazines.

Le Figaro – Aujourd'hui – Wapiti – J'aime Lire – Mon Quotidien – L'Équipe – Prima – Marianne – Auto-Moto – Libération – Télé-Loisirs – Le Monde – Femme actuelle – Wakou – France-Soir.

6. Classe les mots ou expressions en trois colonnes, selon le média qu'ils évoquent.

la bande FM – une parabole – le web – une chaîne – une connexion – une station – les grandes ondes – un courriel – un cameraman – un site – www.

7. À l'aide des suffixes **eur** ou **aute**, donne le nom de celui qui :
- présente une émission.
- regarde la télévision.
- écoute une émission de radio.
- navigue sur Internet.
- lit la presse.

8. Dans un journal, les différents sujets sont classés par rubrique. Indique dans quelle rubrique doit figurer chaque sujet ci-dessous.

Rubriques : politique – économie – faits divers – livres et spectacles – sports.

a. L'Équipe de France doit gagner ce soir.
b. Le Premier ministre va rencontrer les élus bretons.
c. David Hallyday en concert à Toulouse.
d. Accident spectaculaire sur la RN 12, mais sans gravité.
e. Renault annonce une forte progression de ses bénéfices.

9. Associe chaque titre d'article avec le magazine duquel il est extrait.

Exemple : Jean-René Cadiou :
un écrivain-paysan ▶ magazine littéraire.

Magazines :
1. magazine féminin
2. magazine touristique
3. magazine nature
4. magazine d'actualités
5. magazine cinéma
6. magazine automobile
7. magazine multimédia
8. magazine sportif
9. magazine scientifique
10. magazine santé

Titres d'articles :
a. Citroën : les nouveaux modèles au banc d'essai.
b. Week-end au cœur de Dijon.
c. Il faut sauver les dauphins.
d. Allez-vous payer plus d'impôts ?
e. Maquillage : osez les nouvelles couleurs.
f. Les utilisations du laser dans la recherche astronomique.
g. Les concurrents du Vendée-Globe sont prêts à en découdre.
h. Quelle est la meilleure encyclopédie sur CD-ROM ?
i. Harrison Ford et Mel Gibson réunis à l'écran.
j. Maigrir... mais pas à n'importe quel prix !

10. Explique ce qu'est une chaîne de télévision thématique. À l'aide d'un programme de télévision, trouve le nom de quatre chaînes thématiques et précise leur thème.

11. En t'aidant éventuellement du dictionnaire, utilise le nom **station** dans trois phrases dans lesquelles il aura des sens différents.

12. En t'inspirant éventuellement d'un programme de télévision, invente ton programme idéal pour la journée du mercredi entre 14 h et 20 h.

13. Observe cet extrait de programme de télévision, puis réponds aux questions.

6.30 :	**Euronews.**
6.45 :	**La marche de Noé** Balade dans Pétra, perle de la Jordanie.
7.15 :	**Moby kids** Dessins animés.
8.00 :	**Flash infos**
8.15 :	**Inspecteur Angélo** – série française. Sur un parking, la police découvre une voiture contenant 10 kg d'or…
9.20 :	**Les doigts verts** Aujourd'hui : la taille des rosiers.
9.45 :	**Terre et ciel** Le temps sur la France et l'Europe.
9.50 :	**Fruits de la passion** – série américaine. Aujourd'hui : la vengeance d'Elly.
10.55 :	**À tout prix !** Jeu animé par Blandine et Gégé.
11.30 :	**Carton plein** Vos meilleures histoires drôles.
12.10 :	**9e case** Jeu animé par C. André.
12.50 :	**Terre et ciel** Le temps sur la France et l'Europe.
13.00 :	**Journal**
13.55 :	**Celtic Dragon** – feuilleton britannique. Avec : Victor Tue (la tortue) et Ali Mass (la limace). 427e épisode : au sortir du virage, la tortue passe en tête…
14.50 :	**Côté nature** Magazine documentaire proposé par Sam Corble. Les nuages – les plantes du désert – escale en Antarctique.
15.45 :	**Lolita** – série américaine.
16.40 :	**Fan club** Pleins feux sur les dernières comédies musicales.
17.20 :	**Capitaine Conolly** – série canadienne.
18.00 :	**Qui l'a dit ?** Jeu animé par A. Calloudis.
18.30 :	**Set et match** Le tournoi de tennis de Lyon. Rugby : Australie/France.
19.00 :	**J'le crois pas !** Jeu animé par Dhamir.
19.35 :	**Actuasourires**
19.55 :	**Terre et ciel** Le temps sur la France et l'Europe.
20.00 :	**Journal**
20.55 :	**Bandeau néon** Film argentin de José Luis Alvès (2004) avec Guido Ginéro et Armelda Duriési. Un ancien détenu politique va chercher l'oubli en Patagonie… Des images sublimes.
22.40 :	**Newton** Le point sur la recherche génétique. Voir la naissance de l'univers.
23.30 :	**Page de garde** – magazine présenté par N. Isnard. Les écrivains d'Amérique du Sud. Entretien avec Susan Paterson pour son livre *En remontant le rio Negro*.

• Quels sont les deux types d'émissions les plus fréquents dans ce programme ?
• Peux-tu donner le nom :
  – d'une émission musicale ?
  – d'une émission littéraire ?
  – d'une émission sur le jardinage ?
  – d'une émission sportive ?
  – d'une émission scientifique ?
• Peux-tu expliquer ce qu'est un magazine documentaire ? Et une comédie musicale ?
• Je ne suis pas notée dans le programme ; pourtant je représente un important temps d'antenne. Qui suis-je ?
• Peux-tu imaginer le contenu de l'émission **Actuasourires** ?

Expression écrite

Écrire une scène de théâtre

Le petit malade
Pièce en un acte

Personnages : le Médecin, Madame (la mère), Toto.

En scène : le médecin, la mère et Toto.

LE MÉDECIN, *le chapeau à la main* – C'est ici, Madame, qu'il y a un petit malade ?

MADAME – C'est ici, docteur ; entrez donc. Docteur, c'est pour mon petit garçon. Figurez-vous, ce pauvre mignon, je ne sais pas comment ça se fait, depuis ce matin, tout le temps, il tombe.

LE MÉDECIN – Il tombe !

MADAME – Tout le temps ; oui, docteur.

LE MÉDECIN – Par terre ?

MADAME – Par terre.

LE MÉDECIN – C'est étrange, cela. Quel âge a-t-il ?

MADAME – Quatre ans et demi.

LE MÉDECIN – Quand le diable y serait, on tient sur ses jambes, à cet âge-là ! Et comment ça lui a-t-il pris ?

MADAME – Je n'y comprends rien, je vous dis. Il était très bien hier soir et il trottait comme un lapin à travers l'appartement. Ce matin, je vais pour le lever, comme j'ai l'habitude de faire. Je lui enfile ses bas, je lui passe sa culotte, et je le mets sur ses jambes. Pouf ! il tombe.

LE MÉDECIN – Un faux pas, peut-être.

MADAME – Attendez !… Je me précipite ; je le relève… Pouf ! il tombe une seconde fois. Étonnée, je le relève encore… Pouf ! par terre ! et comme ça sept ou huit fois de suite. Bref, docteur, je vous le répète, je ne sais pas comment ça se fait, depuis ce matin, tout le temps il tombe.

LE MÉDECIN – Voilà qui tient du merveilleux. Je puis voir le petit malade ?

MADAME – Sans doute.

Elle sort, puis reparaît tenant dans ses bras le gamin. Celui-ci arbore sur ses joues les couleurs d'une extravagante bonne santé.
Il est vêtu d'un pantalon et d'une blouse lâche, empesée de confitures séchées.

LE MÉDECIN – Il est superbe, cet enfant-là !… Mettez-le à terre, je vous prie.

La mère obéit. L'enfant tombe.

LE MÉDECIN – Encore une fois, s'il vous plaît.

Même jeu que ci-dessus. L'enfant tombe.

MADAME – Encore.

Troisième mise sur pieds, immédiatement suivie de la chute du petit malade qui tombe tout le temps.

LE MÉDECIN, *rêveur* – C'est inouï.

Au petit malade, que soutient sa mère sous les bras.

Dis-moi, mon petit ami, tu as du bobo quelque part ?

TOTO – Non, monsieur.

LE MÉDECIN – Cette nuit, tu as bien dormi ?

TOTO – Oui, monsieur.

LE MÉDECIN – Et tu as de l'appétit, ce matin ? Mangerais-tu volontiers une petite sousoupe ?

TOTO – Oui, monsieur.

LE MÉDECIN – Parfaitement. C'est de la paralysie.

MADAME – De la para !… Ah Dieu !

Elle lève les bras au ciel. L'enfant tombe.

LE MÉDECIN – Hélas ! oui, madame. Paralysie complète des membres inférieurs. D'ailleurs, vous allez voir vous-même que les chairs du petit malade sont frappées d'insensibilité absolue.

Tout en parlant, il s'est approché du gamin et il s'apprête à faire l'expérience indiquée, mais tout à coup :

Ah, ça, mais… ah ça, mais… ah ça, mais…

Puis éclatant :

Eh ! sacrédié, madame, qu'est-ce que vous venez me chanter avec votre paralysie ?

MADAME – Mais, docteur…

LE MÉDECIN – Je le crois bien, tonnerre de Dieu, qu'il ne puisse tenir sur ses pieds… Vous lui avez mis les deux jambes dans la même jambe du pantalon !

G. COURTELINE, *Le petit malade*.

Je découvre

1. Lis cette pièce de théâtre et réponds aux questions.

a) Combien y a-t-il de personnages ?
b) Qui sont-ils ?
c) Pourquoi la dame consulte-t-elle le médecin ?
d) Pourquoi le médecin est-il surpris ?
e) Quel est le premier diagnostic du médecin ?
f) Quel est, en réalité, le problème du petit malade ?

Je m'entraîne

**2. Une pièce de théâtre est composée, généralement, d'un ou plusieurs actes.
Un acte contient une ou plusieurs scènes.
Relis la pièce de Courteline, puis réponds aux questions.**

a) De combien d'actes se compose cette pièce ?
b) Quelle indication nous est donnée au début de la pièce ?
c) Que trouve-t-on au début de chaque réplique d'un personnage ?
d) Relève les informations en italique. Pourquoi sont-elles ainsi écrites ? Quelles sortes de renseignements nous donnent-elles ?
e) Ces indications en italique sont-elles dites par les personnages ? À quels temps sont les verbes qui les composent ?

3. Lis cette saynète et classe les informations scéniques dans un tableau comme ci-dessous.

Au bord d'une rivière, deux chasseurs, Arthur et Pedro, s'arrêtent, car ils ont perdu la trace d'un cerf.
PEDRO, *rageur* – Nous aurions dû nous séparer…
Ils se baissent et observent attentivement le sol humide.
ARTHUR, *confiant* – Il ne peut être bien loin…
Il s'éloigne sur la rive.
ARTHUR, *soudain triomphant* – Je te l'avais bien dit, regarde ces traces, elles sont fraîches.
PEDRO, *se précipitant vers lui* – Suis-les ; je reste derrière ; le cerf peut contourner le bois…
Il regarde Arthur s'enfoncer sous les arbres.

décor, lieu	attitude des personnages	actions, mouvements

4. Écris cette saynète en la complétant avec les indications scéniques suivantes :
*La fillette, bon cœur, accepte tout de suite et part.
Dans la rue, devant chez le boulanger.
surprise
se frottant les mains
avec son plus beau sourire
implorante.*

…
LA VIEILLE DAME – Bonjour, ma petite Nadia !
NADIA, … – Bonjour, madame !
LA VIEILLE DAME, … – Veux-tu me rendre un service ?
NADIA – Lequel ?
LA VIEILLE DAME, … – Ce serait d'aller chercher pour moi une boîte de sauce tomate chez ton papa. Ça m'éviterait d'y aller, je suis si fatiguée !
…
LA VIEILLE DAME, … – Oh ! que je suis maligne. La petite Nadia va m'apporter elle-même la sauce pour la manger !

D'après P. GRIPARI, *Contes de la rue Broca*,
© Éditions La Table Ronde, 1967.

5. Imagine un dialogue entre ces trois personnages. Fais-les parler chacun leur tour en les laissant argumenter sur leur choix.

Mathis, Axel et Clara attendent le bus, comme tous les matins, pour se rendre au collège.
Mais ce matin, il ne passe pas.
Après 20 minutes d'attente, Clara et Axel décident de partir à pied. Mathis, lui, préfère rentrer chez lui.

**6. Transforme ces dialogues de récits en dialogues de théâtre.
Observe bien l'exemple.**

Exemple : Lise a plongé son doigt dans la pâte et a dit avec aplomb : « Elle n'est pas tout à fait comme je l'aime ! »
▶ *Lise plonge son doigt dans la pâte.*
LISE, *avec aplomb* – Elle n'est pas tout à fait comme je l'aime !

a) Les enfants répondirent en chœur : « Nous ne reviendrons jamais. »
b) Dick bondit hors de sa niche en aboyant : « Je n'en ferai qu'une bouchée de ce sale matou ! »
c) L'hôtesse, en souriant, plaça mon petit frère et lui dit : « Assieds-toi près de ce hublot. »

PROJETS D'ÉCRITURE…

7. Reprends ton dialogue de l'exercice **5.**
Réécris-le sous la forme d'une saynète en ajoutant des indications scéniques.
Fais lire ta saynète à un camarade et tiens compte de ses observations.

8. Écris une petite scène de théâtre à partir de ces dessins.

9. Imagine une saynète plutôt comique entre ces deux personnages.

Valentin, rentrant de vacances, s'arrête dans un village pour acheter un pain aux céréales. Mais la boulangère est presque sourde.

10. Réécris cette petite histoire sous la forme d'une pièce de théâtre.

Hormis sa mère et lui, il n'y avait plus personne dans la salle d'attente du cabinet médical. Sa mère était plongée dans la lecture d'un magazine élimé qui racontait en détails et en photos le mariage d'une star de la chanson avec le plombier qui avait sauvé son appartement de l'inondation totale. De temps en temps, Moussa jetait un coup d'œil sur le magazine et posait une ou deux questions, mais sa mère ne tournait même pas la tête et répondait par des grognements incompréhensibles. Moussa pensa que, comme son père était plombier, cela devait faire réfléchir sa mère…

Il en était là de ses réflexions quand un long hurlement retentit dans le cabinet du médecin. Un long hurlement comme Moussa en avait seulement entendu dans le film *Croc-Blanc*… Sa mère lâcha le magazine qui tomba à terre en même temps que Moussa qui avait littéralement décollé de sa chaise. La mère et le fils échangèrent quelques mots angoissés et la porte s'ouvrit d'un coup. Deux mains s'agrippèrent aux montants de la porte et Moussa aperçut un œil exorbité qui fixait la porte d'entrée. En l'occurrence, plutôt la porte de sortie…

Moussa eut le temps d'entendre distinctement :
« Merci, docteur, ça ira comme çâââ… »
Une voix répondit :
« Ah, non, quand je commence une série de piqûres, je termine ! »
Et la porte se referma sur l'une des mains, ce qui eut pour effet de provoquer un nouvel hurlement…
Madame Kombouaré attrapa son fils par un bras et, en hurlant à son tour une phrase dont elle avait le secret, se précipita avec lui vers le palier silencieux.

J.-C Lucas

Reprends tes saynètes. Réponds par oui ou par non aux affirmations suivantes.

- J'ai présenté le lieu et la situation dans laquelle se trouvent les personnages au début de l'action.
- J'ai indiqué le nom des personnages devant chaque réplique.
- Les personnages expriment des émotions.
- Ils parlent dans un langage oral.
- J'ai utilisé des indications scéniques (verbes au présent ou au participe présent) afin de mieux faire comprendre et jouer la scène.

Pour chaque saynète, si tu as répondu plusieurs fois non, reprends ton travail pour l'améliorer.

La règle du jeu

LE JEU DE L'OIE

Il se joue avec deux dés. Chaque joueur joue à son tour et compte avec son jeton le nombre de points réalisés avec les dés.

Au commencement, si quelqu'un fait 9 par 6 et 3, il ira immédiatement au nombre 26. S'il fait 9 par 4 et 5, il ira au nombre 53.

Qui arrivera sur une oie avancera à nouveau du nombre de points réalisés.

Qui fera 6 paiera le prix convenu et ira à 12.

Qui ira à 19 (hôtel) paiera le prix et attendra que les autres joueurs jouent deux fois.

Qui ira à 31 (puits) attendra qu'un autre joueur arrive au même numéro et prenne sa place.

Qui ira à 42 (labyrinthe) retournera à 30.

Qui ira à 52 (prison) attendra qu'un autre joueur vienne au même numéro pour repartir.

Qui ira à 58 (tête de mort) recommencera tout le jeu.

Celui qui est rejoint sur un numéro ira prendre la précédente place de son adversaire.

Celui qui dépasse 63 avec le nombre de points joués devra reculer d'autant de cases supplémentaires ; le gagnant est celui qui termine juste à 63.

1. Lis attentivement la règle du jeu de l'oie et réponds aux questions.

a) Quel est le matériel nécessaire ?
b) Quelle est la case qu'il faut éviter à tout prix ?
c) Comment fait-on avancer son jeton sur le plan de jeu ?
d) Quel est le but du jeu ?
e) Quand a-t-on gagné la partie ?

2. Lis attentivement la règle du jeu de nain jaune et réponds aux questions.

a) Quel est le matériel nécessaire ?
b) Combien peut-il y avoir de joueurs ?
c) Quel est le but du jeu ?
d) Quand a-t-on gagné la partie ?
e) Quelle carte représente le nain jaune ?
f) Comment fait-on pour gagner des jetons ?
g) Lors d'une partie à six joueurs, combien y aura-t-il de jetons sur la case du roi de cœur ?
h) Que se passe-t-il lorsque l'on ne peut plus jouer de carte ?
i) Dans cette règle du jeu, il y a un conseil. Retrouve-le.

LE NAIN JAUNE

Matériel
- Un tableau de jeu composé de cinq cases: le 7 de carreau, appelé nain jaune, au centre, entouré du roi de cœur, de la dame de pique, du 10 de carreau et du valet de trèfle.
- Des jetons.
- Un jeu de 52 cartes.

Mises
Au début du tour, chaque joueur dépose ses mises sur le tableau:
- 1 jeton sur le 10 de carreau;
- 2 jetons sur le valet de trèfle;
- 3 jetons sur la dame de pique;
- 4 jetons sur le roi de cœur;
- 5 jetons sur le nain jaune, ou 7 de carreau.

Donne
Le donneur bat les cartes. Il les distribue deux par deux en fonction du nombre de joueurs.

joueurs	3	4	5	6	7	8
cartes	15	12	9	8	7	6

Les cartes restantes constituent un talon.

Jeu
Le but est de se débarrasser de toutes ses cartes en récupérant les mises déposées sur le tableau.

Le joueur situé à droite du donneur pose une carte, puis y ajoute toutes les cartes qu'il peut, dans l'ordre croissant, sans tenir compte de la couleur (exemple: 3 de cœur, 4 de trèfle, 5 de carreau, 6 de carreau, etc.), l'as étant la plus petite carte.

S'il pose un roi, il peut prendre n'importe quelle carte de son jeu pour recommencer la série.

Lorsqu'il ne peut plus poser de carte, il passe la main au joueur de droite en annonçant par exemple: «valet sans dame». Le joueur suivant doit commencer par une dame, sinon il passe la main et prend une carte du talon. On joue ainsi jusqu'à ce que plus personne ne puisse poser de carte. Le dernier ayant réussi à jeter une carte peut redémarrer avec la carte de son choix.

Si un joueur pose des cartes du tableau, il récupère les mises de la case correspondante.

Le joueur qui parvient à poser sa dernière carte a gagné. Les autres joueurs lui versent autant de jetons qu'il leur reste de points en main (10 points par figure).

Si un ou plusieurs des autres joueurs a encore en main une carte représentée sur le plateau, il doit doubler la mise (exemple: à 4 joueurs, il y a 12 jetons sur la dame de pique, il doit donc mettre 12 jetons sur la case de la dame de pique).

Si un joueur se sépare de toutes ses cartes dès le premier tour, il réalise un «grand opéra». Il ramasse alors toutes les mises du tableau.

Suite et fin du jeu
Tant que les joueurs le souhaitent, le jeu continue. Mais il est préférable de donner une limite en début de partie: nombre de tours, durée, etc.

Les jetons non ramassés à la fin d'un tour restent sur le tableau; chacun y ajoute ses mises. Le joueur qui avait commencé distribue les cartes.

LA PETITE THÈQUE

Le terrain
– Aire de jeu au sol herbeux, stabilisé ou asphalté.
– Dimensions souhaitables : 40 m x 20 m.
– Pentagone tracé ou délimité (quilles, bouteilles en plastique, drapeau, etc.), de 5 m à 8 m de côté avec un angle égal ou supérieur à 120°.

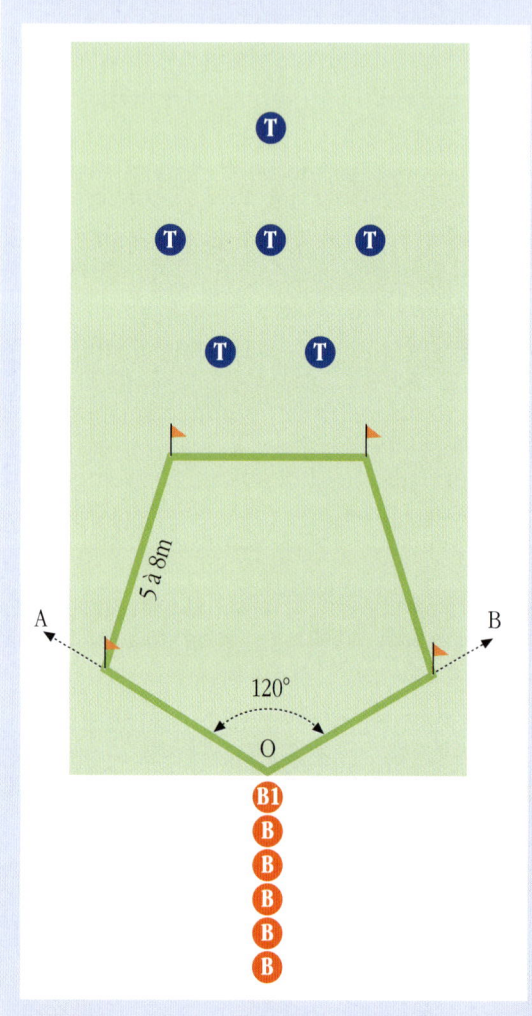

Matériel
– Une balle de tennis.

Nombre de joueurs
Deux équipes **B** et **T** de 6 à 8 joueurs, si possible différenciées par les maillots ou les dossards. Pour une classe normale (25 à 30 élèves), prévoir trois ou quatre équipes équilibrées.

Déroulement du jeu
– On constitue par tirage au sort une équipe de « batteurs » (lanceurs / coureurs) **B** et une équipe de « trimeurs » **T**.
– Les joueurs des deux équipes sont placés sur le terrain (*cf.* dessin) ; les « trimeurs » n'ont pas le droit de pénétrer dans le pentagone.
– Au signal du meneur de jeu (un élève ou l'enseignant), le premier « batteur » (**B1**) lance la balle d'une main dans l'angle $\widehat{AOB}$, le plus loin possible : le point de chute doit être en dehors du pentagone (le petit champ). Puis il essaie de faire le tour du pentagone en courant, sans être touché par la balle que les « trimeurs » récupèrent au plus vite, se passent éventuellement et lancent sur le « batteur ». Ils ne peuvent lancer la balle qu'une seule fois.

Règles possibles
– Chaque batteur a droit à deux essais de lancer, si sa balle ne passe pas dans l'angle ou si elle tombe dans le petit champ ; en cas d'échec des deux essais, il est éliminé.
– Si la balle est attrapée à la volée par un trimeur, le batteur est éliminé.
– Le batteur, se sentant menacé par le tir d'un trimeur, a la possibilité de s'arrêter à l'une des bases en criant « base ! ». Dans ce cas, il ne peut en repartir que lorsque le batteur suivant a lancé la balle.
– Si un batteur s'est arrêté à une (plusieurs) base(s) et effectue le tour du pentagone sans être touché, il marque seulement **un point**.
– Si un batteur est touché, tous les batteurs en course sont éliminés ; les batteurs arrêtés à une base restent en jeu.
– Si le batteur réussit à faire le tour du petit champ sans être touché par les trimeurs, il marque **cinq points** pour son équipe.
– Les batteurs ne peuvent se dépasser lors de leur course autour du pentagone.
– Lorsque tous les batteurs ont lancé la balle, les équipes changent de rôle.

Gagnants
L'équipe qui a marqué le plus de points a gagné.

3. Lis attentivement la règle du jeu de la petite thèque et réponds aux questions.

a) Quel est le matériel nécessaire ?
b) Combien peut-il y avoir de joueurs ?
c) Quel est le but du jeu ?
d) Quand les batteurs marquent-ils des points ?
e) Comment les batteurs sont-ils éliminés ?
f) Quand le jeu est-il terminé ?
g) Qui gagne la partie ?

4. Lis attentivement ces petits textes et aide l'arbitre à juger si les enfants, qui jouent à la petite thèque, respectent les règles. Explique à chaque fois ta décision.

a) Rachid lance la balle, voit qu'il risque d'être touché et s'arrête sur la base la plus proche en criant «base !». Samantha lance la balle à son tour et permet ainsi à Rachid de terminer le tour du pentagone ; il marque donc 5 points.

b) Kelly lance la balle qui part dans son dos. Elle rejoue une deuxième fois, la balle retombe dans le petit champ. Elle est éliminée.

c) Jules lance la balle très loin et s'élance pour faire le tour du pentagone. Bastien, pas très attentif au jeu, ne démarre pas et reste en place sur sa base. Jules le dépasse et fait son tour sans s'arrêter : il marque 5 points.

d) Avant de lancer la balle, Hugo voit que toutes les bases sont occupées par ses partenaires. Il prend son élan, lance la balle. Trois de ses coéquipiers démarrent et un ne bouge pas. Lydia attrape la balle à la volée. Hugo est éliminé ainsi que ses quatre amis.

5. Essaie d'imaginer d'autres situations possibles pour faire évoluer le jeu de la petite thèque. (Pense au matériel, à la façon d'éliminer les lanceurs, à la façon de compter les points…)

PROJETS D'ÉCRITURE…

6. Choisis un jeu que tu aimes bien et auquel tu as déjà joué (jeu de société, jeu de plein air, jeu vidéo…). **Rédige une règle du jeu de manière à ce qu'elle soit facile à comprendre pour ceux qui ont envie de jouer.**

7. Choisis un thème qui te plaît (voitures, dinosaures, fleurs…). **Invente un jeu sur le modèle du jeu de l'oie. Chaque case comportera un dessin en rapport avec le thème. Puis rédige tes propres règles pour ce jeu.**

Vous pourrez fabriquer le plateau de jeu à plusieurs pour jouer ensemble.

Reprends le brouillon de tes règles du jeu. Réponds par oui ou par non aux affirmations.

- J'ai indiqué le nombre de joueurs.
- J'ai indiqué le matériel nécessaire.
- J'ai indiqué la position des joueurs ou la disposition des pièces.
- J'ai indiqué le but du jeu.
- J'ai indiqué les règles de déroulement du jeu : ce qui est autorisé, ce qui est interdit.
- J'ai indiqué les pénalités ou les avantages.
- J'ai indiqué comment se terminait la partie.

Si tu as répondu plusieurs fois non, reprends et améliore ton travail.

La description

Quand on fait une description, on ne décrit pas tout : on choisit ce qui paraît **le plus représentatif, le plus important**.

Exemples :

Ce que l'on voit : Les flocons étaient si épais qu'ils semblaient liés les uns aux autres. […] Dans les cours, les tracteurs, les herses, les outils, les tas de bois n'étaient plus reconnaissables. Les passages entre les granges étaient comblés et même la route se confondait maintenant avec les champs autour.

M. Cosem, *Les neiges rebelles de l'Artigou*, Zanzibar.

Ce que l'on sent : L'odeur du chalet ! Elle est partout dans la maison : du séjour à la cuisine, c'est presque la même. Dans les chambres, l'odeur épicée des planches vernies apporte un souffle de fraîcheur ; quant au couloir, son odeur caractéristique, indéfinissable, elle est faite de toutes les autres mélangées.

M. Ponty, *Ursula*, Librairie générale française.

Ce que l'on entend : J'entendais le rire d'une voisine, puis des voix d'enfants au tournant de la route, devant chez nous. Plus loin, montaient, adoucis par la distance, des bruits de troupeaux rentrant à l'étable. La grosse voix de la Garonne ronflait, continue ; elle me semblait la voix même du silence, tant j'étais habitué à son grondement.

É. Zola, « L'inondation », dans *La mort d'Olivier Bécaille et autres nouvelles*.

Une description doit être **organisée**. Par exemple, si l'on évoque ce que l'on voit, on peut ordonner les détails de gauche à droite, du plus proche au plus lointain, etc.

Exemple : À la table principale, face à la porte, le seigneur. À sa droite, dame Agnès, à sa gauche Mathéa. Puis l'écuyer Bredan, veillant sur Réginart, qui gratifia Garin d'une petite grimace amicale quand il rentra. Les deux autres tables qu'on avait dressées formaient un angle droit avec la table principale. Les nappes étaient moins belles et on apercevait le bas des tréteaux qui soutenaient les planches.

E. Brisou-Pellen, *L'inconnu du donjon*, coll. « Folio junior », © Gallimard Jeunesse.

1. Dans ce paragraphe, recopie la phrase qui décrit ce que sent l'auteur.

Le mois d'août s'achevait et l'été déclinait en déployant ses ors et ses rougeurs dans le ciel et les bois. Des nuages étiraient mollement leur paresse sur les collines qui frémissaient aux premières brises d'ouest. Du fond de l'air montaient des odeurs de mousse sèche et de poussière d'herbes qu'exaspéraient les soirs tombants.

C. Signol, *Les menthes sauvages*, Éditions Robert Laffont.

2. Recopie ce paragraphe en écrivant en rouge les mots évoquant ce que l'on voit, en vert ceux évoquant ce que l'on entend.

Des grives et des merles se chamaillaient dans les haies, des lézards disparaissaient à l'intérieur des murs de lauzes qui fumaient doucement et, au fond du silence, très loin, des sonnailles tintaient comme du cristal.

C. Signol, *Les menthes sauvages*, Éditions Robert Laffont.

3. Lis la description; effectue ensuite le travail demandé.

Une brise faible agita le faîte des arbres et, au même moment, un grondement sourd parvint de l'ouest. Soudain, le vent et le grondement s'amplifièrent et des étincelles se mêlèrent à la cendre, soulevant des traînées de fumées sur la mousse et les lichens. Une lueur rouge éclaira les montagnes. La vague de bêtes en fuite devint une marée. Prises de panique, toutes les espèces passèrent en trombe. Canilou fut le premier à déguerpir, et ses frères le suivirent de près. Au moment précis de leur fuite, une gerbe enflammée frappa une épinette qui se transforma en une colonne de feu. Avec un crépitement sec, d'autres s'embrasèrent et les trois chiens, comme les autres bêtes, fuyaient entre des rideaux de flammes. Des pommes de pin, des aulnes et des branches tombèrent, grillant leur poil et brûlant la mousse desséchée. Derrière eux, les clameurs du vent augmentèrent et un bruit de tonnerre éclatait lorsque l'incendie se communiquait aux épinettes[1] centenaires.

(1) Épinette : nom canadien de divers épicéas.

É. MUNSTERHJELM, *Canilou*, D.R.

a) Choisis un titre pour ce paragraphe parmi les cinq proposés.
- un feu de camp
- un feu de forêt
- une longue course
- le grondement de l'épinette
- précautions à prendre en cas d'incendie

b) Relève les mots qui évoquent ce que l'on entend.

c) Recopie la phrase qui indique que les chiens sont rattrapés par l'incendie.

d) Si tu devais continuer cette description en ajoutant deux ou trois phrases, choisis, dans cette liste, les mots que tu pourrais utiliser :

des cendres – mouillé – ardent – incandescent – joyeux – verdoyant – embrasé – une promenade – le brasier – la fournaise – carbonisé – paresseux – la tranquillité – roussi – calciné – des flammèches – trempé – noirci.

4. Après avoir lu la description de cet intérieur, indique auquel des quatre dessins il correspond. Justifie ton choix.

À l'intérieur, la bâtisse était doublée de planches peintes en blanc avec un soubassement marron. Une grande table occupait le centre de la pièce où ronflait un énorme poêle de fonte à deux ponts. Devant les fenêtres, des tables plus petites encombrées de papiers et de matériel. Contre les murs, des rayonnages chargés de dossiers.

B. CLAVEL, *L'or de la terre*, avec l'aimable autorisation des Éditions Albin Michel.

5. Classe les noms en trois colonnes : ceux qui évoquent un bruit, ceux qui évoquent une odeur et ceux qui évoquent la vue.

un son – un bruissement – une vision – l'odorat – un regard – le fracas – un parfum – un clapotis – un panorama – un paysage – un claquement – une explosion – une clameur – une émanation – une apparence – une senteur – un craquement – une détonation – un gazouillis – une puanteur – un hurlement – un aspect – un fumet – un relent – un gémissement – un grognement – un spectacle – le vacarme – une rumeur – un tableau – le tapage – le brouhaha – une image.

6. Dans cette description, des mots ou expressions permettent d'organiser l'espace. Grâce à ces repères, tu peux imaginer le paysage. Recopie ces mots ou expressions.

[Il] était allongé sur les hauteurs du cap Sartel. Au-dessus de lui, sur la crête de la falaise, courait la ligne vert foncé des orangeraies d'Araish, le jardin des Hespérides où les Anciens faisaient pousser des pommes d'or. À un mille environ dans la direction de l'est, sur l'émeraude d'un riche pâturage qui s'étendait à perte de vue et jusqu'à Ceuta, se dressaient les huttes et les tentes d'un campement de bédouins. Plus près, à califourchon sur un rocher gris, un chevrier[1] à demi nu, la peau pain d'épice, sa tête rasée ceinte d'une tresse en poil de chameau, tirait d'un chalumeau des sons tristes et guère mélodieux. D'un coin de l'azur tombaient les trilles[2] joyeux d'une alouette et, d'en bas, montait le bruissement soyeux d'une mer d'huile.

(1) Chevrier : personne qui emmène paître les chèvres.
(2) Trille : chant de l'oiseau.

R. Sabatini, *Le faucon des mers*, trad. É. Chédaille, Phébus.

7. Lis le texte, puis choisis le titre qui convient. Relève ensuite les expressions qui t'ont permis de sélectionner ce titre.

- une plage de rêve
- une côte accueillante
- un sympathique pays
- un univers austère
- un paysage rieur

Le Pàramo est l'endroit le plus désolé et le plus impressionnant qu'il m'ait été donné de voir à l'extrême sud du continent américain. Ce sont vingt lieues de terres arides qui bordent la côte atlantique de la Terre de Feu ; vingt lieues de long sur deux de large. La végétation y est rare : des buissons de mata negra[1], quelques touffes d'herbe et des lichens qui rampent sur le sable et les franges marécageuses. La plage est immense et soumise à d'étranges marées ; la mer remonte sur plusieurs kilomètres jusqu'à la lisière de la pampa[2] et se retire comme une masse d'huile, laissant un lit de boues grasses, hostiles et redoutables, où même les oiseaux fatigués n'osent pas se poser. De temps à autre on aperçoit une bande de phoques vautrés sur le sable, parfois une baleine échouée.
Tout, ici, semble mort ; on dirait la naissance ou la limite d'une planète inconnue ; mais le plus extraordinaire est cette langue de terre, de sable et de pierres qui s'avance dans la mer.
C'est cette curieuse presqu'île qu'on appelle le Pàramo et qui donne son nom à toute la zone côtière.

(1) Mata negra : marguerites jaunes ou blanches qui poussent à la pointe de l'Amérique du Sud.
(2) Pampa : vaste plaine herbeuse.

F. Coloane, *Cap Horn*, trad. F. Gaudry, Phébus.

8. Classe les verbes en trois colonnes : les synonymes d'entendre, les synonymes de voir et les synonymes de sentir.

apercevoir – flairer – écouter – regarder – entrevoir – renifler – repérer – découvrir – humer – ouïr – contempler – respirer – admirer – examiner.

PROJETS D'ÉCRITURE...

Pour les exercices suivants, on pourra se référer à la liste ci-dessous.

Des mots pour organiser sa description
- devant – derrière.
- en haut – au sommet – à la cime – au-dessus – sur.
- sous – en bas – en contrebas – au-dessous – au pied.
- près – auprès de – aux environs – aux abords – autour – aux alentours.
- de ce côté – à droite – à gauche – au centre – au milieu – au nord – au sud.
- au-dehors – à l'extérieur – à l'intérieur – dedans.
- ici – là-bas – ailleurs – au loin – à horizon – dans le lointain.
- au premier plan – au deuxième plan – au fond.

9. Choisis l'une de ces habitations et décris-la. Pense à ce que tu vois, mais imagine également les odeurs, les bruits, etc.

a) Un chalet isolé dans la montagne.
b) Une cabane de planches sur une île sous un climat tropical.
c) Une ferme à la campagne.

Reprends tes descriptions. Réponds par oui ou par non aux affirmations suivantes.

- J'ai utilisé des mots et expressions permettant de situer les éléments de ma description (exemples : au premier plan, au fond, au centre…).
- Ma description ne fait pas «d'aller-retour» entre les différents plans.
- J'ai décrit ce que je voyais, mais aussi ce que j'imaginais pouvoir entendre ou sentir.
- J'ai bien décrit tous les éléments essentiels du décor.

Si tu as répondu plusieurs fois non, reprends ton travail pour l'améliorer.

10. Décris le tableau ci-dessous.

11. Choisis une pièce de ta maison ou de ton appartement que tu aimes bien et décris-la.

12. Décris le paysage que tu vois sur cette photo.

La bande dessinée

R. Goscinny, A. Uderzo, *Astérix et Cléopâtre*, ©1968 Goscinny-Uderzo, ©2000 Hachette.

Une bande dessinée (BD) raconte une histoire avec des dessins et du texte.
Les paroles et les pensées des personnages sont contenues dans des bulles.
On trouve aussi des mots qui imitent les bruits (gla ! gla ! ; toc ! toc !) :
ce sont les onomatopées, ainsi que des signes de ponctuation (?, ?!, !! ...).

1. Lis attentivement cet extrait de bande dessinée de : Astérix et Cléopâtre. Essaie de retrouver qui sont les différents personnages.

2. Réponds oralement aux questions.

a) À ton avis, pourquoi les vignettes sont-elles de tailles différentes ?

b) Pourquoi les personnages des quatre premières vignettes ont-ils le nez violet ?

c) À quoi les points d'interrogation et d'exclamation servent-ils dans la 3e vignette ?

d) Dans la dernière vignette, pourquoi les paroles d'Astérix et d'Obélix sont-elles écrites en très gros caractères ?

e) Comment montre-t-on que les deux personnages parlent en même temps ?

f) Dans la dernière vignette, à quoi les petits traits au-dessus de la tête d'Astérix servent-ils ?

g) Et ceux au-dessus de la tête de Numérobis, à quoi servent-ils ?

h) Dans la 4e vignette, pourquoi y a-t-il des petits traits au-dessus et au-dessous des mains des deux personnages qui se saluent ?

i) À quoi les petits rectangles jaunes de certaines vignettes servent-ils ?

j) Relève les noms propres ; qu'ont-ils de particulier ?

3. Observe bien ces vignettes et écris, sur ton cahier, un texte pour chaque bulle.

Expression écrite

Lecture

4. Cette bande dessinée est dans le désordre. Remets les vignettes dans l'ordre.

5. Invente des bulles pour cette bande dessinée.

6. Avec un camarade, crée une petite bande dessinée racontant l'histoire suivante. (N'oubliez pas de faire parler les personnages.)

a) Ricette et Riceau, deux petites souris, voudraient bien attraper le morceau de fromage posé sur la table, mais Mitsou, le matou, est allongé à côté. Elles se concertent pour trouver une solution.
b) Riceau sort de son trou et attire l'attention du chat.
c) Le matou s'élance en lui promettant de la croquer, mais la petite souris rentre dans un autre trou : le chat se casse le nez sur le mur et s'assomme.
d) Ricette en profite et grimpe en chantant sur la table ; elle redescend avec le morceau de fromage et toutes les deux dévorent leur butin en riant des mésaventures du chat.

PROJET D'ÉCRITURE...

7. Le renard et la cigogne

a) À l'aide de ces six vignettes, raconte l'histoire.
b) Invente des bulles pour faire parler les personnages.

Reprends le brouillon de ton histoire. Réponds par oui ou par non aux affirmations suivantes.

- On comprend bien l'histoire sans voir les dessins.
- Les actions sont écrites dans l'ordre de la bande dessinée.
- Les paroles des personnages correspondent bien à celles de la bande dessinée.
- Les phrases commencent par des majuscules.
- La ponctuation du dialogue est bien respectée.

Si tu as répondu plusieurs fois non, reprends ton histoire pour l'améliorer.

Le compte rendu

Le Muséum d'Histoire Naturelle

Vendredi dernier, nous sommes allés au Muséum d'Histoire Naturelle, à Paris. Dès notre arrivée, deux conférencières nous attendaient pour nous présenter la Grande Galerie de l'Évolution.

Nous nous sommes séparés en deux groupes. Une conférencière a emmené le premier groupe dans une petite salle pour participer à un atelier sur les différentes formes de dents et les différents régimes alimentaires des animaux ; l'autre a accompagné le second groupe dans la Grande Galerie pour lui montrer les différentes formes de dents sur les animaux naturalisés.

Au bout de trois quarts d'heure, nous avons changé de groupe.

L'après-midi, nous avons visité la ménagerie du Jardin des Plantes. Nous avons vu de nombreux oiseaux qui étaient bien cachés dans leurs volières. Les serpents, eux aussi, étaient bien dissimulés dans le vivarium ; difficile de les retrouver parmi les feuilles et les branches !

Ce que nous avons préféré, c'est l'espace réservé aux singes. Les orangs-outans étaient vraiment trop drôles lorsqu'ils faisaient des acrobaties !

Quelle bonne journée !

1. Lis le compte rendu ci-dessus et réponds aux questions.

a) À qui pourrait être destiné ce compte rendu ?
b) Comment est-il présenté ?
c) Quels renseignements y trouve-t-on ? Dans quel ordre ?
d) Quel pronom retrouve-t-on souvent ?
e) À quel temps le compte rendu est-il rédigé ?

2. Voici le plan que les élèves de CM1 avaient fait avant de rédiger leur compte rendu. Compare ce plan et le compte rendu pour voir si les élèves n'ont rien oublié.

1. La Grande Galerie :

a) l'atelier : les différentes formes de dents ;
b) les différents régimes alimentaires ;
c) les animaux de la Grande Galerie : les dents des animaux naturalisés.

2. La ménagerie :

a) les oiseaux : difficiles à repérer dans les volières ;
b) les serpents : bien cachés parmi les feuilles et les branches ;
c) les singes : les acrobaties des orangs-outans.

3. Visite au zoo de Beauval. À partir des notes qui ont été prises par un élève, rédige le compte rendu de cette sortie.

Notes de visite. 20 juin 2008, zoo de Beauval

Départ en autocar d'Orléans : 7 h 30.
Arrivée à Beauval : 9 h.
Petit déjeuner.
10 h : spectacle de rapaces et d'otaries.
Le vautour est passé juste au-dessus de la tête de Julien.
11 h : les volières d'oiseaux (perroquets).
12 h : déjeuner à l'extérieur du zoo.
13 h : croquis des tigres blancs.
14 h : liste des animaux de la savane.
15 h : le gorille et les lamantins.
16 h : retour.

4. Sortie au Futuroscope de Poitiers. À partir de ces photographies et des renseignements que tu trouveras, construis **un plan pour** préparer la sortie que tu pourrais faire avec ta classe.

▲ a) La maquette d'aile volante.

▲ b) La sphère.

▲ c) La cité numérique et le kinémax.

▲ d) Le cinéma haute résolution.

5. Lis ce texte, puis réponds aux questions.

La Route du Rhum est une course transatlantique de 3 510 milles en solitaire qui se court, tous les quatre ans au mois de novembre, de Saint-Malo, en Bretagne, à Pointe-à-Pitre, en Guadeloupe. Les 6 500 km de cette course à la voile en solitaire en font l'une des plus prestigieuses au monde.

La première édition en 1978 a été marquée par la disparition d'Alain Colas, ainsi que la victoire sur le fil de Michael Birch sur «Olympus Photo» qui a devancé Michel Malinovsky sur «Kriter V» pour 98 petites secondes. *Olympus* ayant dépassé *Kriter* devant un public nombreux alors que les bateaux étaient quasiment en vue de la ligne d'arrivée (après plus de vingt-trois jours de course), cette première édition symbolise le moment où les multicoques[1] ont acquis une suprématie face aux monocoques[2]. Avant cette course, tous les bateaux couraient dans la même catégorie.

Cette course est aussi l'une des plus difficiles du monde. En 2002, sur les 58 participants, seuls 28 ont franchi la ligne d'arrivée... Tous les autres navires ont dû abandonner à cause de problèmes de matériel. Les coques, mâts et outils de navigation ont mal résisté au mauvais temps pendant la course. Ces bolides des mers demandent une grande attention et beaucoup d'efforts physiques pour leurs skippers. Les marins doivent manœuvrer des bateaux pouvant mesurer 18 mètres de long, prévus pour des équipages de 5 (monocoques) à 10 personnes (multicoques)!

L'édition 2006 de cette épreuve a débuté dimanche 27 octobre 2006 au large de Saint-Malo. 74 marins professionnels ou amateurs étaient au départ, répartis en huit classes différentes, trois pour les multicoques et cinq pour les monocoques.

Lionel Lemonchois a été le premier à couper la ligne d'arrivée le 6 novembre 2006 après un parcours sans faute de 7 jours, 17 heures, 19 minutes et 6 secondes, à une vitesse moyenne de 19,11 nœuds (35 km/h), sur son trimaran «Gitana 11». Il a ainsi pulvérisé le record de l'épreuve détenu par Laurent Bourgnon depuis 1998 de près de 5 jours. 11 heures 6 minutes et 1 seconde après Lionel Lemonchois, Pascal Bidégorry en a terminé avec sa première Route du Rhum. Thomas Coville a complété le podium des multicoques.

Dans la catégorie des monocoques, c'est Roland Jourdain qui a remporté l'épreuve en 12 jours 11 heures avec moins de 58 minutes et 58 secondes d'avance sur Jean Le Cam.

(1) multicoques : bateaux à trois coques (une centrale et deux flotteurs). Ils sont beaucoup plus rapides que les monocoques mais sont moins résistants et peuvent chavirer plus facilement.

(2) monocoques : bateaux à une seule coque large. Moins fragiles et plus sûrs que les multicoques, ils sont aussi plus lents.

a) De quel événement s'agit-il ?

b) Quand cet événement a-t-il eu lieu pour la dernière fois ?

c) Où se déroule-t-il ?

d) Quels sont les bateaux au départ ?

e) Qui a réalisé un exploit ? Avec quel matériel ?

f) Quel est le temps du nouveau record ?

g) Quel est ton avis personnel sur cet événement ?

6. Reprends toutes tes réponses pour rédiger le compte rendu de cet événement. Donne ton avis personnel.

Tu penseras à présenter l'événement, puis à décrire son déroulement. Tu vérifieras si ton compte rendu répond bien aux questions suivantes.

a) Quoi ?   b) Quand ?
c) Où ?   d) Qui ?
e) Quel est l'événement essentiel ?

PROJET D'ÉCRITURE...

7. Lis attentivement cet article. Relève les renseignements importants, puis fais le plan du compte rendu. Ensuite, rédige-le.

Les oiseaux en détresse

L'une des premières missions de la Ligue pour la Protection des Oiseaux (LPO) est de venir en aide aux oiseaux en détresse. Pour se faire, elle a tissé depuis sa création un réseau de centres de sauvegarde dans toute la France et fait l'acquisition d'Unités Mobiles de Soins (UMS).

Au printemps 2000, suite à la catastrophe de l'*Erika*, le Conseil d'administration de la LPO a décidé de mettre en place des actions en faveur des oiseaux victimes des hydrocarbures et a rapidement élargi ses actions en faveur de l'ensemble de l'avifaune[1] sauvage.

L'ensemble des projets est animé par le programme Oiseaux en détresse.

Chaque année, la LPO, grâce au public et aux nombreux bénévoles, vient au secours de plusieurs milliers d'oiseaux.

Les oiseaux, déjà soumis aux risques naturels (tempête, sécheresse, vague de froid…), sont aussi victimes des effets nocifs des activités humaines :

– La multiplication des serres et des vérandas accroît les risques de collision pour les oiseaux ; le nombre de ceux qui se tuent ou se blessent en heurtant les vitres est très important. Une solution consiste à coller des silhouettes de rapaces ou des motifs décoratifs sur les baies vitrées.

– Les chasses, les tirs illégaux et la surpêche peuvent mettre en péril certaines espèces protégées ou menacées.

– Attirés par les petits mammifères qui fréquentent souvent les bords des routes, de nombreux rapaces diurnes et nocturnes sont victimes de collisions avec des automobiles.

– Posé sur un seul fil électrique, un oiseau ne s'électrocute pas. S'il en touche un deuxième, ou l'armature en métal du poteau, c'est l'électrocution ! Ces pièges affectent surtout les oiseaux de grande envergure : rapaces, cigognes… De nombreux oiseaux percutent également les lignes à haute tension tendues en travers de leurs voies de migration.

– L'agriculture moderne utilise de plus en plus de produits chimiques comme les pesticides, afin de limiter la prolifération des insectes, des rongeurs et des « mauvaises herbes » qui constituent la nourriture des passereaux et des rapaces.

– Le naufrage de pétroliers, comme l'*Erika* en 1999, provoque des catastrophes qui tuent par milliers les oiseaux marins. Les marées noires et les dégazages illicites représentent une grave menace pour l'ensemble de la faune marine.

D'après le site Internet de la Ligue pour la Protection des Oiseaux : www.lpo.fr

(1) avifaune : ensemble des oiseaux.

8. Établis le compte rendu de la dernière sortie de ta classe. Commence par faire un plan, sans rien oublier, puis, à partir de ce plan, rédige ton compte rendu.

Reprends le brouillon de tes comptes rendus. Réponds par oui ou par non aux affirmations suivantes.

- La présentation est claire.
- Le compte rendu est organisé en plusieurs paragraphes.
- Aucune information n'a été oubliée.
- Le temps des verbes est bien choisi.
- Mes comptes rendus répondent aux questions : quoi ? quand ? où ? avec qui ? comment ? pourquoi ?
- J'ai donné mon opinion personnelle.

Si tu as répondu plusieurs fois non, il faut que tu reprennes ton travail pour l'améliorer.

La lettre de demande

Pierre Lebon
Classe de CM1
École Jules-Ferry
72 120 Saint-Calais

Monsieur le Maire
Hôtel de ville
72 120 Saint-Calais

Saint-Calais, le 17 novembre 2008

Objet : demande de rendez-vous.

Monsieur le Maire,

Notre classe travaille actuellement sur un grand sujet d'actualité : l'eau et l'environnement.

Nous aimerions pouvoir vous rencontrer (à l'école ou en mairie) afin de vous poser des questions sur la qualité de l'eau de notre commune ainsi que sur les installations existantes ou prévues à ce propos.

Nous vous remercions de l'attention que vous voudrez bien apporter à notre demande et nous vous prions de croire, Monsieur le Maire, en l'expression de nos sentiments distingués.

P. LEBON

1. Lis la lettre, puis réponds aux questions.

a) Le destinataire de cette lettre est-il :
– un membre de la famille ?
– un ami ?
– une personne extérieure ?
b) Qui est l'expéditeur de cette lettre ?
c) Est-ce une lettre :
– d'invitation ?
– de demande ?
– qui donne des nouvelles ?
d) Quand cette lettre a-t-elle été écrite ?
e) Où a-t-elle été écrite ?
f) Quelle est la formule de début (ou formule d'ouverture) ?
g) Quelle est la formule de politesse (ou formule de fermeture) ?
h) Qu'est-ce que l'objet ?
i) De combien de parties est constitué le corps de la lettre ?
j) Que trouves-tu dans chacune de ces parties ?

2. Indique à quelle rubrique appartient chaque phrase ou expression. (Une lettre en comporte huit : formule de début, de politesse, objet, destinataire…)

a) Demande d'autorisation d'absence.
b) Je vous serais reconnaissant de bien vouloir nous accorder un rendez-vous.
c) Nous vous prions d'agréer, Monsieur, l'expression de nos respectueuses salutations.
d) Madame la directrice,
e) Votre commande du 6 avril.
f) À Madame Liliane Cerdi.
g) Vous serait-il possible de m'envoyer au plus tôt ces quelques renseignements ?
h) Maître,
i) Je vous prie de croire, Madame, en l'expression de ma considération distinguée.
j) Paris, le 10 mars 2008.

3. Voici quelques éléments d'une lettre de demande. Écris cette lettre en la présentant correctement.

Exp. : Madame Martin Christine, déléguée de parents d'élèves de l'école Ferdinand-Buisson, 57 bis, rue Verlaine, 33 600 Pessac.
Dest. : Le directeur du magasin « Espace 2000 », Grand-Place, 33 600 Pessac.
L'école Ferdinand-Buisson organise, en cette fin d'année, une grande kermesse afin de collecter des fonds pour l'achat d'un gros ordinateur, d'un scanner et d'un appareil photographique numérique. Ces appareils permettront aux maîtres et aux élèves de créer leur journal scolaire à partir de l'an prochain. Il nous manque encore 150 € de lots : c'est pourquoi je m'adresse à vous afin de savoir si notre projet vous intéresse et si vous désirez nous aider dans notre entreprise.

Reprends la lettre que tu viens de disposer et ajoute une date, un objet, une formule de début, une formule de politesse et une signature.

4. Voici la réponse d'un libraire à des enfants d'une classe de CM1.

Chers enfants,

J'ai bien reçu votre lettre du 5 mars.

Je suis très heureux que vous m'ayez contacté pour l'action « Écoliers du monde » que vous menez en faveur des écoles du Bénin.

Je m'associe donc à vous, dans la mesure de mes moyens. Vous pourrez passer à mon magasin quand vous voudrez, accompagnés de votre professeur, et je vous remettrai du matériel scolaire (cahiers, stylos, crayons, pochettes...) pour aider les enfants de ce pays à étudier dans de meilleures conditions.

En espérant vous voir très bientôt, je vous prie de croire, chers enfants, en l'expression de mes sentiments distingués.

Rédige la lettre de demande écrite le 5 mars par les élèves de cette classe. N'oublie pas d'ajouter l'expéditeur, le destinataire, la date et le lieu, l'objet et la signature.

PROJETS D'ÉCRITURE...

5. Rédige la lettre suivante.

Des élèves d'une classe de CM2 expédient à un écrivain, auteur d'histoires pour enfants, des contes qu'ils ont écrits en classe. Ils lui demandent de les lire et d'intervenir dans leur classe afin de leur donner son opinion et de leur apporter des idées pour améliorer leur écriture.

6. Rédige la lettre suivante.

Un père de famille écrit une lettre au propriétaire d'un terrain de camping afin de connaître le prix de la location d'une résidence mobile pour une durée de 15 jours, ainsi que les activités proposées sur place.

Reprends le brouillon de tes lettres. Réponds par oui ou par non aux affirmations suivantes.

- J'ai écrit le nom et l'adresse de l'expéditeur.
- J'ai écrit le nom et l'adresse du destinataire.
- J'ai précisé la date et le lieu.
- J'ai mis l'objet de la demande.
- J'ai écrit une formule de début.
- Le texte de ma lettre est composé d'au moins deux parties :
– les raisons de ma demande ;
– la demande elle-même.
- J'ai écrit une formule de politesse.
- La lettre est signée.

Si tu as répondu plusieurs fois non, il faut que tu améliores tes lettres.

Le résumé

Renard, toujours affamé, rôdait aux abords d'un petit village. Il arriva bientôt devant une jolie maison sur les murs de laquelle grimpait une vigne splendide. Il en pendait de lourdes grappes aux grains bien mûrs.

Renard se lécha les babines en les apercevant. Il pénétra dans le jardin, s'approcha et tenta de goûter au raisin. Mais les grappes étaient trop hautes pour être atteintes. Il eut beau sauter, essayer de grimper, le raisin resta hors de portée.

Il renonça alors et passa son chemin, déclarant à qui voulait l'entendre : « Je n'ai rien perdu, puisque le raisin n'était pas encore mûr. »

J. Muzi, *19 fables de renard*, Castor poche-Flammarion.

1. Lis le texte ci-dessus. Utilise le dictionnaire pour chercher le sens des mots que tu ne comprends pas. Puis réponds aux questions.

a) Combien trouve-t-on de personnages dans cette histoire ?
b) Où Renard rôde-t-il ?
c) Pourquoi rôde-t-il ?
d) Qu'a-t-il aperçu qui puisse le satisfaire ?
e) Que fait-il ?
f) Quel est le résultat de ses tentatives ?
g) Comment masque-t-il son échec ?

2. Quel titre choisirais-tu pour cette fable ? Explique les raisons de ton choix.

- Renard et la jolie maison.
- Le vieux mur du village.
- Renard et les raisins.

3. Combien de paragraphes vois-tu dans cette fable ? Écris l'idée essentielle contenue dans chacun d'eux. Compare ton travail avec celui d'un camarade. Résume maintenant oralement à ton camarade la fable de Renard.

4. Lis ces paragraphes. Choisis ensuite l'idée principale qui résume chacun d'eux.

a) La neige tombe depuis plusieurs heures et son manteau blanc ensevelit peu à peu la nature et les villages blottis au pied des collines. Un lourd silence s'installe.

idée principale :
- La neige recouvre la campagne.
- Les villages sont silencieux.

b) À 11 ans, Cyril possède des centaines de bandes dessinées. C'est sa richesse. Il passe des heures et des heures à les toucher, à les feuilleter, à les lire et à les relire.

idée principale :
- Cyril est un enfant riche.
- Cyril adore les bandes dessinées.

c) Un rorqual commun de plus de 15 m de long et pesant 35 tonnes est venu mourir dans le port de Marseille. Il a certainement été heurté par un navire avançant à grande vitesse.

idée principale :
- Une baleine a perdu la vie à cause d'un choc avec un navire.
- Une baleine adulte peut peser 35 tonnes.

5. Lis le texte et réponds aux questions qui suivent.

Des enfants vivent depuis peu dans une cité qui vient de se construire. Ils cherchent un endroit pour jouer.

C'est ce jour-là, je crois, que nous avons découvert l'arbre. On pouvait l'apercevoir derrière les échafaudages. Il poussait derrière les immeubles, sur la colline. Il était vraiment beau avec ses branches immenses et son feuillage touffu. Pour nous, c'était un autre monde. Quelle différence ! Ici, la boue, le bruit, les planches sales, là-bas, cet arbre avec un ciel pur par-dessus, et tout autour des champs et des prés pleins de petites vagues d'herbe.

Alors, nous avons laissé là nos planches pour courir comme des fous jusqu'à l'arbre. Qu'il était grand ! Beaucoup plus grand que nous ne l'avions imaginé. […]

– Dites donc, les gars, on grimpe ?

Je ne me rappelle plus qui l'a dit le premier. On se connaissait à peine. Nous ne savions même pas nos prénoms, ni dans quelle classe nous étions, les uns et les autres. On habitait là depuis quelques jours seulement. C'était le mois d'août. Les cours n'avaient pas encore commencé.

Mais je me rappelle celui qui m'a aidé à grimper. […] Je lui ai dit que je m'appelais Benek et il m'a répondu qu'il s'appelait Mirek.

Nous nous sommes donc assis sur la même branche. Celle d'en bas parce que les autres gars, tous plus grands que nous, avaient pris les meilleures places sur les branches du haut.

Au-dessus passaient lentement les nuages, et nous, on avançait aussi à bord de notre arbre. […]

C'est depuis ce jour-là que notre arbre est devenu un bateau. […]

W. CHOTOMSKA, *L'arbre à voile*,
Castor poche-Flammarion.

a) Où se situe l'action ?
b) Qui sont les personnages ?
c) Quel est le point de départ de l'action ?
d) Quel événement intervient ?
e) Qu'est-ce que cet événement provoque ?

6. Choisis le résumé qui te paraît être le plus proche du texte de l'exercice 5.

a) En courant comme des fous, des enfants d'une cité découvrent un grand arbre qui pousse sur une colline. Ils grimpent dans l'arbre après avoir fait connaissance et discutent assis sur les branches.

b) Des enfants d'une cité qui ne savent pas où aller jouer trouvent un arbre isolé, derrière leurs immeubles. En grimpant dans l'arbre, ils apprennent à se connaître et décident de partir naviguer en imagination.

c) Un arbre pousse derrière des échafaudages. Son feuillage touffu et ses branches immenses attirent des enfants qui ne vont pas à l'école. Ils décident de construire un bateau.

Compare ta réponse avec celle de tes camarades. Avec un camarade qui a choisi le même résumé que toi, expliquez les raisons de votre choix.

7. Faites à deux la liste des informations qu'il fallait trouver dans ce résumé, dans l'ordre des paragraphes.

À votre tour, faites d'abord un résumé oral, puis rédigez-le.

PROJETS D'ÉCRITURE...

8. Lis le texte. Avec un camarade, récapitulez, paragraphe par paragraphe, toutes les informations qui vous semblent nécessaires. Écrivez ensemble un résumé.

Thibault et Marion ont sept et cinq ans lorsque leurs parents décident de partir. Ils veulent visiter un pays. « Mais quel pays ? On veut tous les faire, alors on les fait tous ! » raconte Corinne, la maman.

Ils vendent leur magasin de camping-car et partent en août 2002 de Besançon (Doubs). Commence alors un voyage de quatre ans interrompu par de courts retours en France.

Dans l'ordre, ils font l'Europe (2002), l'Amérique du Nord (2003-2004), l'Amérique centrale et du Sud (2004), l'Australie, l'Asie du sud-est (2005), l'Inde et le Moyen-Orient (2006).

Ils croisent des animaux extraordinaires : kangourous, coatis, perroquets, cacatoès, toucans, pélicans, méduses, tortues, tigres, caribous, éléphants... « On les voit dans la nature. Mais parfois, on cherche longtemps avant de les trouver ! » raconte Thibault.

Ils traversent des pays riches et des pays pauvres. Ils rencontrent d'autres cultures. Mais pour ne pas oublier la leur, les enfants prennent des cours par correspondance : français et maths. « On apprend l'histoire-géo en traversant les pays. On fait de l'éducation civique en respectant les peuples que l'on rencontre. »

Ils rentrent en France en juillet 2006, pour la rentrée en sixième de Thibault. Mais la famille compte bien repartir un jour. Peut-être en Afrique : « On ne connaît que le Maroc ! »

« Quatre ans de vacances », *Le Journal des Enfants* n° 1095, jeudi 5 octobre 2006.

9. Comparez ce résumé avec celui d'autres groupes. Vous n'avez peut-être pas utilisé les mêmes informations. Établissez la liste des renseignements qui doivent figurer dans votre résumé afin qu'il soit compréhensible (attention à ne pas écrire les détails).

10. Lis le texte, puis rédige un résumé.

Leslie ne pouvait pas s'empêcher de farfouiller au fond des poubelles. C'était une véritable passion ! Elle plongeait avec délices dans les sacs d'ordures pour y récupérer des tas de trucs usagés. Ses petits doigts agiles s'emparaient de tout ce qu'ils trouvaient : boîtes de conserve, pots de yaourt, os de poulet... Et vite, vite, elle se les accrochait partout sur ses vêtements et ses cheveux. [...]

En général, les papas et les mamans n'apprécient guère que leurs enfants fassent les poubelles. Ils se fâchent tout rouge et disent que c'est dégoûtant. Mais ça, Leslie ne pouvait pas le savoir, car elle n'avait pas de parents. Elle vivait seule depuis qu'elle était toute petite, vagabondant de-ci, de-là à travers les bois et les champs.

La nature lui servait à la fois de nounou et de maison : les vaches lui procuraient du bon lait tiède, les arbres lui offraient des quantités de fruits charnus et variés ; et à la nuit tombée, lorsque la fillette s'endormait sous le ciel étoilé, la terre la recouvrait tendrement de son épaisse fourrure d'herbe pour la protéger du froid et de la rosée.

Le matin, Leslie n'allait pas à l'école. Mais ses amis les animaux lui enseignaient des tas de choses utiles. Elle savait creuser un terrier, tisser une toile d'araignée, grimper aux arbres... Les fourmis lui donnaient même des leçons particulières pour apprendre à porter ses réserves d'objets sans se fatiguer.

C. DEROUIN, *Leslie Craspouette*, Nathan.

Reprends le brouillon de tes résumés. Réponds par oui ou par non aux affirmations suivantes.

- J'ai parlé de l'époque, du lieu.
- J'ai présenté les principaux personnages.
- J'ai conservé l'idée essentielle.
- J'ai parlé des principaux événements.
- J'ai décrit les actions en respectant leur ordre chronologique.
- J'ai mis des points et des majuscules.

Si tu as répondu plusieurs fois non, reprends ton travail pour l'améliorer.

Jeux d'écriture

1. UNE RECETTE DE SORCIÈRE

Pierre Gripari, dans *La Sorcière de la rue Mouffetard*, aux éditions de la Table Ronde, a trouvé ce communiqué dans le « Journal des sorcières » :

> Madame,
> Vous qui êtes vieille et laide,
> vous deviendrez jeune et jolie !
> Et pour cela,
> Mangez une petite fille à la sauce tomate !
> Attention !
> Le prénom de cette petite fille devra obligatoirement commencer par la lettre **N** !

À ton tour, invente un communiqué sur le même modèle.

Exemple : Monsieur,
Vous qui êtes… vous deviendrez…
Et pour cela, mangez…
Attention !…

Mais pour ce repas de sorcière, il te faut inventer une recette de sorcière !

a) Prépare la liste des ingrédients : ceux que tu as notés dans ton communiqué, plus tous ceux que tu imagines (**exemples** : une aile de papillon de nuit, une larme de crocodile…).
b) Explique les étapes de ta préparation (découper, ajouter, mélanger, saler…).

2. AU HASARD DES PHRASES
Pour écrire, il te faut d'abord un dé !

a) Lance ton dé deux fois de suite et totalise les nombres obtenus : le résultat te donnera le nombre de mots que ta phrase devra comporter.
Exemple : 3 + 5 ▶ Ta phrase aura 8 mots.
b) Lance ensuite ton dé pour connaître le nombre de lettres que devra comporter chaque mot. Dans notre exemple, tu lanceras 8 fois ton dé. Si le dé indique successivement 4, 3, 6…, le premier mot de ta phrase aura 4 lettres, le deuxième 3 lettres, le troisième 6 lettres, etc.

Tu verras qu'il n'est pas si facile d'écrire en respectant des impératifs fixés par le hasard !

3. ACROSTICHES

Un acrostiche est un petit poème où les lettres initiales de chaque vers, prises dans l'ordre des vers, permettent de composer un mot ou toute une phrase. Ce mot ou cette phrase se trouvent bien sûr célébrés par le texte.

Dans les exemples ci-dessous, le caractère de Marie est traduit par les adjectifs utilisés et le petit poème exprime l'impression laissée par l'hiver.

Marie

Menteuse   **M**ignonne
Aigrie   **A**imable
Râleuse   **R**ieuse
Ingrate   **I**déaliste
Ennuyeuse   **É**légante

Hiver

Humble lumière,
Invitation au silence.
Vous regardez l'arbre nu
Et vos pas sur la neige
Rencontrent l'absence.

À ton tour, exerce-toi avec ton prénom et ceux de tes amis, puis écris un acrostiche en trouvant un autre thème.

Si tu le souhaites, tu peux puiser des idées dans le sac ci-dessous…

PRINTEMPS
JE VOUS MENS
SOLEIL
OISEAU
ENFANCE
REGARD DE PLUIE
SOLITUDE
ÉCOLE
ÉCLAT DE RIRE
FORÊT
BATEAU
MONTAGNE

4. DES RÊVES ET DES ESPOIRS…

Ce petit poème est composé autour de la formule « j'attends ».

Peux-tu, à ton tour, écrire un poème sur ce modèle ?

J'attends…

J'attends la mer
dit le bateau

J'attends la nuit
dit le hibou

J'attends l'idée
dit le poète

J'attends mes droits
dit l'opprimé

J'attends la fin
dit le poème.

5. APPROCHEZ, MESSIEURS-DAMES !

« Approchez, messieurs-dames,
Venez chez Bérangère, la fruitière,
C'est l'étalage le plus beau du village !
Et n'oubliez pas :
Les prunes, c'est bon pour les brunes,
Avec mes fraises, vous vivrez à l'aise… »

a) Continue le discours de Bérangère en imaginant, à partir des fruits et légumes de son étalage, des slogans pour attirer l'attention de sa clientèle.

b) Imagine le discours d'un autre commerçant (le boulanger, le charcutier, le quincaillier, le poissonnier…).

*Exemple : Approchez, braves gens,
Venez chez Roger, le boulanger,
C'est la boutique la plus jolie
d'Amérique…*

6. AU FIL DE L'ALPHABET

Bernard **c**hoisit **d**es **e**aux **f**ortement **g**azeuses. **K**atie, **l**a **m**eilleure **n**avigatrice, **o**ffrira **p**ersonnellement **q**uinze **r**adars **s**pécialement testés.

As-tu compris ? Les premières lettres de chaque mot se suivent dans l'ordre de l'alphabet. Tu peux maintenant essayer d'écrire une phrase, la plus longue possible, en commençant par la lettre **A**.

Attention, ta phrase doit toujours conserver un sens !

7. À CACHE-CACHE

Qui a joué avec les étiquettes et en a collé n'importe où ? Maintenant, le texte est bien plus difficile à comprendre !

Qui est capable de retrouver ce qui se cache sous les étiquettes ?

Renaud, le jeune renard, n'avait jamais quitté ses bois. _____, alors qu'il trottait dans _____, il découvrit un cahier _____ d'un sentier. Ce n'était pas n'importe _____ ! Sur la première _____ s'inscrivait en _____

Ce devait être un recueil perdu _____ par un _____ qui ne voulait _____ . La _____ page s'ornait d'un _____ au crayon de _____ :
Le Corbeau
– Tiens, se dit Renaud, on parle _____ !
Un rapide _____ lui apprit que d'autres _____ parlaient d'un renard _____ d'un bouc, d'un loup…

A. Surget, *C'est moi le plus malin*, Nathan.

8. À la manière de…

Lis ce poème et, à la manière de Guillevic, compose ton propre poème sur un autre métier. Tu pourras garder les deux derniers vers du poème de Guillevic pour terminer ton propre poème.

J'ai vu le menuisier
J'ai vu le menuisier
Tirer parti du bois

J'ai vu le menuisier
Comparer plusieurs planches.

J'ai vu le menuisier
Caresser la plus belle.

J'ai vu le menuisier
Approcher le rabot.

J'ai vu le menuisier
Donner la juste forme.

Tu chantais menuisier
En assemblant l'armoire.

Je garde ton image
Avec l'odeur du bois.

Moi, j'assemble des mots
Et c'est un peu pareil.

E. Guillevic, *Terre à bonheur*, Seghers.

Lecture

Quart de Plume

Dans un village kalispel, au nord des grandes montagnes d'Amérique, vivait un petit Indien. Un tout petit Indien. Si petit que ses parents l'avaient appelé : Quart de Plume.

Sa mère le couvrait de baisers, son père pêchait pour lui les plus beaux saumons, mais rien n'y faisait : Quart de Plume semblait ne vouloir jamais grandir.

Sa petite taille n'empêchait pas Quart de Plume d'être un enfant vif et intelligent. Il posait mille questions, voulait sans cesse tout savoir sur tout. Il accompagnait son grand-père à la recherche des plantes qui guérissent, interrogeait sa grand-mère sur les légendes indiennes, observait comment son père fabriquait une roue à saumon ou aidait sa mère dans la cueillette des baies de la forêt.

Cependant, malgré l'affection qui l'entourait, Quart de Plume était souvent bien triste…

Ainsi, quand il voulait suivre les autres jeunes garçons qui partaient à la chasse au lièvre, il entendait :
– Non, Quart de Plume, tu es trop petit, tu ne peux pas nous suivre. Reste jouer avec ta toupie !

Quand il s'approchait pour apprendre, lui aussi, à fabriquer un arc de chasse, il y avait toujours quelqu'un pour lui dire :
– Quart de Plume, un arc de chasse sera toujours beaucoup trop grand pour toi ! Va donc dessiner sur le sable de la rivière !

Quand il disait que, lui aussi, aimerait bien apprendre à monter un jeune mustang, il provoquait un concert de rires et d'exclamations.

Alors, Quart de Plume courait vers la colline, derrière le village. Une grande épinette en occupait le sommet. Quart de Plume s'asseyait au pied de l'arbre, cachait son visage dans ses genoux et attendait que la lune apparaisse. Il levait enfin la tête et interrogeait en soupirant :
– Dis-moi, Lune, devrais-je attendre encore longtemps pour enfin grandir ?

Mais, invariablement, la même réponse résonnait dans son cœur :
– Patience, Quart de Plume. Patience…

Ou bien, quand les jeunes chasseurs, l'arc en bandoulière, partaient vers l'alpage au-dessus du village, Quart de Plume les suivait à distance jusqu'à ce qu'une voix lui crie :
– Quart de Plume, avec tes petites jambes, tu ne peux pas aller plus haut. Un aigle aurait tôt fait de te confondre avec une marmotte… Redescends, maintenant !
Quand de grandes courses à pied opposaient les enfants de la tribu, Quart de Plume restait à l'écart, sans questions, connaissant trop bien les réponses :
– Courir avec nous, Quart de Plume ? Tu n'y penses pas ! Nous aurions traversé la prairie jusqu'au grand fleuve que tu serais encore perdu dans les hautes herbes qui bordent le village…
Quand les garçons du village se séparaient en deux équipes pour courir, une crosse à la main, derrière une balle de bois, Quart de Plume, presque caché derrière une vieille souche de bouleau, entendait invariablement :
– Ne t'approche pas, Quart de Plume ! On aurait trop vite fait de te confondre avec la balle…
Alors, Quart de Plume désertait le spectacle, baissait la tête, et partait attendre, au sommet de sa colline, le retour de son amie la lune. Et chaque fois, les mêmes mots dansaient sur le voile de la nuit :
– Patience, Quart de Plume. Patience…

Le terrible hiver arriva d'un coup. On pensait encore à l'automne quand, une nuit, la neige recouvrit tout le pays. Le grand froid s'installa peu après. Au cœur de la forêt, le bois craquait sous la morsure du gel. Dans le village, on se cachait. On se terrait.
La tribu était prisonnière de l'hiver alors que les provisions n'étaient pas assurées jusqu'au retour du printemps. Beaucoup de saumons n'étaient encore ni séchés ni fumés et ne se conserveraient pas. Dans leur migration, les caribous aussi avaient été surpris. Ils avaient modifié leur route traditionnelle et les chasseurs n'avaient rapporté que peu de viande…

L'hiver était installé depuis quelques lunes quand le chef, Gros Ours, avait rassemblé tout le village. Il avait expliqué qu'il faudrait se rationner. On l'avait écouté. Silencieusement. Chacun avait hoché la tête. On ne pouvait qu'espérer un printemps précoce, lui aussi.

Mais l'hiver avait duré. Il semblait ne vouloir jamais finir et son souffle glacial traversait les corps et gelait les esprits. Gros Ours, un matin, réunit à nouveau la tribu. Les provisions étaient presque épuisées. Le peuple kalispel allait mourir. De faim, d'épuisement. Et Gros Ours parla du devoir des Anciens…

Quart de Plume comprit tout de suite : trop de bouches à nourrir, il fallait sauver la tribu, ils devaient partir, retrouver le Grand Esprit…

Le petit Indien regardait son grand-père, sa grand-mère. Il entendit dans un murmure qu'ils partiraient quand le soleil se lèverait à nouveau.

Quart de Plume se jeta dehors. Non, il ne pouvait accepter cela. En levant la tête, il vit que la lune veillait encore dans ce jour blafard. Il courut sur la neige gelée, rampa jusqu'au sommet de sa colline, s'installa sous l'épinette figée dans le cristal du jour. Il fixa la lune. Et les mots, les mots qu'il attendait résonnèrent dans son cœur.

Le lendemain matin, alors que le gel fendait les restes de la nuit, des ombres se glissèrent hors des tipis. Très loin, bien au-dessus de l'alpage, le Grand Esprit les attendait. Alors les Anciens, par petits groupes, commencèrent à quitter le village… Puis vint l'aube, cassante comme du verre. Elle semblait sans espoir de soleil quand une toute petite silhouette gagna le centre du village.

Quart de Plume, doucement, se mit à danser en murmurant les mots qui parlent au cœur des choses, les mots qui chantent au fond des cœurs. Sa voix était à peine audible. Mais on bougea dans chaque tipi, on se retourna une fois, deux fois. Et puis, chacun se leva, ouvrit sa porte. Bientôt, un large cercle se dessina autour du petit Indien. On attendait…

La voix de Quart de Plume s'éleva alors, claire et puissante comme jamais.
– Soleil, entends l'appel de la lune, éclaire notre peuple qui s'égare. Notre peuple qui ne sait plus que la force du partage peut briser les glaces millénaires.
Le petit garçon se tut et s'immobilisa d'un coup. Dans le cercle, les visages étaient baissés mais les corps amaigris semblaient vibrer.
Gros Ours sortit lentement du cercle, fit un signe à trois jeunes chasseurs qui s'approchèrent de lui. Il leur lança quelques mots et ils s'élancèrent vers la montagne. Le chef s'approcha alors de Quart de Plume, mit un genou à terre et dit, en le regardant dans les yeux :
– Tu as bien grandi, Quart de Plume…

Le soleil était encore bas dans le ciel quand les jeunes chasseurs ramenèrent les Anciens.

Le jour suivant, un souffle chaud monta du sud. Il enroba les arbres qui, enfin, s'ébrouèrent. Il fallut peu de temps pour que l'on entende la glace craquer sur la rivière. Et la neige fondit, vite, très vite. Le sang coulait à nouveau dans les veines de la terre…

Quelques lunes plus tard, lors d'une douce nuit de printemps, une cérémonie réunit tout le village, sur la colline, au pied de la grande épinette. Gros Ours faisait face à toute la tribu d'où se détachait Quart de Plume. S'adressant à son peuple, le chef prononça d'une voix forte :
– Quart de Plume nous a quitté avec l'hiver. Bienvenue à Plume le Sage…
Alors un immense cri de joie, lancé par tout le peuple kalispel, traversa la nuit sous la caresse de la lune…

J. C. Lucas

Francis Drake, le dragon anglais

À partir de 1571, l'Espagne catholique et l'Angleterre protestante sont en guerre. La reine Élisabeth d'Angleterre n'a jamais accepté que l'Espagne et le Portugal se partagent à eux seuls les nouvelles terres découvertes par Christophe Colomb et ses successeurs. Bien des marins anglais deviennent alors corsaires et partent en chasse contre les galions[1] espagnols qui traversent l'océan pour rapporter en Espagne toutes les richesses de l'Amérique. Sept mille kilomètres de traversée, cela laisse le temps de faire des mauvaises rencontres…

La barbe taillée en pointe, la moustache joliment effilée sur la joue, il nous regarde d'un œil bleu pétillant et, sur le col blanc qui dépasse de son pourpoint, court une élégante bordure de dentelle. Où sommes-nous donc ? Dans un salon chic ? Pas du tout ! Dans la cabine du *Golden Hind* (la « Biche d'Or » en anglais), et c'est Francis Drake lui-même que nous avons devant nous.

Pour l'instant, il soupe en musique, maniant avec élégance une vaisselle d'argent marquée à son nom, et les senteurs délicates dont il se parfume lui ont été offertes, dit-on, par la reine Élisabeth en personne. Il est vrai que Sa Majesté l'accueille volontiers à sa Cour et le nomme « mon corsaire » d'un ton très familier.

Quel étrange personnage que ce Francis Drake. Il voue une haine féroce aux Espagnols et digère mal quelques souvenirs cuisants : en 1568 par exemple, il s'est fait canonner dans le port de San Juan de Ullua, au large de Veracruz (Mexique), et il s'est lâchement enfui en pleine nuit, laissant les autres navires anglais en pleine détresse. Nul n'est parfait et Francis Drake pas plus qu'un autre ; mais il a toutes les raisons de vouloir laver son honneur pour faire oublier cette affaire.

(1) galion : dans les expéditions vers le Nouveau Monde, navire de charge espagnol contenant de riches cargaisons d'or et d'argent.

Au printemps 1572, il reçoit donc avec soulagement la permission royale d'affréter deux navires pour aller faire la moisson de l'or, là-bas au Nouveau Monde. But de l'expédition : le port de Nombre de Dios (Mexique), là où les Espagnols rassemblent tous les métaux précieux des mines d'Amérique avant de les envoyer en Espagne. À l'idée des montagnes d'or qu'il va trouver, Francis Drake a les doigts qui frémissent d'avance.

Un mois et demi après son départ de Plymouth (Angleterre), il est dans la mer des Antilles. Prudent, il fait escale sur une petite île pour monter trois pinasses[2] qu'il avait emportées en pièces détachées, s'empare au passage de deux navires espagnols et, avec cette belle flotte, il se présente le 29 juillet devant Nombre de Dios. Le port est bien défendu ; mieux vaut s'éloigner un peu et débarquer discrètement. Il divise ses hommes en deux groupes. L'un attaque par le nord avec force mousquets et arquebuses, l'autre par le sud avec autant d'ardeur. Lorsque les deux troupes se rejoignent sur la place centrale, c'est pour constater que la garnison espagnole a préféré fuir plutôt que de se faire trouer la peau. La ville est déserte. Il ne reste plus qu'à trouver l'or ! Un peu de bon sens et du flair les mènent tout droit vers la maison du gouverneur. Là, des coffres sont alignés, contenant des sommes enivrantes : un million de livres[3] en or, argent et pierres précieuses. Encore faut-il faire sauter les serrures avant de se servir. Vite ! Car les Espagnols, on n'en doute pas, préparent une contre-attaque. Au moment où la porte vole en éclats, Drake s'effondre dans une mare de sang : il a la cuisse perforée par une balle de mousquet et cela fait plusieurs heures qu'il saigne sans y prendre garde.

(2) pinasse : embarcation légère, à fond plat, pour s'approcher des côtes.
(3) livres : il est très difficile de trouver un juste équivalent aux sommes d'argent du XVIIe siècle ; un beau château avec parc coûtait 4 000 livres.

– Laissez-moi, emportez tout ce que vous pouvez ! souffle-t-il, exsangue, avant de s'évanouir.

Les hommes plongent à pleines mains dans le butin, chargent d'énormes sacs et disparaissent dans les ruelles, mais ses proches compagnons se hâtent de l'emporter, inconscient, et de le hisser au plus vite sur une pinasse prête à regagner le navire.

– Comment peut-on perdre autant de sang et survivre ? se demandera Drake un peu plus tard.

Il survit en effet et reprend pied avec une vitesse incroyable. L'œil bleu acier pétille à nouveau ; l'aventure peut continuer.

Pour se remettre en appétit, il s'empresse d'intercepter quelques galions espagnols, pille les forts de la côte, brûle la ville de Portobelo puis décide d'aller chercher la richesse sur la piste qui longe l'isthme de Panama ; c'est là que passent les caravanes de mulets chargés de métaux précieux. Mais il lui faut du renfort ; il s'allie donc avec des « cimarrons », des esclaves noirs réfugiés dans la forêt pour échapper à la cruauté de leurs maîtres. Guidé par eux, il s'enfonce dans le fouillis des arbres et des buissons. Quelle épreuve pour ces hommes écrasés de chaleur sous le métal des armures ! Pourtant, il faut coûte que coûte traverser cet enfer vert, ces marais infestés de moustiques, grouillant de bêtes inconnues. Drake serre les dents et continue. Ce n'est pas seulement la soif de l'or qui le pousse ; il cherche quelque chose d'autre, de plus beau, de plus grand, de plus héroïque : il cherche « l'autre mer » qui s'étend de l'autre côté de cette langue de terre, celle que l'explorateur Magellan[4] a franchie cinquante ans plus tôt avec tant de souffrances, celle que l'on nomme aujourd'hui l'océan Pacifique. Du haut d'une montagne, il l'aperçoit enfin et les larmes lui montent aux yeux.

(4) Magellan, Fernand de : explorateur portugais qui fit le premier tour du monde entre 1518 et 1521.

– Grand Dieu, supplie-t-il en silence, laissez-moi un jour mener un navire anglais sur cette immensité !

La réponse divine est-elle parvenue jusqu'à son oreille ? Nul ne le sait, mais il semble que cette splendide découverte lui donne le courage de reprendre la chasse. Le voilà bientôt sur la piste des mulets. L'or est là, tout près ! Hélas ! La première embuscade est un fiasco ; les Espagnols l'ont senti venir ; ils ont fait passer à l'avant de la caravane les animaux chargés de vivres. Voilà Drake et ses compagnons devant des tonnes de nourriture, mais pas une once de métal précieux ! Le dragon anglais fulmine et ne renonce pas : il ne reste plus qu'à attendre le passage d'une autre cargaison.

Quelques jours plus tard, les éclaireurs cimarrons annoncent le passage de cent quatre-vingt-dix mulets chargés d'or et de lingots d'argent, sous la protection d'une solide escorte de soldats espagnols. En face, ils sont trente-quatre Anglais. Qu'à cela ne tienne ! Il suffira de tirer deux fois plus vite, d'être deux fois plus agile et, dans les fourrés, les Espagnols croiront voir le double. Comme c'est bien jugé ! Devant la violence de l'attaque, les soldats de l'escorte se replient au plus vite et les pillards peuvent se jeter sur le chargement. Il s'agit bien de métal précieux cette fois, à ne plus savoir qu'en faire ! Impossible d'emmener tout sur son dos à travers la jungle ! Il faut enterrer les lingots au plus vite et garder l'or… On ne sait jamais. Sage précaution ! Car les Espagnols reviennent plus rapidement que prévu et s'emparent d'un retardataire. Le pauvre homme, soumis à la torture, livre l'endroit de la cachette. Il n'aura pas la vie sauve pour autant. Les autres ont pu s'échapper, emportant leur trésor, et regagner la côte sans être poursuivis. Mais pendant ce temps où est passée sa flotte ? Harassé, aux abois, Francis Drake la cherche pendant plusieurs jours, pour la trouver enfin à l'abri derrière une petite île. Ouf ! Cette fois, il cingle vers la vieille Angleterre qu'il a quittée quatorze mois auparavant. Ses cales regorgent de richesses et il a gagné la plus noire des célébrités : celle d'être pour les Espagnols le corsaire maudit entre tous.

Il va repartir, bien sûr, puisque la reine ferme les yeux sur ces méfaits qui nuisent tant à son cher cousin, le roi Philippe II d'Espagne. En 1578, Drake est de retour dans les mers du Sud avec la même soif de rapines et de vengeance, avec l'idée plus tenace que jamais de bourlinguer sur cet océan qu'il a entrevu, l'espace d'un instant.

Le 20 août 1578, il franchit le détroit de Magellan et débouche, tout ému, dans le Pacifique. Une première halte à Callao, le port de Lima (Pérou), lui permet de saisir un peu d'or, de la belle vaisselle. Maigre butin ! Il n'empêche que les Espagnols ont tremblé... Et ce n'est pas fini ! Quelques jours plus tard, il croise sur sa route un navire superbe au nom redoutable, le *Cagafuego* (en espagnol : « cracheur de feu »). Le capitaine qui le commande ne se doute pas qu'un Anglais a eu l'audace de s'aventurer jusque-là. Aucun ennemi de l'Espagne n'est encore venu mettre son nez dans ces eaux lointaines. Il salue donc le *Golden Hind* en ami et se détourne même de sa route pour venir aux nouvelles. Une fois bord à bord, la surprise le laisse sans voix.

– Nous sommes au service de Sa Majesté la reine Élisabeth, lui crie Drake, abaissez votre pavillon et rendez-vous si vous ne voulez pas être envoyé par le fond !

Le capitaine se ressaisit et riposte :

– Amener mon pavillon ! Jamais de la vie ! Venez donc le faire vous-même si vous n'êtes pas un lâche !

Francis Drake ne se le fait pas dire deux fois. Il ordonne à ses canonniers de préparer le feu tandis que le capitaine espagnol fait entonner une sonnerie de trompettes. Mais les arquebuses, les flèches anglaises font des ravages. En face, les trompettes se sont tues ; à bord du *Cagafuego*, on commence à prendre l'adversaire au sérieux. La première bordée[5] achève de lui couper le souffle, abattant le mât de misaine[6] avec toute sa voilure. Aussitôt Drake et ses hommes sautent à bord. En un tournemain, ils ligotent le capitaine et le transportent sur le *Golden Hind* où il sera bien traité. Sur ce détail, nul souci à se faire : c'est le capitaine espagnol lui-même qui l'a raconté dans ses mémoires !

Pendant ce temps, le *Cagafuego* est livré au pillage et ce que Francis Drake trouve dans ses cales dépasse ses rêves les plus fous : 80 000 livres* d'or, 20 000 livres de pierreries et de joyaux ! Les trois navires anglais ont peine à tout embarquer. Ce n'était pas un « Cagafuego », dira plus tard Drake, encore ébloui par cet immense trésor, mais un « Cagaplata » (un cracheur d'argent !)

Certaines mauvaises langues se plaindront qu'il a jeté à la mer l'or qu'il ne pouvait emporter... Est-ce vrai ? Comment savoir ? Quel drôle d'homme, ce dragon aux yeux bleus ! Avec cette folle cargaison qui fait tant d'envieux, il ne rentre pas au pays vivre de ses rentes. Non ! Le vaste monde est devant lui. Il va de l'avant.

(5) bordée : décharge complète de tous les canons situés sur le même bord d'un navire.
(6) mât de misaine : premier mât à l'avant du navire.

Dans les coffres du *Cagafuego* était caché un autre trésor, inestimable : des cartes marines pour faire taire la peur de l'inconnu, pour ne plus se perdre lors de ces immenses voyages. Aussitôt, il les confie à son pilote et aux deux cartographes qui ont pour mission de relever le tracé des côtes. Francis Drake n'est pas seulement un corsaire de la meilleure trempe, c'est aussi un extraordinaire explorateur ! La côte n'en finit pas de s'étirer vers le nord.

Lorsqu'il rencontre le froid, il décide de piquer à travers le grand océan Pacifique. Il sait que là-bas, devant lui, sont les épices, le poivre, la cannelle, les clous de girofle[7] pour lesquels les princes d'Occident donneraient jusqu'à leur dernière chemise.

Cap à l'ouest avec toute la toile qu'il faudra ! Soixante-huit jours sans rencontrer la moindre terre. Presque deux fois plus que Christophe Colomb lorsqu'il a traversé l'Atlantique… Enfin, aux derniers jours d'octobre 1578, ils atteignent une île au sud des Philippines. L'équipage, épuisé, malade, reprend des forces en dégustant des crabes. Puis Drake fait charger six tonnes de clous de girofle qui se revendront en Angleterre à prix d'or.

Et maintenant il faut revenir, affronter l'interminable traversée de l'océan Indien, la descente vers le cap de Bonne-Espérance qu'il double le 15 juin 1580. De l'autre côté, c'est l'Atlantique. Ses vents, ses longues houles sont mieux connus et les marins reprennent espoir. Pourtant, il faudra encore trois mois avant d'atteindre l'Angleterre.

---

(7) Les clous de girofle sont connus des Occidentaux depuis le Moyen Âge, et déjà rapportés en Europe par les Portugais depuis le début du XVIe siècle.

Francis Drake s'attend à être accueilli en héros mais… entre-temps la reine Élisabeth s'est réconciliée avec son cousin le roi d'Espagne qui demande des réparations pour le pillage du *Cagafuego* et tous les vols commis par ce bandit de Drake.

Sa Majesté daigne cependant descendre la Tamise à la rencontre du bandit en question. Lorsqu'elle monte sur le pont du *Golden Hind*, son regard est si sévère que Drake n'a qu'un geste à faire : s'agenouiller. Elle lève une épée et dit d'une voix ferme :

– Drake, le roi d'Espagne veut ta tête ; je suis venue la trancher.

L'assistance massée sur les quais retient son souffle.

Lorsque la lame s'abat, c'est simplement pour lui toucher l'épaule.

– Sir Francis Drake. Relevez-vous !

Sir ! Drake a-t-il bien entendu ? Oui. Sa Majesté, souriante, lui tend la main. Le voici noble et chevalier, lui, le premier Anglais à avoir effectué le tour du monde. Quelle récompense !

Sir Francis Drake quittera à nouveau l'Angleterre quatre ans plus tard à la tête d'une flotte de vingt-cinq navires. Il rêve alors de conquérir Panama, de donner à l'Angleterre la puissance maritime qu'elle n'a pas encore. Mais là où les boulets de canon, les coups d'arquebuse et les tempêtes n'ont pu avoir raison de lui, la maladie finit par l'emporter. Le 27 janvier 1596, il meurt de dysenterie devant Portobelo, et son équipage endeuillé immerge son corps dans les eaux bleues des Caraïbes. Parce que les dragons meurent aussi, sauf leur légende.

B. Coppin, *17 récits de pirates et corsaires*, Castor poche-Flammarion, 2000.

King

Avec Alceste, Eudes, Rufus, Clotaire et les copains, nous avons décidé d'aller à la pêche.

Il y a un square où nous allons jouer souvent, et dans le square il y a un chouette étang. Et dans l'étang, il y a des têtards. Les têtards, ce sont des petites bêtes qui grandissent et qui deviennent des grenouilles ; c'est à l'école qu'on nous a appris ça. Clotaire ne le savait pas, parce qu'il n'écoute pas souvent en classe, mais nous, on lui a expliqué.

À la maison, j'ai pris un bocal à confiture vide, et je suis allé dans le square, en faisant bien attention que le gardien ne me voie pas. Le gardien du square, il a une grosse moustache, une canne, un sifflet à roulette comme celui du papa de Rufus, qui est agent de police, et il nous gronde souvent, parce qu'il y a des tas de choses qui sont défendues dans le square : il ne faut pas marcher sur l'herbe, monter aux arbres, arracher les fleurs, faire du vélo, jouer au football, jeter des papiers par terre et se battre. Mais on s'amuse bien quand même !

Eudes, Rufus et Clotaire étaient déjà au bord de l'étang avec leurs bocaux. Alceste est arrivé le dernier ; il nous a expliqué qu'il n'avait pas trouvé de bocal vide et qu'il avait dû en vider un. Il avait encore des tas de confiture sur la figure, Alceste ; il était bien content. Comme le gardien n'était pas là, on s'est tout de suite mis à pêcher.

C'est très difficile de pêcher des têtards ! Il faut se mettre à plat ventre sur le bord de l'étang, plonger le bocal dans l'eau et essayer d'attraper les têtards qui bougent et qui n'ont drôlement pas envie d'entrer dans les bocaux.

Le premier qui a eu un têtard, ça a été Clotaire, et il était tout fier, parce qu'il n'est pas habitué à être le premier de quoi que ce soit. Et puis, à la fin, on a tous eu notre têtard. C'est-à-dire qu'Alceste n'a pas réussi à en pêcher, mais Rufus, qui est un pêcheur terrible, en avait deux dans son bocal et il a donné le plus petit à Alceste.

– Et qu'est-ce qu'on va faire avec nos têtards ? a demandé Clotaire.
– Ben, a répondu Rufus, on va les emmener chez nous, on va attendre qu'ils grandissent et qu'ils deviennent des grenouilles, et on va faire des courses. Ça sera rigolo !
– Et puis, a dit Eudes, les grenouilles, c'est pratique, ça monte par une petite échelle et ça vous dit le temps qu'il fera pour la course !
– Et puis, a dit Alceste, les cuisses de grenouille, avec de l'ail, c'est très très bon !
Et Alceste a regardé son têtard, en se passant la langue sur les lèvres.
Et puis on est partis en courant parce qu'on a vu le gardien du square qui arrivait. Dans la rue, en marchant, je voyais mon têtard dans le bocal, et il était très chouette : il bougeait beaucoup et j'étais sûr qu'il deviendrait une grenouille terrible, qui allait gagner toutes les courses. J'ai décidé de l'appeler King ; c'est le nom d'un cheval blanc que j'ai vu jeudi dernier dans un film de cow-boys. C'était un cheval qui courait très vite et qui venait quand son cow-boy le sifflait. Moi, je lui apprendrai à faire des tours, à mon têtard, et quand il sera grenouille, il viendra quand je le sifflerai.

Quand je suis entré dans la maison, Maman m'a regardé et elle s'est mise à pousser des cris : « Mais regarde-moi dans quel état tu t'es mis ! Tu as de la boue partout, tu es trempé comme une soupe ! Qu'est-ce que tu as encore fabriqué ? »
C'est vrai que je n'étais pas très propre, surtout que j'avais oublié de rouler les manches de ma chemise quand j'avais mis mes bras dans l'étang.
– Et ce bocal ? a demandé Maman, qu'est-ce qu'il y a dans ce bocal ?
– C'est King, j'ai dit à Maman en lui montrant mon têtard. Il va devenir grenouille, il viendra quand je le sifflerai, il nous dira le temps qu'il fait et il va gagner des courses !
Maman, elle a fait une tête avec le nez tout chiffonné.
– Quelle horreur ! elle a crié, Maman. Combien de fois faut-il que je te dise de ne pas apporter des saletés dans la maison ?

– C'est pas des saletés, j'ai dit, c'est propre comme tout, c'est tout le temps dans l'eau et je vais lui apprendre à faire des tours !

– Eh bien, voilà ton père, a dit Maman ; nous allons voir ce qu'il en dit !

Et quand Papa a vu le bocal, il a dit : « Tiens ! c'est un têtard », et il est allé s'asseoir dans le fauteuil pour lire son journal. Maman, elle, était toute fâchée.

– C'est tout ce que tu trouves à dire ? elle a demandé à Papa. Je ne veux pas que cet enfant ramène toutes sortes de sales bêtes à la maison !

– Bah ! a dit Papa, un têtard, ce n'est pas bien gênant…

– Eh bien, parfait, a dit Maman, parfait ! Puisque je ne compte pas, je ne dis plus rien. Mais je vous préviens, c'est le têtard ou moi !

Et Maman est partie dans la cuisine.

Papa a fait un gros soupir et il a plié son journal.

– Je crois que nous n'avons pas le choix, Nicolas, il m'a dit. Il va falloir se débarrasser de cette bestiole.

Moi, je me suis mis à pleurer, j'ai dit que je ne voulais pas qu'on fasse du mal à King et qu'on était déjà drôlement copains tous les deux. Papa m'a pris dans ses bras :

– Écoute, bonhomme, il m'a dit. Tu sais que ce petit têtard a une maman grenouille. Et la maman grenouille doit avoir beaucoup de peine d'avoir perdu son enfant. Maman, elle ne serait pas contente si on t'emmenait dans un bocal. Pour les grenouilles, c'est la même chose. Alors, tu sais ce qu'on va faire ? Nous allons partir tous les deux et nous allons remettre le têtard où tu l'as pris, et puis tous les dimanches tu pourras aller le voir. Et en revenant à la maison, je t'achèterai une tablette en chocolat.

Moi, j'ai réfléchi un coup et j'ai dit que bon, d'accord.

Alors, Papa est allé dans la cuisine et il a dit à Maman, en rigolant, que nous avions décidé de la garder et de nous débarrasser du têtard. Maman a rigolé aussi, elle m'a embrassé et elle a dit que pour ce soir, elle ferait du gâteau. J'étais très consolé.

Quand nous sommes arrivés dans le jardin, j'ai conduit Papa, qui tenait le bocal, vers le bord de l'étang.

« C'est là » j'ai dit. Alors j'ai dit au revoir à King et Papa a versé dans l'étang tout ce qu'il y avait dans le bocal.

Et puis nous nous sommes retournés pour partir et nous avons vu le gardien du square qui sortait de derrière un arbre avec des yeux ronds.

– Je ne sais pas si vous êtes tous fous ou si c'est moi qui le deviens, a dit le gardien, mais vous êtes le septième bonhomme, y compris un agent de police, qui vient aujourd'hui jeter le contenu d'un bocal d'eau à cet endroit précis de l'étang.

J.-J. SEMPÉ, R. GOSCINNY, *Les récrés du petit Nicolas*, Éditions Denoël.

La gourde qui parle (Togo)

Cette histoire se passe au temps de la famine la plus terrible qu'ait connue notre pays.
Les animaux mouraient par milliers. Ils quittaient les forêts où ils ne trouvaient plus de nourriture et remontaient vers les rivières, à travers la savane et les montagnes.
Les plus faibles d'entre eux finissaient sous la dent et la griffe des bêtes les plus féroces.
Voici comment Compère Lièvre, le héros aux mille tours, est parvenu, malgré sa petite taille, à se tirer d'affaire. Compère Lièvre n'avait pas mangé depuis plusieurs jours. Très affaibli, il s'était caché sous un buisson et réfléchissait.
« Je n'ai plus assez de forces pour courir très vite et échapper ainsi aux ennemis qui me guettent. Il faut que je trouve une solution. Si cela continue, je vais mourir. Non ! Je ne veux pas ! Si seulement j'avais un compagnon ! À nous deux, nous pourrions peut-être parvenir à survivre. Cependant, si je choisis un compagnon plus fort que moi, il me dévorera sans nul doute lorsqu'il me verra dans cet état. »
Mais une idée lui vient enfin ! Il va trouver son ami Kpedza, le Rat-palmiste[1], trop petit, lui aussi, pour être dangereux.
« Compère, lui dit-il, écoutez-moi. J'ai besoin de vous, et vous de moi. Ensemble, nous pouvons survivre car j'ai idée d'une ruse qui nous sauvera. »

(1) Rat-palmiste : nom familier de l'écureuil terrestre ou écureuil fouisseur.

Kpedza répond :
– Parlez, mon Compère. J'accepte volontiers notre association.
Lièvre explique alors :
– Comme vous êtes tout petit, mon ami, vous entrerez facilement dans la gourde que voici. Je la mettrai sur mon dos et irai à travers tous les marchés du Sud où ne sévit pas la famine, affirmant partout que je suis un grand magicien. Comme preuve, je montrerai aux gens que je suis capable de faire parler une gourde.
En effet, chaque fois que je taperai sur la gourde, vous qui serez à l'intérieur, vous pousserez de grands cris. Tout le monde s'émerveillera et nous offrira à manger !
– Idée merveilleuse ! s'écrie Kpedza, mettons-la tout de suite à exécution.
Aussitôt dit, aussitôt fait. Et Kpedza, dans la gourde, et Compère Lièvre portant celle-ci, arrivent dans un village. Lièvre se dirige vers la case du Chef et, après l'avoir salué, déclare :
– Je suis Lièvre, le magicien, le seul au monde à pouvoir faire des prodiges. N'avez-vous pas entendu parler de moi ? Je suis celui qui rend les gourdes bavardes.
– Les gourdes bavardes ? Comment est-ce possible ? Je voudrais bien voir cela, répond le Chef.
– Réunissez tous vos sujets sur la place ! Et vous verrez comment je ferai parler la gourde que voici ! Si elle n'est pas bavarde, je veux bien qu'on me coupe la tête ! Cependant, avant de faire la démonstration de mes talents, ayez soin de me faire apporter de la nourriture afin que ma puissance magique reprenne toute sa force.
Les villageois, sur l'ordre du Chef, apportent une grande calebasse[2] de bouillie de mil. Lièvre fait semblant de prononcer des paroles magiques au-dessus de la gourde, et, tout en faisant des gestes extraordinaires, il donne de la bouillie à Kpedza qui est dans la gourde. Puis, il en mange lui aussi. Une fois rassasié, Compère Lièvre se lève, frappe dans ses mains pour attirer l'attention de tous, et crie :

[2] calebasse : sorte de courge qui, une fois évidée et séchée, sert de récipient.

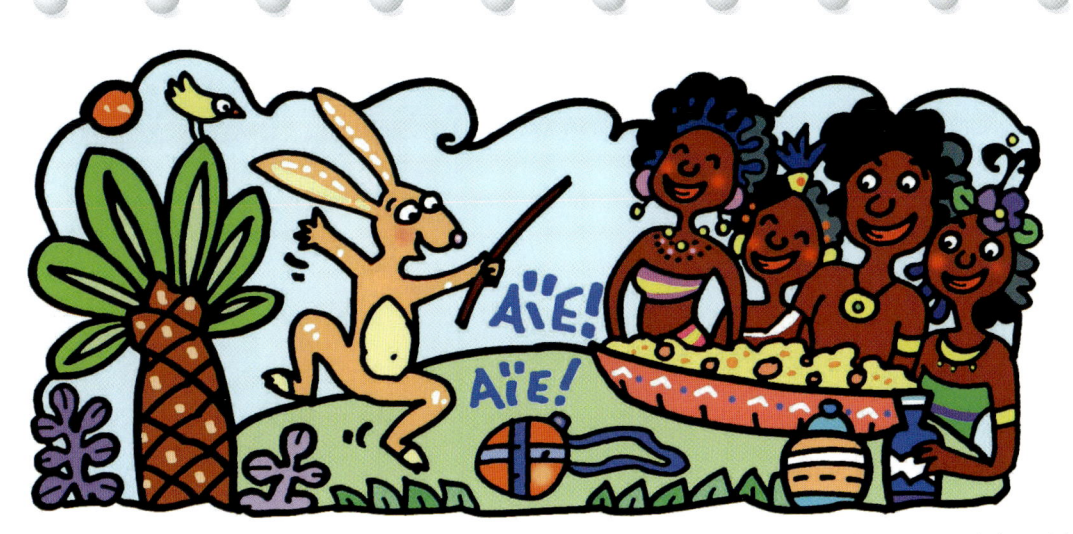

— Braves gens, grand merci ! Ma puissance magique est revenue ! Maintenant, faites bien attention.

Il fait quelques pirouettes, agite les bras comme s'il voulait tenter de s'envoler, danse autour de la gourde puis crie :

— Maintenant silence ! Écoutez tous ! Il lève son bâton et frappe la gourde qui aussitôt se met à pousser des cris perçants :

— Aïe ! Aïe !

Les villageois sont émerveillés. Lièvre fait le même geste et chaque fois la gourde pousse une clameur différente : « Arrête ! Arrête ! » ou « Tu me fais mal », « Tu es une brute. » Enfin la gourde déclare : « Maintenant, ça suffit ! Je ne dirai plus rien… » Alors Lièvre salue l'assistance enthousiasmée.

Compère Lièvre, tout chargé de cadeaux et de vivres, quitte le village, emmenant avec lui son compère Kpedza dans la gourde.

Après une bonne journée de détente où Kpedza est sorti quelques heures de son domicile pour se dégourdir les jambes, ils reprennent la route, Lièvre le magicien portant sa gourde magique sur son dos.

À chaque village rencontré, Lièvre fait la démonstration de ses talents, et les villageois, ébahis d'entendre une gourde parler aussi bien, lui donnent vivres et cadeaux.

Un jour, ils s'étaient arrêtés au bord d'un marigot[3]. Lièvre se reposait et Kpedza, libéré de sa gourde, faisait des cabrioles sur l'herbe. Ils riaient tous deux aux éclats de la façon dont ils dupaient les paysans. Or, ils n'avaient pas remarqué que Sin, la Hyène, était cachée derrière un rocher pour les écouter. Elle a bientôt compris en quoi consistait leur magie. Et elle s'est mise à réfléchir.

— Pourquoi ne pas utiliser une idée aussi fructueuse ? Il y a d'autres gourdes au marché, et les petits animaux ne manquent pas. Quant à moi, je vaux bien un Lièvre, n'est-ce pas ?

Elle va donc chercher un autre rat du nom de Heto. Elle réussit à le convaincre d'entrer dans la gourde et, en compagnie de Heto, commence sa carrière de magicien qui fait parler les gourdes. Elle exécute fidèlement tout ce que faisait Lièvre et dont elle avait entendu le récit.

(3) marigot : terrain inondé pendant la saison des pluies.

Tout, sauf une seule chose ! Comme elle est très vorace, elle avale toute la nourriture offerte par les villageois sans jamais penser à rassasier son compagnon qu'elle garde enfermé comme un prisonnier.

Or Lièvre entend parler d'un magicien qui lui fait concurrence. Comme il sait que, toute seule, Sin n'aurait jamais trouvé l'idée de la gourde bavarde, il comprend qu'elle a surpris son secret. Furieux, il décide de se venger. Il suit Hyène de village en village et la rattrape alors qu'elle fait la sieste sous un manguier. Profitant de son sommeil, il se saisit de la gourde contenant Heto et l'ouvre. Heto se précipite à l'extérieur en criant :

« J'ai faim ! J'ai faim ! Sin, donnez-moi donc à manger au lieu de tout garder pour vous. »

Il est tout surpris alors de voir que celui qui l'a libéré est Lièvre et il déclare immédiatement :

« Noble Lièvre, pardonnez-moi d'avoir aidé Hyène à vous jouer un vilain tour. C'est elle qui a eu l'idée ! Si vous me donnez un peu de nourriture pour reprendre des forces, je me sauverai très loin, là où elle ne pourra plus me rattraper. Et Sin ne vous fera plus concurrence en jouant le magicien-à-la-gourde-bavarde. »

Lièvre lui donne des victuailles, et Heto détale à toute vitesse dans la brousse. Alors le rusé Lièvre referme la gourde soigneusement. Quand Sin se réveille, elle charge la gourde sur son dos et se dirige vers un nouveau village. Là, elle fait comme à l'accoutumée, va trouver le Chef, lui vante ses talents magiques en disant comme Lièvre :

– Si je ne parviens pas à faire parler cette gourde, je veux bien qu'on me coupe la tête ! Maintenant, pour que ma puissance de magicien soit complète, ayez soin de me faire apporter à manger !

Toujours vorace, elle se rassasie et ne pense même pas à donner un peu de nourriture à son complice Heto qu'elle croit toujours enfermé dans la gourde. Quand elle a raclé tous les plats, elle déclare devant les villageois rassemblés pour le spectacle :

– Maintenant, vous allez voir ce que vous allez voir ! Attention ! Je commence !

Avec son bâton, elle frappe la gourde.

Rien ! Pas un son !

Elle tape plus fort. Le silence le plus complet lui répond.

Éberluée, elle agite vigoureusement la gourde en se disant :
« Ce paresseux de Heto doit dormir. Il faut que je le réveille. »
Toujours le même silence.
« Je t'en prie, gourde, ne sois pas sotte ! Parle-moi ! » supplie-t-elle.
Pas de réponse !
La gourde s'obstine à rester muette ! Et pour cause ! Puisque Heto n'est plus à l'intérieur. Devant les vains efforts de Hyène, les villageois éclatent de rire, car ils pensent tous que le spectacle débute ainsi.
Mais après un moment, ils comprennent que le soi-disant magicien est incapable de les émerveiller.
Ils se jettent alors sur Sin pour la rouer de coups. Celle-ci a beau crier, dans son épouvante :
« Arrêtez ! Arrêtez ! J'ai oublié les paroles de la gourde à la maison ! Laissez-moi aller les chercher ! »
Les villageois sont trop furieux d'avoir donné pour rien de la nourriture à Hyène.
Ils tapent à coups redoublés sur le dos et la tête de la malheureuse.
« Voleuse ! voleuse ! Tu as cru nous berner ? Eh bien, tu vas voir ! Tu ne recommenceras jamais plus ! »
Et Sin, assommée, finit par s'écrouler sur le sol.
Nos ancêtres le disaient bien : l'homme enrhumé, qui tousse sans arrêt, n'entonne pas le difficile chant funèbre qui demande du souffle.

Pour prétendre réussir dans une entreprise, il faut d'abord réfléchir et vérifier si l'on a les compétences nécessaires à son exécution.

Contes africains, Éditions Lire c'est partir

Corrigés des exercices « Je travaille seul(le) »

Grammaire

Page 9, exercice 7

La princesse Dezécolle prit ses enfants sur ses **genoux** :
– Écoutez-moi, votre père a été choisi pour être le premier homme à explorer le système **solaire** […].
Le prince de Motordu subissait un entraînement intensif. Il avait appris à piloter un avion à **réaction** grâce auquel il faisait mille et mille pirouettes à des milliers de mètres d'**altitude**.
On lui essayait différents modèles de **combinaisons** spatiales pour vivre comme chez lui, si loin de son **château**.
Astronomes et ingénieurs lui faisaient apprendre par cœur la **carte** du ciel.

Page 11, exercice 8

• Nous avons découvert un site préhistorique dans le nord du Maroc *ou* On a découvert un site préhistorique dans le nord du Maroc.
• Nous ne pouvons pas vérifier ces informations *ou* Il est impossible de vérifier ces informations.
• Prendrez-vous du café ou du thé ?

Page 13, exercice 7

• Champollion est l'archéologue français / qui réussit à déchiffrer les hiéroglyphes.
• Il a longuement étudié la pierre de Rosette / où le même texte est écrit en trois écritures différentes, dont les hiéroglyphes.
• Il a découvert / que les signes peuvent représenter aussi bien des sons que des idées.
• Le mot « hiéroglyphes » signifie : écriture sacrée.
• Champollion était natif de Figeac / où un musée retrace maintenant son œuvre.

Page 15, exercice 7

Quand Aymeri-le-jongleur, son grand sac en bandoulière, passa devant la ferme, il entendit des cris. Surpris, il s'approcha à pas de loup et aperçut un homme grand et maigre, vêtu d'une cape noire, qui fouettait un paysan.
Le paysan pleurait :
« Arrêtez, messire l'intendant ! arrêtez ! »

Page 17, exercice 8

• Que ce tableau de Claude Monet est beau ! *(admiration)*
• Comme cet enfant court vite ! *(étonnement)*
• Quelle affreuse bête j'ai vu derrière le rideau ! *(peur)*
• Que c'est triste de ne pas pouvoir aller à la fête ! *(tristesse)*
• Oh ! Je ne m'attendais pas à te trouver derrière la porte ! *(surprise)*

Page 19, exercice 9

• Où sont rangés les dossiers ?
• Qui est l'auteur de ce poème ?
• Où est située la piscine ?
• Arthur est-il ton cousin ?
• Pourquoi prends-tu ton parapluie ?

Page 21, exercice 9

• Travaille, travaillons, travaillez.
• Ajoute, ajoutons, ajoutez.
• Bats, battons, battez.
• Fourre, fourrons, fourrez.
• Roule, roulons, roulez.

Page 23, exercice 8

• Pour eux tous, je ne suis pas quelqu'un de normal mais une sorte de princesse, déguisée à longueur d'année.
• « Non ! Je ne suis pas une princesse !
• je ne veux pas de votre rôle ridicule !
• Mais je n'ai pas le temps de dire quoi que ce soit.
• elle n'aura même pas besoin de se déguiser…

Page 27, exercice 6

verbes conjugués	verbes à l'infinitif
• passent	• discuter
• tient	• faire
• est	• se perdre
• fait	• évoquer
• raconte	• discuter
• se tord	• se plaindre
• paraît	• récriminer
• sait	• saisir
• sera réussie	

Page 29, exercice 7
- Fumer : verbe à l'infinitif
- Les géraniums : groupe nominal
- Clément : nom
- Qui : pronom
- La petite poule rousse : groupe nominal
- Elle : pronom

Page 33, exercice 18
- Depuis ce matin **souffle** un vent d'enfer.
- Les belles éclaircies **laissent** place à un temps maussade.
- Peu à peu **s'amoncellent** des nuages menaçants.
- Ils **s'épaississent** et **obscurcissent** le ciel.
- Sur l'île **sévit** déjà le mauvais temps.

Page 37, exercice 6
- Les Égyptiens ont élevé <u>des pyramides gigantesques</u>.
- Sur ton cahier, tu hachureras <u>la case de gauche</u>.
- Les deux cavaliers entrèrent en piste en même temps.
- Cette photographie illustrera très bien <u>la leçon de géographie</u>.
- Cette centrale fournit <u>de l'électricité</u> à toute la région.

Page 39, exercice 8
- Cette lampe ressemble **à une fleur**.
- Charline invite **sa voisine à dîner**.
- On entendait **une voix** derrière le mur.
- Nous écrivons **à nos amis**.
- Avant de s'arrêter, l'autobus fera **le tour de la place**.

Page 41, exercice 7
<u>Depuis ce matin</u>, le soleil brille. Pauline et ses deux cousins grimpent <u>vers les alpages</u>. Chacun porte un petit sac à dos. Les marmottes les observent <u>avec curiosité</u>. <u>Dans moins de deux heures</u>, ils atteindront la Croix du Sauget, <u>tout près du sommet du Pic d'Ardane</u>

Page 45, exercice 9

articles			adjectifs	
définis	indéfinis	partitifs	possessifs	démonstratifs
le (Père Noël)	un (congé)	des (vacances)	ses (rennes)	ce (matin)
les (étoiles)	une (casquette)	d'(orange)	son (chat)	
le (Père Noël)	un (camembert)	du (pain)	son (fauteuil)	
la (glace)	un (saucisson)		son (ciré)	
			ses (bottes)	
			sa (tête)	
			sa (hotte)	

Page 47, exercice 8
- un chanteur inconnu.
- une musique moderne.
- un concert banal.
- une ambiance glaciale.
- un programme incomplet.
- une salle vide.

Page 49, exercice 9
- Tu ne vas pas mettre ce pantalon **déchiré** !
- Nous ne partirons pas sur ces routes **gelées**.
- Dylan a ramené à la maison un chien **perdu**.
- Il est inutile de ramasser ces fruits **pourris**.
- Le film **programmé** n'a pas été diffusé.

Page 51, exercice 7
- Tu as vraiment l'air <u>stupide</u> (attribut) avec cette casquette <u>ridicule</u> (épithète) !
- L'inauguration <u>officielle</u> (épithète) de l'exposition aura lieu lundi.
- En raison d'une météo <u>défavorable</u> (épithète), le défilé <u>folklorique</u> (épithète) est <u>annulé</u> (attribut).
- Ton projet semble <u>réalisable</u> (attribut), mais il est très <u>audacieux</u> (attribut).
- De <u>magnifiques</u> (épithète) fleurs <u>blanches</u> (épithète) ornent la table de notre salle à manger.
- Ton dessin est <u>superbe</u> (attribut) : tu es vraiment très <u>adroit</u> (attribut) !
- Une <u>fine</u> (épithète) pluie tombait sur la mer et le vent devint plus <u>fort</u> (attribut).

Page 53, exercice 8
- Le brouillard tombe sur la campagne et l'enveloppe.
- Les chamois ne descendent pas dans les vallées ; on ne peut donc pas **les** voir.
- Les invités acclament la mariée et **la** couvrent de pétales de fleurs.
- Vincent lit le journal et **le** plie.
- « Avant de ranger ta chambre, pense à l'aérer. »

Page 55, exercice 10
- Ils avancent **lentement** dans le couloir.
- Thomas a pris **moins** de poids que sa sœur.
- Il **n'**est **jamais** présent quand on a besoin de lui demander un service.
- **Malheureusement**, nous étions arrivés avant lui.
- Les élèves sont entrés **calmement** en classe.
- Dès qu'il trouve des saumons, l'ours brun en mange **peu**.

Page 57, exercice 10
- le chemin **du** château
- la saison **des** fruits
- un essaim **d'**abeilles
- la pointe **des** pieds
- un beau rayon **de** miel
- un creux **de l'**arbre

Page 59, exercice 5
- C'est le bureau **paternel**.
- Aurore observe les sommets **enneigés**.
- Nous possédons un bateau **multicolore** !
- C'est un médicament **coûteux**.
- Toby est un chien **joueur**.
- Clara a dîné dans cette auberge **réputée**.

Conjugaison

Page 65, exercice 8
a. distraire (seul verbe du 3ᵉ groupe)
b. épaissir (seul verbe du 2ᵉ groupe)
c. sourire (seul verbe du 3ᵉ groupe)

Page 67, exercice 10

imparfait	présent	futur
Il mangeait	Il lit	Il sera
il sautait	il écrit	il boira
il apercevait	il fuit	il tracera
il tirait	il cuit	il oubliera

Page 69, exercice 12
- Les faucons **tournent** dans le ciel.
- Nous **traversons** la baie.
- Guillaume **complète** la grille de mots croisés.
- Vous **affichez** le nom des gagnants.
- Qu'**écoutes**-tu ?
- Ses cousins **achètent** un grand terrain.
- **Risquons**-nous d'avoir une amende ?

Page 71, exercice 7
Le public **s'installe** sous le chapiteau. Un clown **distribue** des bonbons, deux jongleurs **lancent** des confettis. Un présentateur **annonce** le programme, puis l'orchestre **joue** plus fort. Sous les lumières qui **flamboient**, une gymnaste **se projette** au milieu de la piste. D'un geste, elle **remercie** les spectateurs pour leurs applaudissements

Page 73, exercice 9
- Les blés dans le champ **blondissent** sous le soleil.
- Les roses, dans le vase, **embellissent** le salon.
- Sur le chantier, on **démolit** un vieux mur.
- Mathis nous **applaudit** à la fin du spectacle.
- L'âne **gravit** difficilement la côte.

Page 75, exercice 9
- Nous **attendons** patiemment notre tour.
- Le maître nageur **fait** passer les enfants les uns après les autres.
- Je **prends** mon petit déjeuner très tôt avant tout le monde.
- Pierre et Mathieu **vont** partager leur goûter avec Maxime.
- Tu **vois** parfaitement bien, tu **peux** te passer de lunettes.

Page 77, exercice 8
- Je **choisis** le thème de mon dessin.
- J'**emploie** des craies grasses.
- J'**agrandis** mon esquisse.
- J'**adoucis** les contours.
- Je **colorie** toute ma feuille.
- J'**apprécie** le résultat final.
- Ma collection de dessins **s'enrichit**.
- Je **nettoie** mon bureau.
- Il n'**oublie** pas le timbre.

Page 81, exercice 7
- Vous **jouiez** toujours avec les mêmes enfants.
- J'**avais** confiance en toi.
- Les boutiques du cordonnier et du serrurier **étaient** bien situées en ville, près du marché.
- Le vent **soufflait** très fort cette nuit.
- Nous **avancions** dans les hautes herbes.
- Quand nous **habitions** à la campagne, j'**avais** un joli petit chien.

Page 83, exercice 9
Quand l'orage **prenait** fin, c'**était** le bon moment. Nous **prenions** chacun un panier et un bâton et nous **partions** à la chasse aux escargots. Nous **suivions** les haies, nous **écartions** l'herbe des fossés : il **fallait** ouvrir l'œil. Quelquefois, nous **avions** plus de chance. Les coquilles **s'aventuraient** sur la route.

Page 85, exercice 6
- Corentin **éternua**, puis **se moucha** bruyamment. Mélissa et Louna **se poussèrent** du coude et **éclatèrent** de rire.
- J'**entendis** un bruit bizarre et je me **penchai** à la fenêtre.
- Le magicien **se leva**, **voulut** s'étirer, mais ses mains **heurtèrent** le plafond.
- Monsieur Louis **appela** ses enfants qui **arrivèrent** en courant. Quand ils **virent** leur grand-mère, ils lui **sautèrent** au cou.
- Adrien **se remit** en marche et il **atteignit** bientôt le village. Il **entra** dans l'auberge et **salua** tout le monde.

Page 89, exercice 7
- Bientôt, ces deux pays ne **seront** plus en guerre.
- Plus tard, **auras**-tu envie de voyager ?
- Où **auront** lieu les prochains Jeux Olympiques ?
- Quand tu **auras** 15 ans, ton frère **sera** majeur.
- Je t'assure que je **serai** de retour samedi.
- Dans une semaine, nous **serons** aux Baléares.

Page 91, exercice 9
- Les facteurs **trieront** le courrier.
- Le chevalier **surgira** à l'intérieur du château.
- Les cerisiers ne **donneront** pas de fruits.
- Je **réunirai** toute ma famille pour Noël.
- Le jardinier **élargira** l'allée centrale.
- Les tomates **mûriront** au mois d'août.

Page 93, exercice 5
Au fil des rues, les vieux métiers **s'animeront**, le rouet se **remettra** à tourner, filant le lin, qui quelques mètres plus loin, **servira** au brodeur pour créer les motifs compliqués des costumes bigoudens. Rue du Lycée, l'ancienne école communale de garçons **ouvrira** la porte de ses jardins. Les musiciens **s'installeront** sur les bancs ou les marches. Sur le stand du souffleur de verre, un petit garçon, intrigué, **voudra** connaître l'origine du verre. Il **faudra** lui expliquer : c'est un mélange de sable, de craie, de soude et encore d'autres choses…

Page 95, exercice 7
- J'ai descendu les escaliers.
- Je suis descendu(e) au sous-sol.
- Il a rentré le linge.
- Il est rentré de bonne heure.
- Nous avons sorti le chien.
- Nous sommes sorti(e)s samedi soir.
- Vous avez monté ce moteur.
- Vous êtes monté(e)s le voir.

En fonction du sens du verbe, on peut utiliser soit l'auxiliaire avoir soit l'auxiliaire être.

Page 97, exercice 8
- **Essuie** tes mains dans ce torchon.
- **Fais** attention à la marche.
- **Attends**-moi.
- **Ne t'inquiète pas**, on te préviendra.
- **Cueille** quelques cerises et **donnes**-en à ta petite sœur.
- **Finis** ton travail et **sors** dans la cour.
- **Observe** les souris et **décris** leur comportement.

Orthographe
Page 102, exercice 5
- une cail**le** • un cerc**ueil** • le m**iel**

Page 103, exercice 4
un sauv**eur** ou un sauvet**eur** – la su**eur** – un labour**eur** – une fray**eur** – un ment**eur** – la noirc**eur** – l'animat**eur** – la lu**eur** – un voyag**eur** – la val**eur**.

Page 105, exercice 8
- Le candidat attendait son résultat avec anxiét**é**.
- Le maçon transporte une brouett**ée** de sable.
- Cette armoire est vraiment une antiquit**é** !
- Ton jugement est plein de sensibilit**é**.
- Qui peut manger une telle assiett**ée** ?

Page 107, exercice 9
- Après la tempête, le toi**t** est abîmé.
- Le prix du transpor**t** de ces marchandises est très élevé.
- Le coû**t** de cette voiture est très importan**t**.
- Le marqui**s** était fier de rencontrer le roi.
- Mon grand frère Alexandre est étudian**t** à l'Université.
- La police a pris ce brigan**d** la main dans le sac.
- Cette étoile brille de tout son écla**t**.

Page 109, exercice 8
- Nathan **a** eu la grippe **et** la varicelle.
- **À** quelle heure **est**-il arrivé ?
- Ma tante **est** une véritable citadine **et** mon oncle **est** un véritable amoureux de la campagne.
- Le crocus **est** un bulbe qu'il faut planter **à** l'automne.
- Pour mon anniversaire, mon parrain m'**a** offert un voyage **à** Londres.
- Le Groenland **est** un pays de neige **et** de glace.

Page 111, exercice 9
Dans le désert, les Touaregs **sont** appelés « les hommes bleus » parce qu'ils **sont** souvent vêtus de robes de tissu bleu foncé. Ce **sont**, encore à notre époque, des tribus nomades. Les dromadaires **sont** des marcheurs infatigables qui les aident à se déplacer ; ils **sont** très friands de sel. La famille dort sous une même tente ; **son** toit est si bas qu'on ne peut pas s'y tenir debout.

Page 113, exercice 9

Dans **ce** hangar, les hommes **se** pressent. **Ce** soir **ou** demain matin, ils doivent finir d'assembler **ce** grand pantin qui, dimanche, **se** trouvera en plein centre de la place **où se** déroule la fête. **Ce** sera la grande attraction du défilé.

Page 115, exercice 7

- Yanis et Quentin sont **mes** amis depuis longtemps.
- Il vit à Paris, **mais** il est d'origine bretonne.
- « Où as-tu rangé **mes** rollers ? » demande Pauline à sa mère.
- Quand il y a du vent, **mes** volets claquent.
- « **Mais** enfin, es-tu certaine de ce que tu dis ? » s'inquiète Charlotte.
- Ce n'est pas un léopard, **mais** une once.
- **Mes** prochaines vacances seront en juillet.
- La grêle a abîmé **mes** fleurs préférées.
- Le bruit l'effrayait, **mais**, courageux, il s'élança.
- **Mes** grands-parents habitent une ferme.

Page 117, exercice 10

- On ne trouve pas cette espè**c**e animale sur le territoire français.
- Je te remer**c**ie pour le joli caleçon que tu m'as offert.
- Nous fronçons les sour**c**ils devant ses façons de faire agaçantes et dépla**c**ées.
- Nous commençons un travail qui demande de la pré**c**ision.
- Saloua est déçue par sa performan**c**e.

Page 119, exercice 8

- Romane assiste à **tous** les concerts de Renaud.
- Axel a murmuré **quelque** chose à l'oreille de Clara.
- **Chaque** fois qu'on ouvre la porte, le froid entre.
- Dans **quelques** années, j'irai au lycée.
- **Tout** le carrefour est bloqué par un accident.
- Mathilde a navigué sur Internet **toute** la soirée.

Page 123, exercice 11

une concurrente – une ennemie – une présentatrice – une camarade – une Tahitienne – une ogresse – la lapine – une comtesse – une héritière – une femme – une masseuse – la plongeuse – une rouquine – une apprentie – une naïve – une cuisinière – une héroïne – une frileuse – une passante – une inconnue.

Page 125, exercice 6

- Le couscous préparé par Aïcha contient des morceau**x** de bœuf, des brochette**s** de veau et des merguez.
- Au mois de février, des carnaval**s** ont lieu dans beaucoup de pays.
- Les maçon**s** utilisent des niveau**x** pour monter des murs droits.
- De leur cachette, les gros matou**s** guettent les souris.
- Dans les château**x** et les palais, les escalier**s** sont très larges.
- Les kangourou**s** sont des anim**aux** de la famille des marsupi**aux**.
- Ces demeure**s** mobiles étaient reliées aux réseau**x** de distribution d'électricité et d'eau et aux égout**s**.

Page 127, exercice 9

- un sommet abrup**t**
- une montagne enneig**ée**
- une bête craint**ive**
- une avenue principa**le**
- une nouve**lle** robe
- une plante vénéneu**se**
- une bête crue**lle**
- une amie loya**le**
- une heure préci**se**
- un fruit amer
- une mare profonde
- une chienne noi**re**

Page 129, exercice 8

- une émission et un journal quotidien**s**.
- les joues et le nez rougi**s**.
- les mains et les jambes noirci**es**.
- une tasse et un verre plein**s**.
- une revue et un livre instructif**s**.
- un conte et un roman intéressant**s**.
- un pantalon et une veste usé**s**.
- un garçon et une fille joyeu**x**.

Page 131, exercice 9

- **La petite barque** lutte contre le vent.
- Je te prête **mon vélo neuf**.
- **Les comtesses** écoutaient le roi.
- J'envoie **des colis postaux** à Théo.
- Le cortège suit **plusieurs bannières brodées** d'or.
- Deux mille soldats armés gardaient **cette impressionnante forteresse**.

Page 135, exercice 8

- Les photos présent**ées** sont de toute beauté.
- Est-ce que je peux retourn**er** me couch**er** ?
- Non, maintenant tu dois all**er** te lav**er**.
- Ton goûter termin**é**, tu pourras jou**er**.
- Mélissa a étudi**é** la guitare pendant cinq ans.
- J'aimerais regard**er** le film que tu as lou**é**.
- Alexandre s'est lev**é** en retard Il ne pourra arriv**er** à l'heure à l'école.

Page 138, exercice 10

Pourquoi les oiseaux s'en vont-ils **avant** l'hiver ? **Peut-être** pour aller **vers** les pays chauds. **Pourtant**, tous les oiseaux ne partent pas, certains restent et se mettent **bien** à l'abri **pour** affronter les temps froids.

Vocabulaire

Page 143, exercice 12

- troupeau – **trousse** – trouver
- question – **quille** – quinzaine
- nuit – **numéro** – nuque
- équateur – **équerre** – équipage
- conversion – **convier** – convocation

Page 147, exercice 19

une amarre – **une** autoroute – **une** clameur – **un** crépuscule – **un** calvaire – **une** barrique – **une** joute – **un** formulaire.

Page 149, exercice 11

- Les enfants jouent au **ballon** dans la cour.
- Mes parents doivent **emballer** toute la vaisselle pour le déménagement.
- Les jeux que mon parrain m'a offerts sont encore dans leur **emballage** d'origine.
- Il reste un **ballot** de linge à déposer à la Croix-Rouge.
- Tu devrais **déballer** toutes tes affaires pour les laver.

Page 151, exercice 11

mot	préfixe	radical	suffixe
finir		fin	ir
réchauffer	ré	chauff	er
embouchure	em	bouch	ure
souterrain	sou	terr	ain
muraille		mur	aille
rondelle		rond	elle
malchanceux	mal	chanc	eux
profond	pro	fond	

Page 153, exercice 9

- Il avait **le crâne rasé**.
- Près **du chevet** du lit était posé un verre d'eau.
- Le meurtrier risque **sa vie**.
- Elle a **une chevelure** toute frisée.
- Les dirigeants de la manifestation marchent **au début** du défilé.

Page 155, exercice 9

- Papa a maigri. Papa n'a pas maigri. Papa a grossi.
- Nous avons eu de la chance. Nous n'avons pas eu de chance. Nous avons eu de la malchance.
- Victor est un garçon robuste. Victor n'est pas un garçon robuste. Victor est un garçon faible.
- Nous avons bien répondu. Nous n'avons pas bien répondu. Nous avons mal répondu.
- Est-ce un mensonge ? Ce n'est pas un mensonge. C'est la vérité.

Page 157, exercice 10

- La grille du château est en **fer** forgé.
- Il faut **faire** de gros efforts pour avoir de meilleurs résultats.
- Ali se dirige tout droit **vers** la porte de sortie.
- Antoine a mis son maillot de football **vert** pour le match de cet après-midi.
- Pendant le goûter d'anniversaire, Virginie a bu un **verre** de grenadine.

Page 159, exercice 8

a. sens propre
b. sens figuré
c. sens propre
d. sens figuré
e. sens figuré

Page 161, exercice 10

- La RATP : la Régie Autonome des Transports Parisiens.
- L'ANPE : l'Agence Nationale Pour l'Emploi.
- Le RMI : le Revenu Minimum d'Insertion.
- Un SDF : un Sans Domicile Fixe.
- Le SMUR : le Service Médical d'Urgence et de Réanimation.

Page 163, exercice 8

- Avant le dessert, nous sortons les **fromages**.
- Lors du bal costumé, on a vu beaucoup de **chapeaux**.
- J'aime les **crustacés**.
- Les enfants s'amusent aux **jeux**.
- Parfois, nous savons reconnaître les **nuages**.

Page 165, exercice 10

- Cette tarte aux myrtilles est absolument **savoureuse (succulente, exquise)**.
- L'aiguille de la boussole **désigne (signale)** le nord.
- Mes voisins **consacrent** leurs vacances à tapisser leur maison.
- Ses notes en mathématiques sont plutôt **médiocres**.
- Nous assistâmes le soir de cette fête à un énorme **festin (banquet)**.

Crédits photographiques

Page 26 : de haut en bas, © Dr Dennis Kunkel/Phototake/ISM, © Jean-Claude Rémy/ISM, © Alain Pol/ISM.

Page 33 : P. Gauguin, *Le Repas* ou *Les Bananes*, 1891, Paris, musée d'Orsay, © Photo Josse.

Page 51 : © Jean-Claude Lucas.

Page 128 : de gauche à droite, © Chistophe Boisvieux/Corbis, David Bathgate/Corbis.

Page 154 : © J.-M. Brunet/Colibri.

Page 181 : de gauche à droite et de haut en bas, © Angelo Cavalli/Age Fotostock/Hoa-Qui, © Éric Chrétien/Explorer/Hachette Photos Illustrations, © Sylvain Cordier/Jacana, © Eitan Simanor/Hoa-Qui, © San Bughet/Hoa-Qui, © Brian Lawrence/Imagestate/GHFP, © Herbert Hopfensperger/Age Fotostock/Hoa-Qui, © Juan Carlos Muñoz/Age Fotostock/Hoa-Qui.

Page 190 : © Michel Gaillard/Réa.

Page 197 : de haut en bas, Nature morte de Frans Snyders (1579-1657), © Private Collection/Johnny Van Haeften Ltd., London/The Bridgeman Art Library, © Jean-Claude Lucas.

Page 203 : de gauche à droite et de haut en bas, © Michel Gaillard/Réa, © Stefano Cagnoni/Report Digital/Réa, © Jean-Claude Moschetti/Réa, ©Mario Formy/Réa.